走进北京

留学生综合实践教程

主编 ◎ 赵 睿
参编 ◎ 郭凌云 常晓宇 李 红

ZOUJIN BEIJING
LIUXUESHENG
ZONGHE SHIJIAN JIAOCHENG

首都经济贸易大学出版社
Capital University of Economics and Business Press
·北京·

图书在版编目（CIP）数据

走进北京：留学生综合实践教程/赵睿主编． -- 北京：首都经济贸易大学出版社，2019.3

ISBN 978-7-5638-2925-5

Ⅰ.①留… Ⅱ.①赵… Ⅲ.①汉语—对外汉语教学—教材 ②北京—概况 Ⅳ.①H195.4

中国版本图书馆 CIP 数据核字（2019）第 044933 号

走进北京——留学生综合实践教程
赵　睿　主编
郭凌云　常晓宇　李　红　参编

责任编辑	小　尘
封面设计	砚祥志远·激光照排　TEL：010-65976003
出版发行	首都经济贸易大学出版社
地　　址	北京市朝阳区红庙（邮编 100026）
电　　话	（010）65976483　65065761　65071505（传真）
网　　址	http：//www.sjmcb.com
E - mail	publish@cueb.edu.cn
经　　销	全国新华书店
照　　排	北京砚祥志远激光照排技术有限公司
印　　刷	北京建宏印刷有限公司
开　　本	710 毫米×1000 毫米　1/16
字　　数	338 千字
印　　张	19.25
版　　次	2019 年 3 月第 1 版　2019 年 3 月第 1 次印刷
书　　号	ISBN 978-7-5638-2925-5/H·206
定　　价	55.00 元

图书印装若有质量问题，本社负责调换
版权所有　侵权必究

编写说明

综合实践是指与学业相关的集语言应用、文化体验、社会实践于一体的综合性活动。综合实践课程是留学生在华留学期间课程体系中的一个重要组成部分，是留学生走出课堂，真正接触中国现实社会、亲身感受中国文化的重要途径。综合实践课程也是高校留学生教育必修课之一，尤其是对学历生而言，综合实践是服务学习理念的集中体现。我国各高校留学生的综合实践课程在实际操作中存在较大差异，有的采取教学旅行的方式，有的采取讲座与实践结合的方式，有的则采用课外调研的形式。总体来说，留学生综合实践课程目前还没有形成较为统一的、目标明确、操作可行、评估有效的课程设置，针对性的教材十分稀缺。

鉴于以上现状，我们分析多年实践课程教学的得与失，推出了这本《走进北京——留学生综合实践教程》，希望能对综合实践教育领域的教学有所裨益。

本教材针对来华留学的学历留学生，也可供已掌握一定汉语词汇与语法知识、具有基本汉语交际能力的其他汉语学习者以及各类长短期来华留学或交流者学习使用。

设计方案：立足于留学生相对集中的北京区域，编写与北京的社会文化相对应的综合实践课程教材，将知识与现实、理论与实践结合起来，引导留学生对求学目的地的文化依次认识、理解到参与、认同，再上升到热爱、研究。

编写宗旨：提升来华留学生的教育质量，落实来华留学生的综合实践教学，推动留学生与中国社会密切接触，加深留学生对留学区域以及整个中国文化的深度感知。

编写原则：以有助于提高实效、有助于教师指导、有助于学生实践为基本原则。课文部分根据留学生的汉语水平编写，内容覆盖特定区域的特色文化要素；实践部分根据内容难易度和学生汉语水平设计，突出实践性和实效性。以专题的方式出现，有利于教师和学生灵活运用。

编写体例：按照4个不同层级设定实践目标，即面向1~4年级不同汉语水平的留学生设定实践目标，每一水平包含4个实践专题，每个实践专题包含4个单元，供教学者选择，每个单元包含图文并茂的学习内容。在"实践任务册"中配置了丰富多彩的实践任务，设置了"小贴士"和"延伸阅读"环节，以满足不同学习者的体验和学习需求。

使用建议：本教材所选专题均为北京区域文化中最基本、最重要的内容，按照从易到难、从表层到深层的顺序排列，教师可以根据学生汉语水平进行选择。正文部分可以课堂教学方式传授，实践部分则强调学生能综合运用听、说、读、写各方面的技能，结合所掌握的北京文化知识，真正踏入北京社会、融入北京人群，全面发挥汉语交际能力，以独立或合作的方式完成特定的实践任务。教师可以依据教程设计的实践任务进行操作，也可以据此进行调整和补充。

《走进北京——留学生综合实践教程》既可以作为课程教学依据，也可以作为区域文化专题讲座的参考，还可以用作学生的区域文化指南或地方文化读本。

本教材由首都经济贸易大学国际学院的四位老师合作编写，专题一"旅游北京"由李红编写，专题二"休闲北京"由常晓宇编写，专题三"人文北京"由郭凌云编写，专题四"文化北京"由赵睿编写。在选题、章节设置、文字编辑的过程中，受到上海东华大学的王丽慧老师和柯玲老师真诚与无私的帮助，在此向两位老师表示深深的谢意。

目　录

专题一　休闲北京 / 1

第一单元　购——淘宝北京 / 2

1. 传统老字号 / 3

2. 传统商业圈 / 10

3. 现代购物商业 Mall / 13

4. 行业市场街 / 20

第二单元　吃——品味北京 / 26

1. 北京小吃 / 27

2. 宫廷菜 / 32

3. 私家菜（包括官府菜）/ 35

4. 特色饮食街 / 37

第三单元　玩——欢乐北京 / 42

1. 游乐场所 / 43

2. 温泉 / 48

3. 滑雪滑冰场 / 53

4. 京郊特色游 / 55

第四单元　行——走遍北京 / 62

1. 道路桥梁 / 63

2. 机场 / 66

3. 火车站 / 69

4. 市内交通 / 71

专题二　旅游北京 / 75

第一单元　皇家气象 / 76

1. 中轴线 / 77

2. 城门 / 81

3. 防御与别馆 / 84

4. 祭祀与墓葬 / 91

第二单元　馆舍故居 / 97

1. 综合博物馆 / 98

2. 专业博物馆 / 99

3. 名人故居纪念馆 / 104

4. 各地会馆 / 106

第三单元　胡同四合院 / 108

1. 胡同 / 109

2. 四合院 / 110

3. 典型胡同四合院 / 112

第四单元　古都新颜 / 129

1. 新公园 / 130

2. 新地标 / 134

专题三　人文北京 / 141

第一单元　北京的区县 / 142

1. 中心城区：古老和现代交汇 / 145

2. 远郊区县：山水之间 / 149

第二单元　产业园区 / 156

1. 全世界看这里——中央商务区（CBD）/ 158

2. "黄金"流动的街区——金融街 / 159

3. 中国的"硅谷"区——中关村科技园 / 161

4. 老厂房的新梦想——大山子艺术区 / 162

5. "梵高"们的世界——宋庄文化创意产业园区 / 164

6. 跟着电影去旅行——怀柔影视基地 / 166

7. 老百姓的文艺——天桥演艺文化区 / 167

8. 历史和文化的淘金地——潘家园古玩艺术品交易园区 / 169

第三单元　城里的人们 / 173

1. 北京城里北京人 / 174

2. 老北京人的北京范儿 / 175

3. 新移民的梦想与困境 / 177

4. 蚁族：在失望中寻找希望 / 178

5. 北京城里的"老外" / 180

6. 北京到底有多少外国人？ / 181

7. 北京的外国人一般住哪儿？ / 181

8. 留学生聚居区——五道口 / 183

9. 北京的"韩国城"——望京 / 183

10. 高档国际社区——朝阳区的麦子店 / 184

11. 北京城里的"少数民族" / 185

12. 北京最大的回民聚落——牛街聚居区 / 188

第四单元　教育与就业 / 190

1. 教育在北京：高校众多，人才济济 / 191

2. 北京知名高校：历史、梦想与辉煌 / 193

3. 高校聚集区：学院路和大学城 / 198

4. 就业在北京：机会多，竞争激烈 / 200

专题四　文化北京 / 207

第一单元　京腔京韵 / 208

1. 北京话的特点 / 209

2. 儿化 / 210

3. 方言俗语 / 214

4. 北京话 PK 普通话 / 217

5. 京味儿文艺作品 / 219

第二单元　传统艺术 / 232

1. 京剧 / 233

2. 民间曲艺 / 240

3. 手工技艺 / 246

4. 体育竞技 / 251

第三单元　节庆文化 / 257

1. 庙会 / 258

2. 花会 / 263

3. 北京国际音乐节 / 273

4. 中国国际时装周 / 275

5. 北京国际汽车展 / 277

第四单元　宗教建筑文化 / 280

1. 佛教寺庙 / 281

2. 道教寺庙 / 289

3. 伊斯兰教寺庙 / 291

4. 天主教和基督教教堂 / 293

专题一

休闲北京

第一单元
购
——淘宝北京

热身任务:

1. 你见过上方这种牌匾吗?在哪里见到的?那个店里卖什么东西?

2. 知道"老字号"是什么意思吗?你们国家有没有"老字号"?你知道哪些北京的老字号?

3. 在北京,你常常去哪儿买东西?

4. 你去过王府井、西单或者大栅栏这几个地方吗?觉得怎么样?

5. 在北京,王府井是传统商业街,蓝色港湾 SOLANA 是现代购物商场。你更喜欢哪种风格的购物场所?为什么?

6. 你知道如果北京人要买茶叶、古玩、古旧家具、珍珠、笔墨纸砚、传统服装这些有特色的东西时,常常去哪儿吗?

7. 电视连续剧《大宅门》讲述的是中药老字号"同仁堂"的家族兴衰,请找来看一看。

8. 电视连续剧《琉璃厂传奇》可以帮你了解琉璃厂的历史与风俗,建议看一下。

1. 传统老字号

中华老字号（China Time-honored Brand）是指历史悠久，拥有世代传承的产品、技艺或服务，具有鲜明的中华民族传统文化背景和深厚的文化底蕴，取得社会广泛认同，形成良好信誉的品牌。现代经济的发展，使老字号显得有些失落，但它仍然以自己的特色独树一帜，仍然是优良品质的同义词。在这些闻名中外的老店中，有始于清朝康熙年间（1662—1722）、提供中医秘方秘药的同仁堂；有创建于1853年（清咸丰三年），为皇亲国戚、朝廷文武百官制作朝靴的"中国布鞋第一家"内联升；有1870年应京城达官贵人穿戴讲究的需要而发展起来的瑞蚨祥绸布店，等等。老字号不仅是一种传统商贸景观，更重要的是一种历史文化现象。而京城民间的歇后语，如东来顺的涮羊肉——真叫嫩，六必居的抹布——酸甜苦辣都尝过，同仁堂的药——货真价实，砂锅居的买卖——过午不候，都生动地表述了这些老字号的品牌特色。

中华老字号标志

全聚德烤鸭 全聚德是中华著名老字号，在中国餐饮业500强中排名中式正餐之首。

全聚德始建于1864年，以做北京烤鸭闻名，其首创的挂炉烤鸭，色香味都不次于原来的焖炉烤鸭。

全聚德烤鸭选料实在，厨师手艺精湛。除了最著名的烤鸭以外，还提供芥末鸭掌、火燎鸭心、烩鸭四宝、芙蓉梅花鸭舌、鸭包鱼翅等菜品，形成了"全聚德全鸭席"。

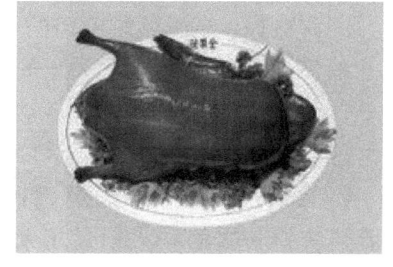

全聚德烤鸭

全聚德最早的店在北京前门，在和平门、王府井等地也开有连锁店。来到北京，有"不到万里长城非好汉，不吃全聚德烤鸭真遗憾"的说法。据统计，全聚德每年销售烤鸭约300余万只，接待宾客约500多万人次。

小贴士：

全聚德前门店

地址：北京市东城区前门大街30号

电话：010 - 65112418

东来顺涮羊肉

东来顺涮羊肉 东来顺是中华老字号，蜚声中外，历史悠久。东来顺的涮羊肉是其著名菜品，具有选料精、糖蒜脆、调料香、火锅旺四大特点。

1. 选料精。东来顺为了保证羊肉的质量，从羊的产地、种类、羊龄到用肉部位都有严格的规定。所用羊肉选自内蒙古锡林郭勒盟生长一年半到两年的小尾黑头绵羊。由于当地水甜草嫩，草中又含有丰富的矿物质，故羊肉肉质细嫩，无膻味。所用羊肉一律由公司配制中心剔选，经过排酸后一次冷冻成型，出成率仅为一只羊净肉的40%。东来顺的羊肉片由专用切肉机加工而成，厚度为0.9毫米，每片重约5克，每盘4两约40片，肉质细嫩，色泽鲜艳，形状整齐，厚度均匀，真正是肉薄如纸、型如手帕。其涮羊肉肥而不油，瘦而不柴，一涮即熟，久涮不老，吃起来口感绵软，不膻不腻，味道鲜美。

2. 糖蒜脆。东来顺涮羊肉的佐料中最有特色的是糖蒜。原料选用河北霸州市大清河的优良品种大六瓣蒜，由公司配送中心加工三个月精制而成，成品无异味，酸甜适口、口感清脆、开胃解腻。

3. 调料香。东来顺涮羊肉的调料，有甘、咸、酸、苦、辛五种口味，构成了独特的香味。其中：甘——芝麻酱、花生酱；咸——酱油、酱豆腐；酸——糖蒜；苦——韭菜花、料酒；辛——韭菜花、辣椒油。此外，调料中的鱼露与羊肉本身的香味结合起来，又形成了独特的鲜香味。

4. 火锅旺。东来顺的炭火铜锅、清汤涮羊肉是其招牌，很多人就是奔着这块招牌去的。火锅是东来顺加工厂家专门生产的，具有容积大放碳多、通风口合理、开锅快、燃烧时间长的特点。为了保护生态环境，东来顺使用环保型的机制碳，无烟、耐烧、火旺。十来个人围着火锅就餐，两个小时之内，火锅保持汤水滚开，且中途不用添碳。

东来顺除了涮肉以外，在爆、烤上也很有特色。烤肉用的大圆桌，中间挖空，架起一个直径80厘米的烤肉架子。烤肉架子是用一根根铁条焊接而成，铁皮包边，十分讲究。

东来顺还经营多种清真炒菜，其代表菜品有干爆羊肉、芫爆里脊、烤羊肉串、它似蜜、鸡茸银耳、烤羊腿、白汤杂碎、手抓羊肉、炸羊尾、烤鸭等，奶油炸糕、核桃酪等风味小吃也很有特色。东来顺的烧饼是中国人吃涮羊肉时的佐餐主食，口感酥脆，价格不贵。

小贴士：
东来顺王府井店
地址：北京市东城区王府井大街198号（工艺美术馆附近）
电话：010-65139661

同仁堂中药 在中国，一提起中药，许多人都会不约而同地想到三个字："同仁堂"。同仁堂创建于1669年，是国内最负盛名、享有300余年美誉的中药铺。

同仁堂中药店

同仁堂不管炮制什么药，都是该炒的必炒，该蒸的必蒸，该炙的必炙，该晒的必晒，该霜冻的必霜冻，绝不偷工减料。代顾客煎药是同仁堂的老规矩，每年平均要代顾客煎药近2万副，深受患者和顾客欢迎。

北京人买药，爱进同仁堂；外地人到北京旅游观光，也爱到同仁堂看看这家百年老店。如今同仁堂已经落户多个国家和地区，几乎都是当地最大的中药店。

小贴士：
同仁堂大栅栏店
地址：北京市西城区大栅栏商业街食品市场斜对面
电话：010-63031155

内联升布鞋 北京老话儿说："爷不爷先看鞋。"北京人出门，没有一双好鞋那可不行。老北京的好鞋去哪儿买呢？答案是：内联升。内联升创建于清咸丰三年（1853），当时，创始人赵廷根据北京制鞋业的状况，认为北京制作朝靴（中国古代官员见皇帝时穿的鞋）的专业鞋店很少，于是决定办个朝靴店。打"坐轿人（即当官、有身份的人）"的主意，为皇亲国戚、朝廷文武百官制作朝靴。"内联升"的含义："内"指大内，即宫廷；"联升"示意顾客穿上此店制作的朝靴，可以在朝廷官运亨通，连升三级。那时候拉洋车的车夫穿的是内联升做的靸鞋（sǎxié，

内联升布鞋

一种鞋帮纳得很密，前部缝有皮子的布鞋），朝廷文武大员穿的是内联升做的朝靴（cháoxuē），就连清朝末代皇帝登基穿的也是内联升做的龙靴。可以说，当年能够穿上内联升做的鞋，是身份的一种炫耀。

小贴士：

北京内联升鞋业有限公司总店

地址：前门大栅栏商业街34号

电话：010-63014863

瑞蚨祥绸布店

瑞蚨祥绸缎 北京瑞蚨祥绸布店开业于1893年，是享誉海内外的中华老字号。

瑞蚨祥的经营范围包括绸缎、呢绒、棉布、皮货、化纤、民族服装服饰等。瑞蚨祥以神话中形似一对蝉蝗母子的"蚨"为图案，申报注册了自己的标识。瑞蚨祥加工制作体现东方女性和中国丝绸特有风韵美的多款式的民族服装。

小贴士：

瑞蚨祥大栅栏商业街店

地址：北京市西城区前门外大栅栏街5号

电话：010-63035313

张一元茶庄

张一元茶叶 张一元茶庄的创始人叫张文卿，1900年开办了第一家店，取名"张玉元"，"玉"在古汉语里又通"茗"，有"好茶"的意思；"元"在汉语里是第一的意思。1906年，第二家店在前门大栅栏开张，取名"张一元"，比"张玉元"更好记、更有寓意。"张一元"取"一"和"元"两个第一的意思，有

"一元复始、万象更新"之意,意思是企业能像字号一样在同行业中力争第一。1908年,第三家店在前门大栅栏开张,同样取名"张一元",为区别前一个店,该店也称"张一元文记"茶庄。1925年张文卿亲自到福建开办茶场,在福州郊外半山坡盖了几十间房,雇用当地工人按季节收购新摘的茶叶,并选最好的茉莉花,依北方人的口味就地熏制、拼配,形成具有特色的小叶花茶。

中华人民共和国成立后,"张一元"发扬老字号的优良经营传统,在确保茶叶质量的基础上,不断更新、改造、调整、增加茶叶品种,受到消费者的欢迎。1956年,"张玉元"的字号取消,"张一元"这个字号便沿用至今。1992年成立了"北京市张一元茶叶公司",使这一老字号再度辉煌。

二锅头白酒 "二锅头"就是原材料在经过第二锅烧制时的"锅头"酒,这酒最为纯正、无异味、浓度虽高却不烈,真的是醇厚绵香。

二锅头是北京平民百姓最喜欢的酒水之一,是北京韵味的一种表现。喝的时候多配以凉菜,如花生米、高碑店豆腐丝、酱牛肉、拍黄瓜等;或者是老北京小吃,如卤煮火烧、爆肚、白水羊头等。冬天吃饺子时,配以二锅头也是最常见的搭配方式,有俗语道:"饺子就酒,越喝越有。"

二锅头白酒

二锅头在北京市场上以"红星"和"牛栏山"两个品牌为主,北京人将其分别爱称为"红二"和"牛二",两者的区别主要在于红星二锅头的酒精度数较高。"小二"是指小瓶包装的二锅头酒,一般为100毫升,适合携带和一个人饮用。

稻香村糕点 1895年,拥有糕点制作绝技和经营谋略的南京人郭玉生来到北京,在前门开了一家"稻香村南货店",从此,稻香村来到北京。为了把"北京稻香村"这块牌子叫得更响,郭玉生和他的同事努力开发南味食品,花费重金从上海、南京、苏

稻香村糕点

稻香村食品店

杭、镇江请来名师。很快，风味独特的产品纷纷摆上柜台，吸引越来越多的人们走进北京稻香村。拎一盒老北京糕点，买几包酥糖或几块熏鱼，北京稻香村的食品在京城真正成了敬父母、送朋友的馈赠佳品。

如今，北京稻香村已经拥有近百家连锁店，生产糕点、肉食、速冻食品、月饼、元宵、粽子等各种节令食品共 600 多个品种。

走进北京稻香村的连锁店，不仅能看到精细考究的各式糕点、新鲜的熟肉、用豆制品做成的几十种全素宫廷菜、各种干果炒货，还有在别处难得一见的江米酒酿、炒红果等传统美食。营业员一年四季都穿着白大褂，戴着白帽子，包熟食用油纸、盛糕点用纸袋这些"老讲究"更是让人感到亲切。许多稻香村门店每天门庭若市，熟肉等新鲜的副食制品才到下午就可能销售一空。

附录　北京市中华老字号名单

北京吴裕泰茶业股份有限公司（注册商标：吴裕泰）
北京稻香村食品有限责任公司（注册商标：稻香村）
北京同升和鞋店（注册商标：同升和）
北京王府井百货（集团）股份有限公司东安市场（注册商标：东安）
北京盛锡福帽业有限责任公司（注册商标：盛锡福）
北京大明眼镜股份有限公司幸福大街精益店（注册商标：精益）
北京来今雨轩饭庄（注册商标：来今雨轩）
北京大明眼镜股份有限公司（注册商标：大明）
北京中国照相馆有限责任公司（注册商标：中国照相馆）
中国茶叶股份有限公司（注册商标：中茶）
北京工美集团有限责任公司王府井工美大厦（注册商标：工美）
北京馄饨侯餐饮有限责任公司（注册商标：馄饨侯）
北京四联美发美容有限责任公司（注册商标：四联）
北京六必居食品有限公司（注册商标：六必居）
聚德华天控股有限公司北京柳泉居饭庄（注册商标：柳泉居）

聚德华天控股有限公司北京聚德烤肉宛饭庄（注册商标：烤肉宛）
北京六必居食品有限公司桂馨斋食品厂（注册商标：桂馨斋）
北京天福号食品有限公司（注册商标：天福号）
聚德华天控股有限公司北京砂锅居饭庄（注册商标：砂锅居）
北京华天饮食集团公司同和居饭庄（注册商标：同和居）
聚德华天控股有限公司北京烤肉季饭庄（注册商标：烤肉季）
北京鸿宾楼餐饮有限责任公司（注册商标：鸿宾楼）
北京六必居食品有限公司天源酱园（注册商标：天宇）
北京金象复兴医药股份有限公司白塔寺药店（注册商标：白塔寺药店）
北京元长厚茶叶有限公司（注册商标：元长厚）
北京桂香村食品有限公司（注册商标：桂香村）
聚德华天控股有限公司北京玉华台饭庄（注册商标：首都玉华台）
北京市西单商场股份有限公司（注册商标：XDSC）
北京同春园饭店（注册商标：同春园）
北京成文厚账簿卡片有限公司（注册商标：成文厚）
北京华天延吉餐厅有限责任公司（注册商标：华天延吉）
聚德华天控股有限公司北京又一顺饭庄（注册商标：又一顺）
聚德华天控股有限公司北京峨嵋酒家（注册商标：峨嵋）
北京便宜坊烤鸭集团有限公司（注册商标：便宜坊）
中国北京同仁堂（集团）有限责任公司（注册商标：同仁堂）
北京前门都一处餐饮有限公司（注册商标：都一处）
北京月盛斋清真食品有限公司（注册商标：月盛斋）
北京壹条龙清真餐饮有限公司（注册商标：壹条龙）
北京天兴居炒肝店（注册商标：天兴居）
北京华鹏食品有限公司（注册商标：通三益）
北京大北服务有限责任公司大北照相馆（注册商标：大北）
北京市糖业烟酒公司（注册商标：京糖）
北京市珐琅厂有限责任公司（注册商标：京珐牌）
北京王致和食品集团有限公司（注册商标：王致和）
北京内联升鞋业有限公司（注册商标：内联升）
北京一得阁墨业有限公司（注册商标：一得阁）
北京步瀛斋鞋帽有限公司（注册商标：步瀛斋）
中国全聚德（集团）股份有限公司（注册商标：全聚德）
北京瑞蚨祥绸布店有限公司（注册商标：瑞蚨祥）
荣宝斋（注册商标：荣宝斋）

北京张一元茶叶有限责任公司（注册商标：张一元）
中盐北京市盐业公司（注册商标：京晶）
北京义利食品公司（注册商标：义利）
北京戴月轩湖笔徽墨有限责任公司（注册商标：戴月轩）
北京市丰泽园饭店（注册商标：丰泽园）
北京王致和食品集团有限公司龙门醋业有限公司（注册商标：龙门）
北京王致和食品集团有限公司金狮酿造厂（注册商标：金狮）
北京茶叶总公司（注册商标：TP）
北京菜市口百货股份有限公司（注册商标：菜百）
北京稻香春食品有限公司（注册商标：稻香春）
北京市颐和园听鹂馆饭庄（注册商标：听鹂馆）
北京龙徽酿酒有限公司（注册商标：中华）
北京市豆制品二厂（注册商标：白玉）
北京顺鑫农业股份有限公司牛栏山酒厂（注册商标：牛栏山）
北京百花蜂产品科技发展有限责任公司（注册商标：百花）
北京红星股份有限公司（注册商标：红星）
北京东来顺集团有限责任公司（注册商标：东来顺）

2. 传统商业圈

顾名思义，传统商业圈的形成时间很早，基本都有百年以上的历史。传统商业圈的地理位置优越，通常位于市中心地带。传统商业圈的建筑风格和营销模式，多多少少都带有一些历史痕迹和传统特色。

王府井大街

王府井大街 南起东长安街，北至中国美术馆，全长约1.5公里，是北京最有名的商业区。在王府井大街上，日用百货、五金电器、服装鞋帽、珠宝钻石、金银首饰等各种商品，琳琅满目，应有尽有。如今的王府井不仅有东方新天地、新东安广场等大型时尚购物广场，也有工美大厦、外文书店、新中国儿童妇女商店等特色专业商厦,而盛锡福、东来顺、全聚德、四联美发等京城老字号更为这条繁华的现代商业街涂抹了浓重的历史色彩。

从北京饭店南口进入王府井大街,往北一路走去,可以看到店铺林立、牌匾密集、人流如织。每天从早到晚,进入这条街的中外顾客多达百万人次。王府井也是国有品牌、老字号集中的地方。

小贴士:

地铁路线:地铁1号线"王府井站"下车;

公交路线:103路、104路、108路、111路、812路"灯市西口站"下车;1路、2路、4路、10路、20路、120路、420路、802路、803路、814路"王府井站"下车。

西单大街 是北京市西城区的一个以商业为主的街区。西单这个名字来源于老北京城俗称的"西单牌楼",因为它位于北京城中轴线西侧,又是单座牌楼,与东城区的单座牌楼(东单)相对,因此被大家称为"西单牌楼",简称"西单"。虽然"西单牌楼"早就已经在城市建设过程中拆除了,但"西单"的名称却一直沿用下来。2008年,西单牌楼在西单文化广场的改造中得以复建。

西单大街

西单以西单路口为中心,沿西单文化广场、西单北大街有许多商业设施分布。西单的商业主打青春时尚元素,因而吸引了很多北京本地及外省市的年轻人前往休闲购物,有"年轻人的购物天堂"之美誉。今天的西单,通过过街天桥的连接,已将汉光百货、君太百货、大悦城、西单商场这四大商家紧紧联系在一起,形成了一个半封闭的小商圈。

君太百货和汉光百货

君太百货与汉光百货隔街相对,分别位于西单路口的西侧与东侧。君太百货的特点是服饰新颖时尚,一层设有餐饮区。汉光百货的前身是中友百货,其开"返券促销"和"36小时不打烊"的营销先河。经过多年发展,已经有1 200个品牌入驻汉光百货店内,最大限度地保证了顾客"一站式"购物需求。君太百货与汉光百货,是众多定位年轻、时尚的品牌在北京开店的首选

西单大悦城

地，也是很多年轻人的约会首选之地。

西单大悦城

"大悦城"的出处来自《论语·子路》："近者悦，远者来。"意思是"创造喜悦和欢乐，使周围的人感到愉快，并吸引远道而来的客人"。于是大悦城秉承"愉悦众人"的原则，为来者精心挑选了近300个优秀品牌。这里有西班牙国宝级品牌ZARA，瑞典服饰零售巨头H&M，有融合美国西部风味和法国浪漫设计情调的GUESS，有源自希腊的时尚配饰Folli Follie，有简约自然、充满现代生活哲学的MUJI（无印良品）。西单大悦城定位于"中国真正的国际化青年城"，以年轻、时尚、国际化为理念。大悦城还是一家集休闲、娱乐、购物、餐饮为一体的国际化大型商场，拥有全世界跨度最长的飞天扶梯、全国最大的电影院——首都电影院。此外，美食也是大悦城的特色，星巴克、味千拉面、汉堡王、满记甜品、泰国风味的"焦叶餐厅"，日本料理"鳗鳗的爱"，韩式餐饮"大长今"，云南过桥米线"刀小蛮"，澳式时尚火锅"豆捞坊"等各国各地美食应有尽有。

西单商场

西单商场是一家有着70多年悠久历史、享誉京城、闻名全国的老字号商业企业，是与王府井的东安市场、北京市百货大楼齐名的老牌百货商场。西单商场分为南北两块区域，南楼经营北京老百姓喜爱的国内名牌产品和中老年服饰等；北楼突出青春休闲的主题，引进了众多的国际时尚品牌。

西单明珠商场

西单明珠商场有着"少男少女的淘宝天堂"之称谓，出售各种各样的别致小商品，有批发市场的性质，这里的商品与百货店相比价格更便宜。

西单新一代商城

西单新一代商城是集小商品销售、餐饮、休闲、娱乐等功能于一体的综合性特色商品市场，以"女孩的世界"为主题。

北京图书大厦

北京图书大厦是西单标志性建筑之一，也是北京最大图书卖场之一。北京图书大厦主要经营图书和音像制品，辅以各类文化产品；图书出版物门类齐全、出版物陈列品种约33万种，可以较好地展示我国出版发行业的整体风貌；有16 000平方米的营业面积，全部采用开放售书方式，一至四层分别经营社会科学图书、少儿读物和文学艺术类图书、文化教育类图书、音像制品和科学技术类图书，并于地下一层开设了原版销售区。

西单文化广场

西单文化广场是长安街上唯一的大型绿地广场和集购物、康体、娱乐、休闲于一体的多元化商业地带。

小贴士：

地铁路线：地铁1号线、4号线"西单站"下车。

大栅栏 读作 dàshilàn，是北京市前门外一条著名的商业街。现也泛指大栅栏街及廊房头条、粮食店街、煤市街在内的地区。大栅栏地处北京的中心地段，是南中轴线的重要组成部分，位于天安门广场以南，前门大街西侧，从东口至西口全长275米。

大栅栏

如今，大栅栏除了旧址老房的北京丝绸商店、瑞蚨祥绸布店、内联升鞋店、六必居酱菜店、荣宝斋文房四宝还保留着一些旧日风貌以外，同仁堂、张一元茶庄、长春堂、月盛斋熟肉店都已经门庭更新了，诸多外来的风味饮食也各据一方，形成了新型的饮食文化特色。

随着北京整体商业环境的提升，零售业的重心早已不在前门地区，大栅栏的商业地位也日趋衰落。大栅栏的商户，除了部分老字号，大多数商品的质量一般。

小贴士：

地铁路线：地铁2号线"前门站"下车；

公交路线：2路、20路、48路、59路、66路、69路、71路、120路、626路、729路、特11路"大栅栏"站下车。

3. 现代购物商业 Mall

Mall 是兴起于欧美的一种郊区大型娱乐购物中心，特指规模巨大、连成一体、包罗众多专卖店和商铺，集购物、休闲、娱乐、饮食于一体的商业中心或加盖的商业街。在 Mall 里有一条或多条步行街，人们身临其境购物、消费或漫步，犹如在林荫道上闲逛一样舒适和惬意。北京的现代商业 Mall 兴起于一二十年前，多位于城市周边，因其新颖的一站式购物休闲模式迅速吸引了大量消费者。

蓝色港湾

蓝色港湾（SOLANA）是建造在朝阳公园西北湖岸的一个约 15 万平方米的大型购物城，由 19 栋二到三层的欧式风格建筑组成，洋溢着浓郁的异域风情。这里汇集了品牌店、Mall、儿童城、餐饮街、酒吧街、超市、影院、滑冰场、美容健身中心等不同的消费热点，按不同的功能划分为美瑞时尚百货、SOLANA Mall、活力城主题店、高街、亮马食街、左岸、中央广场等区域。蓝色港湾共有 1 000 余个品牌、600 多家商铺、30 家餐馆、20 余家酒吧以及超市等，还为顾客提供豪华 8 厅影院、3 000 平方米真冰滑冰俱乐部，并配以美容美发、健身、书店、牙科医院、健康管理品牌、中国老字号药店、银行等生活化服务项目，还包括一家高端精品酒店。这里吃喝玩乐无所不包，努力为消费者提供一站式休闲消费体验。可以说，蓝色港湾是在公园里面建了一个购物的乐园，在大城市里面造了一个商业小镇。

蓝色港湾有别于传统商业区，是集购物、娱乐、休闲、旅游、文化于一身的消费场所。它时尚、新鲜且充满乐趣，适合各个年龄段的人前来消费，共享欢乐时光。

蓝色港湾有几个优势：一是地理位置好，位于市内最繁华的高端商业区，交通方便；二是靠着市区内最大的公园——朝阳公园，三面环水，风景优美；三是它带来的这种购物休闲一体化方式很符合现代人的需求，让人在吃喝玩乐中不经意就进行了大量消费。加上它还不时举办大型音乐演出、灯光节、啤酒花园这类商业活动招揽游人，所以从 2008 年开业以来，每到节假日这里都人流如织。可以说，蓝色港湾已经成了北京的一个新的旅游景点。

蓝色港湾最吸引游人的地方应该还是它营造出的独特夜景。它巧妙地用灯饰及 LED 灯带将公园树木、欧式建筑、湖面景色结合起来，并融入绿色、音乐、童话等元素，将业态与环境融合在一起，使整个区域夜色多彩，灯光璀璨，仿若童话世界，给京城的夜晚增添了一道亮丽的风景线。蓝色港湾自开业以来每年冬季都举办北京灯光节，次次都很热闹。这里现已成为京城夜生活的一个热点。

小贴士：

1. 交通路线：

地铁路线：地铁14号线（东段）"枣营站"下车。

蓝色港湾免费班车：

从蓝色港湾西广场至亮马桥地铁站C口，每15分钟对开发车，每日首班15：00，末班22：00。

2. 开放时间：10：00～22：00

世贸天阶 位于迎宾国道东大桥路的东侧，紧邻国贸、嘉里中心等众多顶级写字楼以及世贸国际公寓、新城国际等名品公寓，坐镇北京CBD西区门户。世贸天阶由一南一北两座休闲购物中心和两座5A写字楼组成。这里有超大的电子天幕，还有优雅豪华的阶梯广场、半封闭型的步行街。在整个和谐的空间组合中，各种经典建筑元素令世贸天阶处处流露着高贵时尚的商业气息。世贸天阶是北京CBD区域内独具时尚品位、休闲娱乐、文化艺术气息和品牌特色的高档综合时尚购物场所，被称为"梦开始的地方"。

世贸天阶的商业廊为全石材建筑，上空是亚洲首座、全球第三大规模的电子梦幻天幕，天幕长250米，宽30米，由曾获奥斯卡奖和四次艾美奖的好莱坞舞台大师杰里米·雷尔顿（Jeremy Railton）担纲设计。世贸天阶的天幕虽然规模上位列世界第三，但是从技术角度讲，这座天幕称得上全世界第一。人们在这里可以欣赏缤纷悦目的日夜景观，感受现代科技带来的富于梦幻色彩和时尚品位的声光艺术，世贸天阶天幕已经成为一座吸引人潮的世界级奇观。

世贸天阶是CBD的商业重心，在这里你不仅可以买到所有想买的东西，而且能吃到各国各地美食，安妮意大利餐厅（意大利菜）、分米鸡（韩国料理）、炭匠·鳗鱼专门店（日本料理）、恒河印度餐厅（印度菜）、新沸腾鱼乡（川菜）、绍拾叁（江浙菜）、草本工坊（粤菜）等一应俱全。

来世贸天阶玩什么：

（1）观天幕

在世贸天阶可以看到天幕奇观：利用现代高科技能使头顶的巨幕成功化身海洋世界，浩瀚宇宙等动人画面。

世贸天阶天幕

（2）留影阶梯广场

优雅的阶梯广场，是时尚达人驻足拍照的地方。

世贸天阶阶梯广场

(3) 激情展演

由于世贸天街吸引来巨大人流,这里经常有大牌商家进行展演。

世贸天阶中的展演

(4) 购物天阶

世贸天阶就是时尚的代名词,这里大牌云集,一定会让你过足购物瘾。

世贸天阶中的时尚店

（5）漫步步行街

现代气息的步行街，时尚舒适的购物环境。

世贸天阶漫步

（6）看写字楼

世贸天阶拥有两座 5A 级写字楼：C 座时尚大厦和 D 座天阶大厦。

世贸天阶周边的写字楼

(7) 吃遍天阶

天阶内部有各国各地美食餐厅,可以来顿饕餮大餐。

世贸天阶里的美食

小贴士:

天幕放映时间:天幕的播放时间视天色而定,一般天黑之前开启。
夏季:大约从19:30起,每半个小时放映一次,至23:00结束。
冬季:大约从17:00起,每半个小时放映一次,至22:00结束。
地铁线路:地铁6号线"东大桥站"下车(D2西南口)。

金源新燕莎 Mall 地处北京市海淀区,位于西三环和西四环之间,紧邻颐和园、香山等著名景点。2004年金秋10月,在北京风光秀丽的昆玉河畔,中国首家真正意义上的 SHOPPING Mall——金源新燕莎 Mall 隆重开业。

金源新燕莎 Mall 包括近500个品牌专卖店,汇集了阿玛尼(Giorgio Armani)、丝芙兰(SEPHORA)、始祖鸟(ARCTERYX)、哥伦比亚(Columbia)、耐克(NIKE)、JEEP、G-star、菜百黄金、汇丰银行、同仁堂、瑞蚨祥、中国照相等2 000多个国内外知名品牌,经营40万种以上的商品;提供电子通信、幼教亲子、洗衣改衣、皮鞋护理、钟表维修、眼镜护理、金融理财、旅游咨询、票务代理、礼品包装、美容美发、宠物寄存、户外攀岩等超过50项功能服务。三层的户外运动一条街、四层的中华老字号一条街等特色街区,以品类丰富、品牌全面的鲜明特色与优势,在京城购物中心中享有盛誉。百余家餐饮店错落有致地分布在一到五层，有中餐、西餐，有各种风味小吃；冷饮店、水吧、咖啡屋、茶室星罗棋布，可以让人尽情享受美味。

金源新燕莎Mall是一座亚洲单体面积最大的建筑，总建筑面积55万平方米，其规模相当于8座五星级豪华酒店，拥有12万平方米的立体停车楼，提供一万个免费停车位。同时，这里提供1 500个座椅供宾客休息，有商务中心、电信、金融、旅游咨询、票务代理、美容美发、宠物寄存等服务行业，还有亚洲最大的方特科技乐园、设施一流的冠军溜冰场、国际水准的星美影城、功能齐全的时代俱乐部及红人运动俱乐部等休闲娱乐业态，紧邻居然之家、卜蜂莲花、莱太花卉等多家商业业态。这里可以让人充分感受Mall的时尚生活，完美呈现了"吃、喝、玩、乐、购"的一站式消费理念，每日平均客流近10万人次。

小贴士：

地址：北京市海淀区远大路1号

地铁线路：地铁10号线"长春桥站"下车（D2西南口）。

4. 行业市场街

北京还有不少专门以某一行业（如古玩、家具、茶叶、珍珠等）为经营特色的市场，经过多年发展，形成了相当大的规模与影响力。

潘家园古玩市场

潘家园古玩市场 又称潘家园旧货市场，地处北京三环路东南角的劲松西口，是全国最大的旧货市场，经营的商品可以说是五花八门，包罗万象。

市场的经营者来自汉、回、满、苗、侗、维、蒙、藏、朝鲜等十几个民族，经营的主要物品有珠宝玉石、仿古家具、文房四宝、古籍字画、旧书刊、陶瓷、中外钱币、竹木牙雕、皮影脸谱、佛教信物、民族服装、服饰、"文革"遗物及生活用品等。市场内有北京大学宝石鉴定中心，可以当场为珠宝玉石出具权威证书或提供咨询。

潘家园古玩市场是购买、鉴赏古玩旧货以及其他各类工艺品、收藏品、装饰品的绝好去处。由于市场地理位置优越，交通快捷便利，民间特色浓郁，交易方式灵活，深受广大中外宾客的喜爱。潘家园古玩市场被新闻媒体称为"全国最大、品类最全的收藏品市场""全国最大的民间工艺品集散地"。潘家园旧货市场已成为众多国内外宾客到京旅游的景点之一。

小贴士：

地铁路线：地铁10号线"潘家园站"下车。

公交路线：36路华威西里站、51路华威南路站、特8路潘家园桥北站；99路、674路、34路潘家园桥西站。

高碑店古旧家具街 位于北京市朝阳区城乡接合部高碑店村，是继马连道茶叶街等特色商业街后被命名的第六条市级特色商业街。这条街最初的第一家商铺名叫"鲁班馆"，店主在1991年就来到高碑店，也是中国最早一批从事传统家具生意的个体商人。经过十几年的发展，这里由最初的一两家，逐渐发展到300余户，街道也加长到1 800米。

高碑店古旧家具市场的商品以明清仿古家具为主，市场分为古典家具经营区、古玩精品区、地摊旧货经营区及多功能展示大厅等部分，主要经营具有明清特色的古旧家具及"老木新做"的新概念家具、装饰物品和陶瓷品。古典家具民俗园主要有两类消费群体：一类是古典家具的"发烧友"，另一类是对中国古典家具有浓厚兴趣的国外购买者。

这里的店都不算太小，门脸虽然不大，但进深都很长。进门后往里走，或左拐或右拐。每家店都装潢得古香古色，到处散发着大自然的木香味道。店几乎是一家紧挨一家的，绝对不浪费空间。家具样式很多，挑选空间很大，一家有一家的特色，当然也有大众化的家具。这里家具的价格绝对比市中心的家具城便宜很多，比如一个普通的实木沙发，在城里两三万都砍不下来，在这里不足一万就可以搞定。

小贴士：

1. 交通路线

地铁路线：地铁八通线"高碑店站"下车。

公交路线：363路、725路、312路、728路、848路"高碑店站"下车。

2. 地址：北京市高碑店村551号。

3. 购物提示：

高碑店街道比较长，逛起来也比较累。所以，您开车逛最好，不但省脚力，遇到不是小件儿的心仪货，还能随手带走。

初逛高碑店，除了小玩意儿外，千万不要心急，不要急于下手，也不要不懂装懂。先品一品，看一看，逛一逛，然后再慢慢砍价。这样既有游玩的乐趣，又不会轻易"走眼"，还能多增长几分知识。

马连道茶叶一条街

马连道茶叶一条街 位于北京市西城区西部，西临西三环路，北靠广安门外大街，与北京西客站隔街相望。在这里，集中着马连道茶城、京马茶城、京鼎隆茶城、京闽茶城、绿谷茶城、北京茶叶总公司茶叶市场、青溪茶城和北京国际茶城，云集了全国十个主要茶叶产区的700余家茶商。

作为茶叶街，马连道茶叶街最大的特点是种类全。这里各地茶商云集，只要说出你想要的茶叶，便会有相应的卖家。正如一位经营者说的，在马连道茶城中，只可能有顾客不认识的茶叶，不会有顾客找不到的茶叶。

马连道茶叶街的另一个特点是价格低。如一款绿茶，在马连道的售价要比其他商场中的价格低一半甚至更多。据经营者介绍，价格低是因为马连道内很多经销商同时也是生产商，省去了中间环节，自然形成了价格优势。

北京人爱喝茶，而且爱喝什么茶的人都有。过去北京人买茶，讲究点儿的都到老字号茶叶店去买，比如"张一元""吴裕泰"。自从有了马连道茶叶一条街，北京人买茶有了新的去处。

走进马连道茶叶一条街，最显眼的莫过于茶叶店和茶城打出的"金字招牌"，一家挨一家的茶铺将店里的好茶用金色字样标出：竹叶青、大红袍、铁观音、普洱茶……价格从每斤几十元到几十万元不等，但这并不是最后价钱。顾客购茶前，均可以在茶铺里的茶座上先品茶，一边品茶一边砍价，双方满意即可成交。

马连道不仅销售茶叶，还带动了很多新产业的发展，如茶具、茶业包装行业、运输业、茶艺根雕、茶膳、茶足浴等。

小贴士：

地铁路线：地铁7号线"湾子站"下车。

交通路线：89路、46路、414路"马连道站"下车；6、45路、53路、57路、122路、613路、特7路"湾子站"下车。

红桥珍珠市场 位于东城区天坛东路，与天坛公园仅一路之隔。历经30多年的发展，目前的红桥市场已经成为一个以珍珠为主的国际化旅游商品市场。红桥珍珠品牌在国际上具有较高的知名度。目前世界珍珠年产量约为1 600吨，红桥市场的年销量约为200吨，占全世界产量的1/8。为了保证红桥市场的产品品质，在

红桥珍珠市场

市场五楼设有国家级权威资质珠宝鉴定机构——北京大学宝石鉴定中心红桥站。

北京红桥市场有流光溢彩、绚烂夺目的珍珠，让来自世界各地的顾客对红桥珍珠爱不释手。红桥珍珠市场的经营者90%以上能用英语和外国人交流，这里先后接待过近百个国家6 000余人次的各国政要和使节。作为全球最具知名度的珍珠零售终端市场，红桥珍珠市场既是中国珍珠行业的领军者，又是中国珍珠文化的传播者，在扩大中国珍珠的世界影响力、促进中国珍珠产业发展等方面做出了卓越贡献。它被誉为"外国女人心中的长城"和"北京永不落幕的珠宝博览会"，被外国朋友亲切地称为"Pearl Market"（珍珠市场）。

小贴士：

1. 交通路线

地铁路线：地铁五号线"天坛东门站"下车。

公交路线：6路、35路、39路、39支、106路、116路、610路、707路、723路、812路"红桥站"下车；34路、41路、43路、60路、807路"法华寺站"下车。

2. 营业时间：9：30~19：00

琉璃厂大街内的街道

琉璃厂笔墨纸砚 琉璃厂大街位于北京和平门外,是北京一条著名的文化街。它起源于清代,当时各地来京参加科举考试的举人大多集中居住在这一带,因此在这里出售书籍和笔墨纸砚的店铺较多,形成了较浓的文化氛围。

这里的店铺主要经营古玩字画,沿街商店近100家。在这里,游客能买到不错的传统书画、纸笔。琉璃厂有中国最大的古旧书店——中国书店,有西琉璃厂原有的三大书局——商务印书馆、中华书局、世界书局。此外,琉璃厂大街还有以"荣宝斋"和"宝古斋"为代表的古今字画,以"韵古斋"和"萃珍斋"为代表的金石陶瓷,以"一得阁"为代表的文房四宝(笔、墨、纸、砚),以"振环阁"为代表的珠宝杂项,以"乐海轩"和"古艺斋"为代表的音响乐器,以"观复斋"和"庆云堂"为代表的历代碑帖,以"汲古斋"和"韫玉斋"为代表的仿古文物,以"瑞成斋"和"邃雅斋"为代表的文物锦盒和古书装修,还有"文盛斋"的纱灯、宫灯和"锦昌店"的地毯、壁毯等。

而说到琉璃厂最著名的老店,那么非荣宝斋莫属。在琉璃厂大街,有一座颇为壮观的楼房,雕梁画栋,古香古色,分外显眼,这就是大名鼎鼎的荣宝斋了。有人说,琉璃厂因荣宝斋而更具盛名,这足以说明荣宝斋举足轻重的地位。荣宝斋的经营范围非常广,从笔墨纸砚到扇面册页,从书画篆刻到装裱画卷,几乎无所不包,最著名的商品要数木版水印和复制品。从普通百姓到文化名人,都是荣宝斋的热心顾客。

小贴士:

地铁路线:地铁2号线"和平门站"下车向南。

公交路线:7路、14路、15路、45路、66路、70路"琉璃厂站"下车;102路、105路、603路、603路"虎坊桥站"下车。

秀水街服装市场 地处长安街延长线,紧邻CBD商圈,20世纪90年代成为海外游客争相前往购物的"民间贸易中心",甚至有经济学家将其称为"用改革开放的剪刀裁剪出来的21世纪的清明上河图"。"登长城、游故宫、吃烤鸭、逛秀水",在很多人眼中,北京秀水街已经和长城、故宫、烤鸭这些"北京象征"一起,成为海内外游客到北京旅游的一个地标了。

2005年1月6日,过去的"秀水市场"闭市修整;3月19日,经装修整饰后的"秀水街"正式开业。从此,商户告别风吹日晒的经营环境,搬进大厦。秀水街实际上是一座百货大楼,建筑面积2.8万平方米,有1 500个摊位。

在秀水街,常常能看到商户比画着说英语、麻利地打着计算器,和外国客商讨价还价,颇有"客商云集、熙来攘往"的气势。

秀水服装市场

在秀水街,可以买到正品衣物,也能淘到款式新颖的外贸订单商品。另外,秀水街还是中华老字号最集中的市场,全聚德、瑞蚨祥、同仁堂、谦祥益、内联升、盛锡福在此均占有一席之地。这里既有珍珠丝绸、古玩等中国特色产品,也有西式咖啡厅、快餐厅及便利的超级市场,可谓一应俱全。

小贴士:

1. 交通路线

地铁路线:地铁1号线"永安里站"西北口(A口)。

公交路线:1路、4路、9路、28路、37路、43路、120路、126路、403路、639路、640路、668路、673路、728路、729路、802路、810路"永安里站"下车。

2. 地址:北京市朝阳区建国门外大街、东长安街路北,贵友大厦西侧。

第二单元
吃
——品味北京

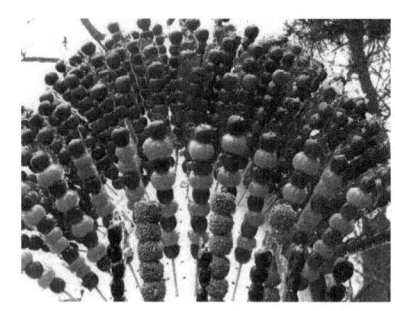

各种糖葫芦

热身任务:

请看右侧的图片,你在北京的街上见过这种小吃吗?你知道这种小吃的名字吗?还吃过其他小吃吗?

你听说过宫廷菜吗?你知道北京有哪些宫廷菜?有一部有名的电影叫作《满汉全席》,还有一部电视剧也叫作《满汉全席》,都有助于你了解"满汉全席"这一宫廷菜品,可以找来看一看。

什么叫私家菜?在北京你听说过私家菜(官府菜)吗?

你听说过簋街吗?簋街位于东城区东直门内,在这条一公里多长的大街上,有150多家商业店铺,其中餐饮服务业占了90%,因此簋街是北京一条非常有名的餐饮街。请去实地探访一下。

请说说北京有哪些酒吧集中的地方(比如三里屯酒吧街)。这些地方你都去过吗?它们之间有什么异同?你更喜欢哪一个?

1. 北京小吃

门钉儿肉饼 是北京的一种传统小吃，因形状像古时候城门上的门钉而得名。据说，北京的名小吃，许多都与慈禧太后有关系，门钉肉饼也不例外。有一天，御膳房的师傅给慈禧做了一道带馅的点心，慈禧吃后，觉得味道可口，非常喜欢，就问这是什么食物。因当时还没有名字，可是太后问，也不能说没有名字。于是，厨师想到了宫廷大门上的钉帽，就随口说："这叫'门钉肉饼'。"门钉儿肉饼就这样诞生了。

门钉儿肉饼

门钉儿肉饼象征着吉祥。门钉儿肉饼的做法其实跟一般馅饼没什么区别，就是形状不太一样。一般的馅饼扁平，而门钉儿肉饼直径约5厘米，高约3厘米。门钉儿肉饼的特点是外焦里嫩，焦黄的面皮里面，饱含着浓浓的汤汁，集合了牛肉的鲜和大葱的香，着实诱人。门钉儿肉饼是用牛肉做的，油水大，而牛油容易凝固，所以吃门钉儿肉饼一定要趁热吃，这样口感才好。如果凉了，里边的牛油吃着都糊嘴。但是趁热吃，您也别太性急，要是迫不及待一大口咬下去，容易烫着嘴，并且滋一身油。这点儿跟灌汤包有点相似，因此吃门钉儿肉饼一定要注意。吃门钉儿肉饼的时候最好淋点儿醋，这样既能去除油腻的感觉，又能带来更好的口感。

延伸阅读

1. 门钉儿肉饼的做法

材料：

面皮：普通面粉

馅料：牛肉馅、洋葱、鸡蛋、酱油、盐、糖、味精、十三香（或花椒水，或其他香料）

做法：

和包饺子的面团一样，将面粉加凉水和成比较软的面团，饧（xíng）半小时左右，中间再揉一次，让面团充分松弛。

将牛肉馅加上鸡蛋和各种调料调匀，可以加适量的水来搅拌调节肉馅的干稀。再加入切碎的洋葱丁拌匀。

将面团分成比饺子的剂子略大的面剂子,擀成比较薄的面皮,放上肉馅,收口。将收口朝下,搓成"圆馒头"状的饼坯。

饼铛烧热后调成中小火,加适量油,放入饼坯,再加上适量水,盖上锅盖,5~10分钟后锅内水基本收干,底部煎成金黄色时,就可以将饼翻个儿面朝下,煎至金黄色即可。

2. 门钉儿肉饼的知名店铺

门钉儿李:北京海淀区学院南路51号(中央财经大学附近)

茶汤李京味餐厅:北京朝阳区和平里七区30号楼1号底商(地铁5号线和平里北街站B口步行720米)

庆丰包子铺

庆丰包子铺 是北京华天饮食集团公司旗下的老字号,以经营包子、炒肝为主,在北京有200多家门店。

庆丰包子铺之所以广受顾客喜爱,一个重要原因是其产品品质优良。店铺对包子的制作有着严格的质量标准,从原料产地、馅型调料的比例、打馅手法、包子外观、包子重量、上屉时间等都有严格要求。包子皮薄馅大,外形美观,吃的时候既松软又多汁,味道鲜美。

同时,庆丰包子铺经营品种十分丰富。店铺经营的包子既有传统的猪肉大葱、猪肉三鲜、素三鲜等口味,又有后来创新的鲜虾、猪肉梅干菜、牛肉大葱、牛肉胡萝卜等口味。流食品种也有10余种,除炒肝外,还有鸡汤馄饨,以及紫米粥、棒渣粥、南瓜粥、红豆薏米粥等,还添加了酱肘花、酱牛肉、焖酥鱼、麻豆腐、松花蛋、海带丝等凉菜。

爆肚儿 是水爆牛羊肚的总称,通常是指水爆羊肚。

爆肚的功夫除了原料新鲜外,全在一个"爆"字上。所谓"爆",其实是"煮",煮的时候水要量大、滚开,火力要极旺。爆肚的火候最要紧,要脆要嫩。材料入汤,几秒钟便熟,如果爆过了火就会老硬。

吃爆肚需要蘸作料,作料用芝麻酱、酱豆腐、卤虾油、韭菜花、酱油、米醋、香油等混合而成,再加上葱花、香菜、蒜汁和辣椒油,和吃涮羊肉用的作料差不多。吃爆肚时一般一次只夹一块，要抹着碗底、托着香菜和葱、蘸着调料入口。吃爆肚的时候，如果邻座的人听声音以为您在嚼一块嫩黄瓜，那就说明您已经是一位吃爆肚的行家了。

延伸阅读

小问题1："炒肝儿"是一种什么食物？

答：炒肝源自满族人按萨满教习俗祭神并分食祭肉后，将剩余的肠、肚等内脏烩成一锅由众人分食的习惯。清朝建立后，这一习惯带入北京，逐渐发展出炒肝、卤煮火烧等多种小吃。

爆肚儿

小问题2：为什么"炒肝儿"并不是"炒"出来的，而"爆肚儿"也并不是"爆"出来的呢？

答：不熟悉北京炒肝儿的外地人，可能会奇怪一种熬出来的浓汁状食物，为什么会将制作过程称为"炒"；同样的疑问也会发生在实际是煮出来的爆肚儿上。研究满语和北京民俗的老专家爱新觉罗·瀛生考证过，炒肝中的"炒"字并非汉语中用油翻炒的意思，而是源于满语 colambi，满语中的这个"炒"字意思广泛，烹、炒、煎、熬都能称之为"炒"。称之为炒肝，就是因为契合了熬煮这个意思。而满语中的"煮"（bujumbi）字第一个音节发音类似"爆"，这也正是爆肚儿称呼的起源。

炸酱面 是北京富有特色的食品，由菜码、炸酱拌面条而成。先把黄瓜、香椿、豆芽、青豆、黄豆切好或煮好，做成菜码备用。然后做炸酱，将肉丁及葱姜等放在油里炒，再加入黄豆制作的黄酱或甜面酱炸炒，即成炸酱。面条煮熟后，捞出，浇上炸酱，拌上菜码，一碗炸酱面就做好了。也有面条捞出后过一下凉水再加炸酱、菜码的，称作"过水面"。

炸酱面

在老北京，常见的是猪肉丁炸酱：以半肥瘦猪肉丁加葱、姜、蒜等在油锅炸炒，加稀黄酱，盖上锅盖小火煮10分钟。等到肉丁被黄酱煮透，肉皮红亮，香味四溢就可以了。讲究点儿的则是里脊丁三鲜（虾仁、里脊、玉兰片）炸酱，还有木樨（鸡蛋）炸酱、炸豆腐丁酱、烧茄子丁酱等，油而不腻。老北京人吃炸酱面，冷天讲究吃热的，叫作"锅儿挑"（完全不过水）；热天吃过水面，但吃的时候要把水沥干净（中国人觉得凉水吃进去会肚子疼）。根据季节佐以各种时令鲜蔬，叫作"全面码儿"。初春，用掐头去尾的豆芽菜（称掐菜）、只有两片子叶的小水萝卜缨，并浇上过年剩下的腊八醋。春末，在酱里放上鲜花椒蕊，称花椒酱，面码儿则是青蒜、香椿芽、掐菜、青豆、小水萝卜缨和萝卜丝（条）。初夏，则以新蒜、焯过的鲜豌豆、黄瓜丝、扁豆丝、韭菜段等为面码儿。

豆汁儿、焦圈

豆汁儿 是老北京的独特流食，是以绿豆为原料，将淀粉滤出制成粉条等食品后，剩余的残渣发酵后制作而成的。豆汁儿具有养胃、解毒、清火的功效。

提起北京小吃，首先让人想起豆汁。北京人爱喝豆汁，并把喝豆汁当成是一种享受。可第一次喝豆汁，像泔水一样的气味使人难以下咽，但捏着鼻子喝两次，感受就不同了。有些人竟能上瘾，为此到处寻找，哪怕排队购买也非喝不可。豆汁一般要趁热喝，味道甜中带酸，酸中有涩；如果再就着咸菜丝、焦圈、烧饼之类的食物一起吃的话，就更有味道了。

现在在遍布京城的护国寺小吃店，能喝到比较正宗的豆汁。

酸梅汤

酸梅汤 是老北京传统的消暑饮料，过去在炎热的季节，许多人家会买乌梅或者杨梅来自行熬制。酸梅汤的原料是乌梅、山楂、桂花、甘草、冰糖这几种材料。乌梅泡发以后，放上山楂、桂花、甘草一起熬，冰镇之后就成了酸梅汤，里边放点冰糖可以去酸。

《本草纲目》里说："梅实采半黄者，以烟熏之为乌梅。"意思是要采那种颜色半黄的梅子，然后用烟熏一下就成了乌梅。乌梅能去热送凉，安心止痛，甚至可以治咳嗽、霍乱、痢疾。民间传说《白蛇传》中就写了用乌梅祛除瘟疫的故事。在酸梅汤所用的几种原料中，乌梅去油解腻，桂花化痰散瘀、清热解毒，甘草滋养肌肤，山楂降脂降压，冰糖益气润肺。由这几种原料放到一起熬制成的酸梅汤不但去油解腻，还富含多种营养元素。因此，常饮酸梅汤的确可以祛除疾病，保健强身。一碗酸梅汤下肚，会感觉暑气全消，酸梅汤算得上是炎热夏季不可多得的保健饮品。

酸梅汤是中国传统饮料之一，在中国古代四大名著之一的《红楼梦》一书第三十四回中，男主人公贾宝玉挨打后，就曾经"只嚷干渴，要吃酸梅汤"。

北京城制作酸梅汤，以琉璃厂的信远斋最为有名。

驴打滚儿 又叫豆面糕，是老北京著名的传统小吃之一，用糯米粉、白糖、红豆沙、糖桂花、黄豆面等制成，成品红、白、黄三色分明。做好的"驴打滚儿"外层粘满豆面，呈金黄色，豆香馅儿甜，入口绵软，别具风味，是老少皆宜的风味小吃。

"驴打滚儿"这道小吃名字的由来，有两种说法。第一种说法，因为"驴打滚儿"最后的制作工序需要裹上黄豆面儿，制作时就像郊外的野驴高兴地打滚儿时扬起的阵阵黄土，因此得名"驴打滚儿"。第二种说法，据说清朝（1636—1912）末年，慈禧太后吃烦了宫里的食物，想尝点儿没吃过的新鲜东西。于是，御膳房（皇宫里的厨房）的大厨左思右想，决定用江米粉包裹着红豆沙来做一道新菜。这道新菜刚做好，就有一个叫小驴儿的太监（皇宫里专供皇帝、郡主及其家族役使的人）来到御膳房，不小心把刚刚做好的新菜沾上了黄豆面儿，这可急坏了御膳房的大厨。但这时候再重新做已经来不及了，没办法，大厨只好硬着头皮把这道菜端到慈禧太后的面前。慈禧太后一吃，觉得味道还不错，就问大厨："这东西叫什么名字啊？"大厨觉得都是那个叫小驴儿的太监闯的祸，于是就回答道："这叫驴打滚儿。"从此就有了"驴打滚儿"这道小吃。

"驴打滚儿"的做法、叫法、吃法，具有很强的地方性。就第一种说法来讲，中国人很有想象力，如此简单的一道小吃，却跟驴子挂上了钩，借助驴子在地上打滚时一身灰尘的模样，来形容这种食品。这道小吃，中国的北方人多半知道是怎么回事，但南方人却不一定知道，更别说老外了。一些餐馆将它翻译为"Rolling Donkey"，也有一些残忍的意味在内，好像驴子痛得打滚一样。哪知道这道菜是一种甜品小吃，是"带有甜豆粉的、由黏性的大米做成的卷"，英语翻译为 glutinous rice roll switch sweet bean flour，就是类似中国南方人过年时吃的糍粑之类。

艾窝窝 是用糯米制作的北京传统清真风味小吃，原料为糯米饭、面粉、

艾窝窝

白糖、芝麻、核桃仁、山楂糕等。其特点是色泽雪白,形状如球,质地黏软,口味香甜。在过去的北京城,每年农历春节前后,小吃店都要上这个品种,一直卖到夏末秋初,所以艾窝窝也属季节性小吃,但是现在一年四季都有供应。艾窝窝历史悠久,明万历年间(1573—1620)的史料上就已经有关于艾窝窝的记载了。

艾窝窝营养丰富,对人的身体具有温和的滋补作用,特别适合身体虚弱、疲劳乏力、头晕眼花、食欲不佳的人食用。但是由于糯米不容易消化,脾胃虚弱者不适合多吃;老人、小孩或发热、咳嗽、腹胀的病人也应该少吃。

延伸阅读

护国寺小吃 国营的老字号,产品正宗,经营老北京的食物。护国寺小吃店在北京有很多分店,小吃品种包括艾窝窝、驴打滚、豌豆黄、馓子麻花、麻团、焦圈、面茶、杂碎汤、豆汁等八十余种。

2. 宫廷菜

中国古代历朝宫廷中都有专门负责饮食的机构和人员,以供帝王后妃等皇室成员们享用美食。自中国第二个朝代商朝(约前17世纪—前11世纪)起至清朝(1636—1912)末年,宫廷菜的制作不断朝着精益求精的方向发展,最终成为中国古代烹饪技艺的经典和集大成者,成为中华菜肴的杰出代表。

满汉全席

满汉全席 是我国一种集满族和汉族饮食特色于一体的巨型筵席,起源于清朝的宫廷。其原为康熙皇帝(1654—1722)66岁大寿的宴席,目的是化解满汉不和。后世沿用这一传统烹饪方法,加入珍贵食材,极为奢华。

满汉全席上的菜品一般有

108道（南菜54道和北菜54道，以东北、山东、北京、江浙菜为主），分三天吃完。菜式有咸有甜，有荤有素，用料精细，突出满族菜烧烤、火锅、涮锅的特殊风味，同时展示汉族烹调扒、炸、炒、熘、烧等特色，真称得上是中华菜系文化的瑰宝和最高境界。

清朝皇室摆设满汉全席时，一般先吃满菜，再吃汉菜，其间需换桌面，称作"翻台"。宾客进入大厅先奏乐，坐下后先用点心；宾客到齐后，行敬酒礼，大菜才会奉上。整个过程先后共换桌面四次，调换满、汉菜式。器具多用铜制，雕制讲究，设有火家具（即火锅），上层放菜，下层以酒点火。载水家具则用锡制，分内外两层，内层放汤，外层放沸水，便于保温。

延伸阅读

乾隆年间（1736—1795）李斗之所著的《扬州画舫录》一书中曾经详细地描绘过当时举办满汉全席的盛况：豪华的宴席中，汇集了满族和汉族的众多有名菜肴，其中包括燕窝鸡丝汤、海带猪肚丝羹、鲍鱼烩珍珠菜、淡菜虾子汤、鱼翅螃蟹羹、鱼肚煨火腿、蒸驼峰、蒸鹿尾、鲫鱼舌烩熊掌、糟蒸鲥鱼、西施乳、火炙哈尔巴小猪子、挂炉走油鸡鹅鸭、猪杂什、羊杂什等。

满汉全席中的四八珍：

山八珍：驼峰、熊掌、猴脑、猩唇、象拔、豹胎、犀尾、鹿筋。

海八珍：鱼子、鱼翅、海参、鱼肚、鱼骨、鲍鱼、鱼唇、干贝。

禽八珍：红燕、飞龙、鹌鹑、天鹅、鹧鸪、彩雀、斑鸠、红头鹰。

草八珍：猴头、银耳、竹荪、驴窝菌、羊肚菌、花菇、黄花菜、云香信。

1977年11月2日、3日，香港国宾酒楼受到日本TBS电视台的委托，以10万港币的价钱，制作了共108道菜的满汉全席。酒楼动用了160多人，花了3个月才筹备完成。而这个过程则由人造卫星直播到日本。现在由于有些动物已经成为受保护动物，加上部分烹调技艺也已经失传，所以再制作一场如同清朝乾隆年间的满汉全席已经几乎是不可能的事情了。

北海仿膳 指的是位于北海公园的仿膳饭庄，是京城有名的宫廷菜馆。饭庄由三个庭院组成，共有大小餐厅15间，餐位500个，这里曾接待过许多国内外名人。仿膳饭庄主要经营宫廷糕点小吃和宫廷菜肴。小吃以肉末烧饼、小窝头、芸豆卷、豌豆黄最

北海仿膳饭庄

为有名,其根据清朝宫廷御膳档案研制出的燕尾桃花虾、一品豆腐、海红鱼翅、金鱼鸭掌等菜肴也很受欢迎。

这里"不可零点",只提供套餐。仿膳最著名的菜肴应该算是"满汉全席"。为满足不同客人的需要,饭庄还推出"满汉全席精选"餐式,使客人食一餐便可领略满汉全席之精美。

听鹂馆饭庄

听鹂馆饭庄 是北京一家经营宫廷风味菜肴的著名餐馆,位于颐和园公园内,是颐和园内13处主要建筑之一。饭庄设有大小餐厅8个,装潢得古香古色,呈现出富丽堂皇的皇家气派,可同时接待500多位宾客。

听鹂馆饭庄的烹饪注意突出"宫廷风味",制作既不失古代风格又符合当代营养科学的菜点。菜品讲究原汁原味,不惜用料。听鹂馆饭店的名菜有宫门奉鱼、荷花鱼丝、八珍鱼锅、无字散花鱼、佛跳墙、京扒四宝、红娘自配、寿星人参鸭、宫廷面点等。

听鹂馆饭庄在挖掘药膳的烹饪技艺方面也做出了很大的贡献。药膳是集中药与食物为一体的膳食,不仅给人以口腹的享受,而且通过对膳食中药物成分的自然消化吸收,达到保健强身、防病去病、滋补益寿之效。

听鹂馆饭庄的代表作多是成套的宴席和包桌菜,有固定菜单,最适合商务宴请、喜宴和寿宴。通常不支持零点。当然为了方便食客,人数少的客人到听鹂馆饭庄可以选择搭配好的个人套餐。饭庄地处颐和园公园内,订晚餐需要提前预约。

美味珍御膳

美味珍御膳 地处北京国贸,号称北京最贵宫廷菜。多年以来,美味珍御膳凭借独门秘制的皇家佛跳墙和原汁原味的宫廷饮食文化在京城餐饮界占据一席之地。专营皇家佛跳墙、皇家满汉席、鲍鱼、燕窝、鱼翅、皇家秘制高汤等,可以外卖。传说中的皇家佛跳墙用20多种山珍海味精心烹制，汤味醇厚，鲜美绝伦。

美味珍御膳餐厅环境优雅，突出中国传统风格，设有几百平方米的宴会厅。餐厅环境和餐具都极具档次，处处彰显皇家风范。服务员一水儿的清朝宫廷打扮，训练有素，有问必答。

小贴士：
地址：北京朝阳区建国门外大街1号国贸大厦西楼3楼L301号
电话：010-65358215

3. 私家菜（包括官府菜）

北京是内地各大菜系的汇集之地，吸引着南来北往的食客光顾。如今，一些以私房菜为招牌的私人菜馆纷纷涌现，它们独树一帜，赢得了不少消费者的认可和追捧。这些私家菜馆从不开在闹市，它们或在胡同里的自家院落，或在人流不多的僻静之处，等待着与你的相遇。私家菜馆往往有着共同的特点：地方选得比较偏僻，环境布置得比较幽雅，价格定得比较昂贵。私家菜最特别的地方就是"自家"，然后就是私密、低调和情趣。

厉家菜是北京小胡同里的一家面积很小的餐馆，却又称得上是北京名气最大的餐馆。北京后海的北沿和南沿分别坐落着清朝两个最大的王府，即醇王府和恭王府。恭王府东侧有一条羊房胡同，别看地方不大，里面却有一家海内外闻名的餐馆——厉家菜餐馆。这个餐馆从来不做广告，它的名气全靠食客们的口耳相传。

厉家菜 融合了汉族、满族、蒙古族、回族等多民族菜系的精华，烹制工艺烦琐。在烹制过程中不加入味精、鸡精等调味品是厉家菜的一个特点。北京厉家菜餐馆创始人的祖父是清朝同治和光绪年间的内务大臣，主要负责管理御膳房事宜。因此，厉家菜沿袭了中国宫廷御膳传统，传承了中国宫廷烹饪技巧。美国前财政部长鲁宾（Robert Rubin）、英国前首相梅杰（John Major）、新加坡前总理李光耀（Lee Kuan Yew）、美国微软前总裁比尔·盖茨

厉家菜

（Bill Gates）等都曾经光临过这里，梅葆玖、成龙、金庸等国内名人也曾是厉家菜的座上客。

"厉家菜"的独到之处还在于：食客不许点菜，因为厉家菜的烹制过程复杂，厉家人忙活一天，才能做出一桌。厉家菜只有套餐，出品200多元到2 000多元等各种价位的套餐，每套菜从18种至22种不等，包括源自宫中的小吃、主菜、汤，每道菜都是精致的一小片、一小口、一小条，看似平常的菜品却有着不平常的口味。黄焖鱼翅、原汁鲍鱼、京味龙虾和清汤燕菜等无不令人叫绝。厉家菜的菜谱并不复杂，但做法却绝对与众不同。小菜有虾子芹心、芥菜墩、北京熏肉、琥珀桃仁等，熟菜有黄焖鱼翅、白扒鲍鱼、软炸鲜贝、浇汁活鱼、烧鸭和清汤燕菜等，汤和甜食有乌鱼蛋鸡汤、炒蛋羹、核桃甜酪、桂花糖藕、玫瑰小枣、山楂果等。

小贴士：
厉家菜（德胜门总店）
地址：北京市西城区德胜门内大街羊房胡同11号
电话：010-66180107
营业时间：11：30～13：30　17：30～20：30

梅府家宴

梅府家宴　坐落于恭王府旁边，菜式来自中国京剧大师梅兰芳家传的600道菜，厨师中有四位是梅府家厨的传人。梅兰芳先生曾经使用过的餐具、手摇摄像机、手摇照相机等也摆放在这里，很像是一个小型的梅兰芳艺术博物馆。

梅府家宴菜品的口味以清淡、微甜、微咸的江南菜为主，特色菜品有鸳鸯鸡粥、烧汁鲈鱼、锦绣牛肉粒、核桃酪、龙须鱼丝、核桃虾球、四味碟、葱油拌面等。

小贴士：
地址：西城区大翔凤胡同24号
电话：010-66126845

北京菜中还有一个特殊的流派就是官府菜。来了北京，除了烤鸭，还要去尝尝官府菜。官府菜以清淡、精致、用料讲究而闻名。

谭家菜 又称榜眼菜,是北京官府菜的代表。谭家菜的传统是选料精细,用料大方,做工细腻。其擅长干货发制,常用料为鱼翅、鲍鱼、燕窝、海参。谭家菜主要使用烧、炖、煨、扒、蒸等方法烹调,讲究浓汤、慢火炖,以达到质感软烂、鲜美的效果。谭家菜调味上一般咸甜各半,原汁原味,从来不用爆炒,一般不用胡椒、花椒或味精。

谭家菜饭馆

谭家菜不是以菜的品种多取胜,而是胜在每道菜都精心打造,每道菜都追求完美。最招牌的黄焖鱼翅、佛跳墙之类的都很地道,更难得的是肉末酥盒这种点心也很完美。总之,谭家菜是老牌的招待贵宾的理想场所。

小贴士:

地址:北京市东城区东长安街33号北京饭店C座7楼

电话:010-85009688

4. 特色饮食街

在北京,有一些专门以"吃喝"为特色的街道,这些街道兴起的时间有早有晚,在经营风格上也各有特色,或餐馆林立,或酒吧集中,或小吃遍地……但它们在北京人或者外地人,甚至外国人心中,都是赫赫有名的"吃喝一条街",这就是所谓的特色饮食街。

簋(Guǐ)街 位于东直门内,东起二环路东直门立交桥西段,西到交道口东大街东端。簋街最著名的就是吃,是北京最早火起来的食街,也是当年那些"夜猫子"们深夜饕餮(音tāo tiè,痛快大吃的意思)的地方,被称作北京的"吃货天堂"。在这条一公里多长的大街上,有150多家商业店铺,其中餐饮服务业占90%,这样的密度在北京应该难以找出第二处。簋街的餐饮格局是一个哑铃形状,两头大中间小,最火的餐馆在东西两端。过去簋街的

篦街

特色是麻辣小龙虾,后来馋嘴蛙和重庆烤鱼成为簋街饮食的主角。当然这里也有很多著名的北京传统吃食,像爆肚、羊蝎子、卤煮火烧、烤鸭等。簋街餐饮有两个特点,一是平民化的服务,二是24小时营业。这里大部分的饭馆儿都很平民化,环境普通,价格适中。不过也有相对高端一点儿的,如花家怡园。

如今簋街已经成为北京饮食文化的代表和时尚餐饮的标志,成为人们心中的一个向往、一处欢乐,甚至是北京人茶余饭后聊天的一个话题。很多人"夜游"京城的经历都是从这里开始的。在北京很多激动人心的日子里,比如2001年北京申奥成功当天,人们不约而同地选择在这里通宵宣泄,大家在一起唱歌、喝酒、叫喊、拥抱、哭泣,整条街都沉浸在欢快的氛围之中。

小贴士：
延伸阅读

北京簋街到底有什么好吃的呢？下面就为您推荐几家餐馆。

兰溪小馆：进入大门就能感受到复古的江南气息,木制的包厢、隔断,粗木质感的桌椅。抓虾的颜色虽然很红,但不是很辣;海鲜比较新鲜,虾和贝类肉质紧实,酱香味加上鲜味非常好吃。地址：东城区东直门内大街（簋街）277号。

俞家小院猪脚巷：经营胡同私房菜。烤猪蹄是俞家小院的镇店之宝。煮好的猪蹄先腌后烤,有秘制味、黑椒味等多种口味。猪蹄经过煮、腌、烤,没有一点儿油腻的感觉,而且口感非常好,十分酥脆。地址：东城区东直门内大街（簋街）252号。

江边城外烤全鱼：这家人气很旺,每到饭点都要排队。烤鱼有多种口味可选,味道没的说,皮可以大块地撕下来吃,肉也烤得恰到好处,外焦里嫩。配菜有土豆、莴笋、豆皮、木耳等比较经典的选择。还有免费瓜子和茶水供应。地址：东城区东直门内大街（簋街）15-2号。

百合素食：菜分两种,一种纯素的,一种仿荤的,吃起来很过瘾。门脸儿不太起眼,里头是个四合院,墙面用书装饰,文化气息浓厚。服务员也客气周到。地址：东城区东直门北小街草园胡同甲23号。

王府井小吃街 是北京及中国各地风味小吃荟萃的地方，位于王府井大街好友世界商场的南侧，街内有店铺、摊位100多个，通常从下午5点开始营业，直到晚上11点。这里的小吃，从传统的糖葫芦、臭豆腐，到西式糕点、沙拉，从海南的椰子，到北京的爆羊肚、新疆的羊肉串，风味不同的各地小吃应有尽有。20多家

王府井小吃街

经中国烹饪协会认证的具有代表性的"中华名小吃"商家和北京老字号以及广东、山西、湖北、河南、江苏等地的名优小吃商家汇聚一起，各展风采。除风味小吃以外，这条街还有专门售卖、制作民间民俗用品的传统摊位，不少流传于民间的工艺品在这里售卖，一些有一技之长的手艺人还会在这里展示他们的拿手绝活儿。

自小吃街入口，各个小吃摊位紧挨着门柱两边，依次展开延伸至里面，这种敞露式的线性分布，使众多小吃很醒目地展现在过往行人的眼前。而小吃街装饰性的大门，其实也只是个空空的门框，比起商场透明的玻璃门，它更敞亮地欢迎着来往的人群，少了神秘感，多了几分亲切感。

王府井小吃街不同店铺的菜谱有一定的雷同。你可以在挂着山西刀削面招牌的店里吃到北京的爆肚、四川的麻辣烫，也可以在江南荷叶面店里买到北京的豆汁和云南的过桥米线。悬挂在招牌上的特色菜谱并不具有真正意义上的差异和区别。同一类小吃，不同店铺在价钱上有着高度的一致性。

一楼的"地方名吃苑"：汇集了全国各地500余种地方名优小吃，足不出城即可品尝南北各色风味美食。

二楼的"清真风味苑"：老北京风味的"爆肚冯""羊头马""豆腐脑白""月盛斋"等老字号齐聚一堂；宁夏名、特、优小吃在此汇集，清一色的穆斯林厨师和服务员让宾客体验到浓郁的穆斯林风情。

三楼的"燕京九绝苑"：独家经营恭王府的"九绝养心茶"，庆王府的"九绝养心酒"和清宫极品"燕京九绝十八吃"套餐。"十八吃"中每一吃都有一个传奇典故。在这里不仅可以品香茶，饮美酒，吃名吃，还可以欣赏京腔、京味、京韵的曲艺表演。如果你有兴趣，还可以亲自登台表演，过一把戏瘾，尽享不一样的人生乐趣。

王府井小吃街开在人来人往的王府井大街上，来这里的客人以外地游客和外国人居多。因为王府井大街地处北京的中心位置，游客来北京多数会先

到这里逛逛,所以王府井小吃街是他们品尝北京小吃的第一选择。

虽然王府井小吃街的小吃价格比分布在北京大小胡同里的小吃要贵一点儿,但对于不熟悉北京地形、来往匆忙的游人来说,王府井小吃街还是很值得他们一试的。

三里屯酒吧

三里屯酒吧街 是北京夜晚最热闹的地方。酒吧街位于朝阳区三里屯北路东侧,全长260米。该街毗邻包括加拿大、澳大利亚、法国、比利时、德国等在内的79个国家的使馆,与联合国开发计划署、人口基金署等7个驻华机构邻近。据说在三里屯周边3公里的范围内汇集了全北京40%以上的酒吧,有着约200家酒吧的规模,是居住在北京地区的外国人以及国内名流大款经常光顾的地方。

由于三里屯北街毗邻北京最大的使馆区,外国人就成了北街酒吧最固定的客人,每天都有许多外国人成群结队地拥到这里来,特别是在晚上。不仅外国人愿意来这里,近几年,北京本地的白领、演艺界人士,乃至外地旅游者也成了酒吧街的常客。

这里知名酒吧不少:男孩女孩、DAY OFF、兰桂坊、云胜、简单日子、逗号……酒吧街的营业时间为每天下午到第二天凌晨。

三里屯胡同里的小店大多出售一些很有民族特色的东西,很难在其他地方找到,追求个性的男男女女很喜欢这里。更重要的是,这里的购物气氛就像酒吧一条街一样,充满着慵懒与独特。

后海酒吧街 是北京的一条特色文化街。后海是什刹海的一个组成部分。由前海、后海、西海三块水面组成的什刹海,为了与北海、中海、南海"前三海"区别,被称作"后三海"。后海东起地安门外大街,西至新街口大街,南起平安大街,北至北二环。如果说三里屯酒吧街打的是流行时尚牌,那后海酒吧街无疑是靠文化特色来吸引顾客的。这里没有嘈杂的音乐,只有悠扬的歌声和后海独有的文化气息。

2000年的时候,什刹海周边的酒吧还不到10家。从2003年春天开始,不过短短半年时间,各色酒吧就从后海南沿到前海北沿连成了一片,至今已经发展到 120 多家，密度之大甚至有些让人"窒息"。

　　所以，如果要来这里泡吧，首要任务就是要从这些形形色色、大大小小的酒吧中间做出选择，千万不要因为不好意思拒绝服务生热情的招呼而勉强自己整夜待在一个不喜欢的地方。

第三单元
玩
——欢乐北京

热身任务：

1. 以前你去过的最好玩的游乐场在哪里（不限北京）？请简单说说你觉得它最好玩的理由。
2. 你知道北京有哪些好玩儿的游乐场吗？如果不清楚，请问一下周围的人，说出两三个。
3. 你常泡温泉吗？你知道温泉有哪些保健作用？
4. 泡温泉有什么注意事项？哪些人不适合泡温泉？
5. 北京有哪些有名的滑雪场，你知道吗？他们大多集中在什么地方？
6. 你去滑过雪吗？滑雪时应该穿戴什么衣服？准备什么零食？
7. 北京郊区最适合漂流的地方在哪里？最适合看冰灯的地方在哪里？
8. 请看一看电影《手机》片段，根据房子的建筑特点猜猜这是在哪儿拍摄的？

1. 游乐场所

"石景山游乐园"于 1986 年 9 月 28 日建园,曾经是北京地区家喻户晓的娱乐休闲目的地。这里门票价格适中,娱乐设施也很完善。石景山游乐园每年会在不同时期举办相应的主题文化活动,很受游客欢迎。

"欢乐谷"建成时间相对较晚,游乐设施和娱乐项目都比较新。欢乐谷景区内有 120 多项体验项目,包括 40 多处娱乐设备、50 多处人文生态景观、10 多项艺术表演、20 多项主题游戏和商业辅助性项目,可以满足不同人群的需要。

"魔锐水世界"是北京游乐项目最丰富的室内水上乐园,占地面积 35 000 平方米,其中的戏水乐园作为京城大规模的超豪华水上游乐场,每天都吸引着大量游客。单纯泡温泉或许有些单调,而在摩锐水世界可玩的项目十分丰富,有多种超级经典的水上项目,无论你喜欢安静还是热闹,都能找到合适的去处。

欢乐谷

欢乐谷 位于朝阳区东四环四方桥东南角。

峡湾森林 Wild Fjord 是公园重要的交通集散中心,公交车、大巴车、私家车都在这里停靠,还有 19 世纪的环园小火车带您畅游欢乐谷。

亚特兰蒂斯 Atlantis 是公园的一个重点核心区域,它再现了一个沉落海底的远古文明的生活场景。

其游乐项目推荐:

聚能飞船——是目前国内最高、运动幅度最大的观览器,会随太阳的东升西落,不断调整自己的角度。游客可在 60 米的高空眺望整个欢乐谷。如果在夜晚,还可以远望北京城绚丽的灯光。

水晶神翼——是用圣山主题包装的飞行过山车项目,轨道长度 853 米,提升高度达 37.8 米。它的独特之处在于它的旋转座椅,能够把游客的身体旋转向下,面朝大地,在运行过程中体验鸟一般的飞翔感受。

爱琴港 Aegean Harbor 是欢乐谷的一个主题区,通过古希腊神话中的典型故事展开古希腊文明的探险之旅。

其游乐项目推荐:

奥德赛之旅——是目前亚洲提升度最高的双提升激流勇进项目。小船在

10 米高的第一坡滑行一段后顺势下滑，冲击水池的水，产生较小的"水幕"。当漂流到第二坡时，小船从 26 米的高点顺势下冲，速度瞬间提升到约 74 公里/小时，船入水时激起巨大的水幕及浪花，很可能会弄湿衣服。当然，服务人员会为游客提供塑料防水服。

特洛伊木马——想体会一下在 6 层楼的高空中进行翻滚的感受吗？特洛伊木马就为您创造了这个机会。设备通过控制座舱的自由摆动与旋臂的转动，在运行中制造瞬间提升、瞬间跌落、停止和翻滚的效果，使游客在座舱中感受天旋地转般的刺激。

失落玛雅 Lost Maya 主题景区展现了中美洲玛邪雅文明的历史景观。

其游乐项目推荐：

太阳神车——立于公园内湖之中，是亚洲最大的大摆锤，曾被美国《娱乐》杂志评为年度五大最新游乐项目之一，可使游客瞬时飞跃至 15 层楼高的高空。

丛林飞车——欢乐谷丛林飞车的特别之处在于它提供了两次大幅度的提升，高度约为 12 米和 14 米。列车仿佛完全处于失控状态，将带来跌落、弯转和翻滚的刺激感受。

香格里拉 shangri – La 香格里拉主题区分为三个部分：一是梦幻中的香格里拉；二是西藏风情小镇；三是安静的茶园休息区。景区为中国主题，展现了理想梦幻的国度。

其游乐项目推荐：

雪域金翅——是一个悬挂式翻转过山车。游客可在 90 秒内经历三个惊心动魄的大翻转，在速度中体验失重的刺激。

天地双雄——双塔并立，红色塔的座椅由下而上高速弹射，在 2 秒钟内冲到 56 米的顶端，然后慢慢落下；蓝色塔则慢慢上升，然后快速降落，产生强烈的失重感。

蚂蚁王国 Ant Kingdom 景区以生动可爱的方式给孩子们带来关于生态、生物、种群、群落等知识。

其游乐项目推荐：

飞蚁战队——游客可以驾驶蚂蚁们发明的飞行器，参加"飞蚁战队"的高空巡逻，在农场的上空忽高忽低地盘旋，仔细观察大农庄的每一个角落。

欢乐时光 Happy Time 是一个游玩项目。

天地双雄

其游乐项目推荐：

极速飞车——按照F1赛车的车体进行设计，是中国最高的发射式过山车，营造出真实刺激的F1赛车感受。

在欢乐谷吃什么：位于失落玛雅主题区的金字塔餐厅是公园里面积最大的餐厅。该餐厅以接待餐和团队餐为主，风味以粤菜为主。套餐价位从15元/人至60元/人的都有。餐厅内有墨西哥小乐队表演。

此外，园内还有甜品王国快餐厅、极速飞车快餐厅、亚特兰蒂斯快餐厅、索菲蜜斯甜品站和欢乐谷KFC等10多家餐饮店可供选择。

在欢乐谷看什么：北京欢乐谷常驻200余名中外演员，每天有剧场表演、景区主题表演、影视拍摄表演等不同类型的演出20多场。此外还有欧洲童话人物迎宾表演、互动的俄罗斯街头滑稽表演以及飞翔摩托艇水上搏击表演等。

欢乐谷峡湾森林的华侨城大剧院是北京最大的剧院之一，位于欢乐谷公园东南角，每天奉献给游客《金面王朝》的演出。

小贴士：

开放时间：旺季 周一至周五9：00～22：00

周六日8：30～22：00

夜场17：00～22：00

淡季10：00～17：30

门票价格：全价日场票260元

夜场票195元

自驾路线：园区位于东四环路四方桥东南角，北接京沈高速，至京津塘高速路入口车行5分钟。

地铁路线：北京地铁7号线"欢乐谷景区站"下车。

石景山游乐园 位于长安街西延长线，地铁1号线八角游乐园站北侧，距天安门15公里。石景山游乐园的游乐设施虽然比不上欢乐谷新潮刺激，但占地广阔，空气清新，尤其是夜晚流光溢彩，华丽迷人。

石景山游乐园是一座以模仿欧洲园林为主要特色的大型现代化游乐园，这里风景秀丽、绿草

石景山游乐园

茵茵，哥特式的灰姑娘城堡、阿拉伯式的餐厅、欧陆风格的蓝桥、俄罗斯式的门楼散发着浓郁浪漫的异国风情，营造着富有童话色彩的美妙世界；分布于东西两园的近百项游艺项目可以让游客充分挑战自我、释放心情。

其他丰富多彩的主题文化活动还有"春之韵"游园会、"狂欢之夏""欢乐金秋"游园会等，深受中外游客的青睐。

北京石景山游乐园主题文化活动的举办时间：

1：迎春庙会"北京洋庙会"时间：春节假期

2："春之韵"游园会   时间：五一假期

3：北京"狂欢之夏"   时间：暑期

4："欢乐金秋"游园会 时间：十一假期

小贴士：

地铁路线：北京地铁1号线"八角游乐园站"下车，出A口，西行300米即可到达；

开放时间：淡季：10月8日—3月31日

周一至周五：9：00~16：30

周六、周日：9：00~17：00

旺季：4月1日至10月7日

周一至周五：9：00~17：30

周六、周日：9：00~18：00（以门区公示为准）

石景山游乐园官网：http://www.Bjsjsyly.com

魔镜水世界

魔锐水世界 位于朝阳区东苇路，离首都机场不远。魔锐水世界致力于打造"北方夏威夷"，使游客在北京这个四季分明、各季温差巨大的地方，可以一年四季享受水上的娱乐狂欢。魔锐水世界拥有北京最炫的水幕电影、国内最高的室内水滑梯，以及惊险刺激的旋涡池、探险漂流河、体验失重的浪摆滑梯、儿童嬉水城堡、缓解疲劳的石板浴，提供20种全方位SPA水疗等，带给游客全新的游乐体验。

一层戏水亲子区，设有游泳池、漂流河、水幕电影、亚洲最高的室内水滑梯、冒险漂流、4D冲浪、旋涡池、石桥流水、儿童戏水城堡、大海仿真冲浪、惊险刺激的旋涡池、探险漂流河、浪摆滑梯、缓解疲劳的石板、怪兽滩、瀑布、荧光海底隧道、无水水族箱。

二层为休闲区，设有女宾桑拿、中餐厅、4D电影厅、健身房、儿童活动室、电子游戏室、VIP休息厅、古道茶房、美容美发室等。

三层体育健身区，设有空中网球场、羽毛球场、乒乓球场、沙弧球桌、射击区、射箭区、攀岩区等，以及深蓝夜总会、摩锐之音KTV。

水疗区：设有情侣池、贵妃池、珍珠池，以及石板浴、玛瑙浴、玉石浴、光波浴等理疗区。

贵妃池：通过香薰和花瓣的美容美体作用，达到洗浴、美容一体的功效。

珍珠池：通过珍珠当中的对女性养颜有作用的物质获得温泉与珍珠的双重功效。

石板浴：通过石板制热产生对人体有益的物质直接作用于人体，缓解腰腿疼痛、关节痛。

玛瑙浴：将玛瑙当中对人体有益的放射物质直接作用于皮肤，达到美容作用。

玉石浴：通过玉石中的有益物质达到美容功效。

光波浴：光波直接作用于皮肤，促进血液循环，排除体内毒素，达到舒筋活血的作用。

餐饮服务：可享用中、西自助餐一次（中餐或晚餐自选，午餐时间12：00，晚餐时间18：00；中餐自助八荤八素，晚餐自助70余种）。

小贴士：

交通线路：

1. 免费班车（6月20日—8月31日）：东直门—水世界 水世界—东直门

班车路线时间表：第一班　09：00~09：30　08：30~09：00

第二班　13：30~14：00　13：30~13：30

第三班　19：00~19：30　18：30~19：00

2. 乘车线路：

641路（郁金香花园南门—海淀桥东）小店路口站下；

672路（燕莎桥南—郁金香花园南门）郁金香花园南门站下；

640路（北京站东—顺义半壁店）郁金香花园站下；

364路（小庄—金盏）长店路口东站下；

418路（金盏—东直门）长店路口东站下。

2. 温泉

北京的温泉资源大多集中在北郊昌平区小汤山镇附近，这里以温泉洗浴为特色的休闲度假场所最多，开发得也最为完善。

小汤山位于北京北郊昌平区，历史上就一直有"温泉古镇"的美称，被认为是我国十大温泉之首。泉水天然，无色透明，有一点儿臭鸡蛋（硫化氢）气味。泉水中含有锶、钡、硼、碘等人体必需的微量元素，温泉水对某些皮肤病、关节炎有一定疗效，但不宜长期使用。

小汤山镇到处分布着各种风格、各种档次的温泉浴池、会所和度假村。价格比较适中的有温都水城、金隅凤山、龙脉温泉等；价格相对较高的有春晖园、九华山庄等。

北京除了北郊的小汤山以外，西南郊的丰台区王佐镇南宫周边也有温泉分布。

延伸阅读

1. 温泉的保健作用，要通过长期的反复浸浴才会显现出来。现代医学研究认为，长期温泉浴可治疗以下疾病：

肌肉关节病变：风湿性关节炎、腰椎间盘突出、颈椎病、肩周炎、腰肌劳损、坐骨神经病等；

心血管疾病：高血压、高脂血症等非胰岛素依赖型糖尿病；

消化系统疾病：胃十二指肠溃疡、胃酸过多、胆石症及外痔肛裂；

皮肤病（非传染性）：神经性皮炎、湿疹、皮肤瘙痒症、脂溢性皮炎等；

生殖系统疾病：妇科盆腔炎、慢性附件炎及男性前列腺增生；

呼吸系统疾病：支气管哮喘等。

2. 泡温泉注意事项

泡温泉以前，最好先了解温泉的种类，并根据自身条件进行选择，这样才能真正达到泡温泉的预期目的，并避免给身体带来伤害。根据水质划分，温泉一般分为中性碳酸泉、碱性碳酸氢钠泉、盐泉和硫磺泉四种。温泉的水质不同，对不同病症的疗效也不同。如各种成分都有的单纯泉，对于神经痛、风湿、皮肤病等有疗养作用；含有二氧化碳的碳酸泉，则对治疗高血压、心脏病有好处。

最好不要独自一人泡，以免发生意外。

避免空腹、饭后、酒后泡温泉，泡温泉与吃饭时间至少应间隔 1 小时。

一定要记得把身上的金属饰品摘下来，不然首饰会被硫化成黑色。

选择适应自身的高、中、低温度的温泉池，一般从低温到高温，每次不宜超过 15 分钟。

温泉不宜长时间浸泡，否则会有胸闷、口渴、头晕等现象。在泉水中感觉口干、胸闷时，就得上池边歇歇，或喝点饮料补充水分。

过烫过酸的温泉不要泡，温度在 30℃~45℃ 比较适宜。

皮肤干燥者浸泡温泉之后最好立刻抹上滋润乳液，以免肌肤水分大量流失引起不适。

泡完温泉后不必再用清水冲洗，但是强酸性温泉和硫化氢温泉刺激性较大，最好还是再冲洗一下，以防有副作用，皮肤容易过敏的人更要注意。

患有心脏病、高血压及动脉硬化的人，在泡温泉之前，要先慢慢地用温泉擦身体，再泡温泉，不能一下子就去泡温泉，以免影响血管收缩；高血压患者出浴时不要马上接触冷空气（容易造成脑中风）。

温泉所含的硫磺及其他酸碱物质可以消炎杀菌，对一般感染性或寄生性皮肤病颇有疗效，但有时也会刺激皮肤伤口而造成恶化，甚至导致"温泉性皮肤病"。

高血压、心脏病患者，在规则服药的前提下，可以泡温泉，但每次以不超过 20 分钟为限；起身时应小心缓慢，以防因血管扩张、血压下降导致头昏眼花而跌倒。

部分皮肤病患者不宜泡温泉。民间向来盛传泡温泉有美肤的疗效，但因人而异。患冬季痒、湿疹、异位性皮肤炎的人泡在热水中过久，由于加速了皮肤水分的蒸发，破坏了皮肤保护层，会恶化症状。

孕妇不宜。有研究证实，"高热"可导致胎儿畸形。

泡温泉后，人体水分迅速蒸发，要喝水补充。

泡温泉时，记住合上双眼，以冥想的心情，缓缓地深呼吸数次，才能真正地释放身心压力。

3. 泡温泉不适宜人群

癌症、白血病患者（会刺激新陈代谢，导致身体加速衰弱），经手术摘除或治愈者除外。

急性疾病患者，如急性肺炎、支气管炎、扁桃体发炎、中耳炎，尤其是发烧患者。

结核以及结核性疾病患者。

伤寒、赤痢、流感等传染病患者，当出现扁桃体发炎、发烧、感冒等急性病时，身体的抵抗力下降，会出现寒战发热症状。这时如果将机体发热的患者置于温度较高、湿度较大的温泉中，反而会因温泉包间空间狭窄、空气流通不畅而加速患者体内水分蒸发，容易造成脱水、缺氧、咳嗽加重甚至呼吸困难等不良反应，出浴后突遇冷空气，还会加重感冒。

梅毒、淋病等性病患者。

营养不良者。

身体极度衰弱者。

严重湿疹、皮肤炎及皮肤有溃烂伤口者。

皮肤过敏者。

孕妇怀孕初期和后期。

刚刚动过手术的人。

女性月经来时。

糖尿病患者不宜长时间泡洗热水澡、蒸桑拿浴和泡温泉，因为水温过高可让患者注射的胰岛素吸收加快，而且长时间身体过热会使机体能量消耗增加、心脏负担加重，很容易出现意外。建议糖尿病患者洗澡时间不能超过20分钟，水温不要超过40摄氏度，以免出现意外。带有血管并发症的糖尿病重症患者更不宜泡温泉。

容易失眠的人，不要长时间浸泡。

患有心脏病、高血压或身体不适者，除非经医生允许，否则不宜泡温泉。

龙脉温泉

龙脉温泉 度假村位于昌平小汤山，地处故宫中轴线上，距市区20公里，紧邻长城、十三陵、蟒山、银山塔林等景区，交通十分便利，既有住宿、餐饮、娱乐等服务项目，又可以进行会议、休闲、度假等活动，是一个高档旅游度假区。

龙脉温泉度假村风景美丽，空气清新，地下蕴藏着国内数一数二的淡温泉，地热资源丰富。在风格独特的中餐厅，有名厨师主理的多种美味佳肴；在西餐厅内，有纯正的各国精美大餐。

龙脉温泉的温泉游泳馆极具热带雨林风情，其中有多项惊险刺激的温泉水上娱乐项目。龙脉温泉的温泉水含有56种矿物质和多种人体必需的微量元素，温泉水有美容美颜的作用，对治疗关节性疾病、代谢性疾病、呼吸道疾病有明显疗效；经常来龙脉温泉洗浴可以使皮肤光滑细腻。在温泉行宫里，80多个温泉汤池隐藏在翠绿竹林之中，在各具特色的温泉汤池中，独享欢乐的私密空间。48座亭、台、楼、阁、榭相连成一座花园式古典庭院。

小贴士：

地址：北京市昌平区小汤山镇大柳树环岛西行 300 米

公交线路：1. 从安定门乘坐 643（安定门地铁—龙脉温泉）直达。

2. 从安慧桥、北辰购物中心乘坐 984 路或 985 路，984 路到"大柳树环岛站"下车向西 500 米，985 路到"小汤山镇政府站"下车。

温都水城　位于北京城以北 20 公里处，南距北五环只有 6 公里，是离北京市区最近的五星级综合型国际酒店。温都水城集大型水上娱乐、温泉理疗、观光旅游、商务会议于一体，具有丰富的地热资源。已开发的六眼温泉井，深度达 3 000 余米，出水温度高达 79℃，各种矿物质含量丰富。

温都水城

激情水空间是亚洲目前比较先进的以水为主题的水上娱乐场馆，它可以同时容纳 5 000 人在馆内进行娱乐。馆内设有标准室内比赛泳池、人工造浪、滑板冲浪、太空盆、竞技速滑、漂流河道、互动水屋、沙滩、儿童戏水池等。漂流河有室内、室外两部分，互相连通。

温泉养生会馆力推温泉理疗、温泉瑜伽、温泉美体、温泉美食、温泉运动等温泉养生概念。一层湿区设置 35 个功能性温泉池；二层干区设有温泉美体和温泉美容、温泉养生营养餐厅、香熏、玉石床、休息大厅等。

小贴士：

地址：北京市昌平区北七家镇郑各庄村

营业时间：

水空间营业时间：10：00～22：00；

养生馆营业时间：09：00～次日凌晨 02：00。

餐饮情况：位于"水空间"和"养生馆"之间阳光通道处的餐厅，提供精美丰盛的中式自助餐。

地铁线路：地铁 5 号线"天通苑北站"下车。

公交线路：607 路、23 路"宏福苑小区站"下车；

996 路、966 路、919 路"平西王府站"下车；

快速公交 3 路"温都水城区间站"下车，23 路专线"平西王府站"下车。

春晖园

春晖园 温泉度假村位于顺义区高丽营镇于庄，拥有独特的温泉入户设计、481套标准式客房、全天候温泉泡池，户内外相通，既可在户内池中感受温暖，也可在户外池中仰望星空，呼吸新鲜空气。温泉水采自地下深层2 100米，与小汤山温泉一脉相承，出水口温度常年保持在60℃，是美容疗养的上品。

春晖园温泉酒店拥有酒店标准间、酒店套房、湖畔别墅、温泉标准间、豪华大别墅等多种选择；春晖园温泉会所有日式别墅、欧式别墅、豪华总统套房等。

小贴士：

公交线路：东直门长途汽车站乘坐942路。

营业时间：9：00～24：00

金隅凤山 温泉度假村位于昌平区。在这个花园式度假酒店里，汇聚了会议、温泉疗养、娱乐、餐饮、住宿等服务项目。四季如画的青山绿水，加上富含矿物质的温泉水，使这里成为一个远离尘嚣的世外桃源。凤山温泉俱乐部拥有12栋风格各异的别墅和一个会所，以其优雅的环境、别致的建筑风格、精致的美食和精细的服务而享誉京郊。

小贴士：

地址：北京昌平水库路东侧。

公交线路：从德胜门乘坐919路公交车支线1（德胜门—凤山度假村），可直达度假村。

南宫温泉水世界

南宫 温泉水世界坐落于北京市丰台区王佐镇的繁华地段，是北京市较大的室内水上乐园，是休闲、娱乐、健身、戏水的理想场所。这里设有国际标准泳池、造浪池、戏水池、儿童嬉水乐园、温泉按摩池、漂流和大型戏水滑道，还有木板浴区、健身区、桑拿房等

小贴士：

公交线路：六里桥坐321路、339路，长椿街坐662路，中关村坐983路（南宫专线），海慧寺坐971路（南宫专线）、917路（青龙湖专线），北京南站坐458路，丽泽桥坐459路。

营业时间：9：30～21：00

3. 滑雪滑冰场

最近几年，滑雪运动慢慢地走进了普通北京人的休闲生活。很多人并不是去滑一次两次尝尝鲜，而是把滑雪当成一项体育爱好，在锻炼身体的同时也给生活增添乐趣。还有的人给孩子报滑雪班，让孩子系统地学习滑雪技能，自己也顺便放松放松。

南山 滑雪场位于密云区城正南方，是距离北京市区最近的大中型滑雪场，也是目前北京周边规模最大、设施最先进、雪道种类最齐全的滑雪度假区。南山滑雪场拥有高、中、初级雪道10条，还建成了中国第一条国际标准的半管式（U型）单板雪道、大型单板自由式跳台和彩虹杠等设施，同时还开辟了国内唯一的"猫跳"（Mogul）高级道和儿童

南山滑雪场

雪地摩托专用道，以及国内第一座六人制雪地足球场。

南山滑雪场是北京地区雪道数量最多、雪质养护最好的滑雪场，雪具质量较好，硬件设施完善，餐饮种类齐全。

绝对厉害的猫跳高级道，没有相当水平请千万不要尝试。

小贴士：

公交线路：

从东直门长途汽车站乘坐"东密专线"980空调大巴到"西大桥站"下车，乘出租车到达圣水头村南山滑雪度假村。

军都山 滑雪场位于昌平著名的小汤山温泉风景度假区，是离北京市区最近的滑雪场，规模比南山滑雪场小。滑雪场设有总运力达3 500人次/小时的双人索道、8条雪道专用拖拽设备及3 100套进口滑雪器材，日接待能力可达6 000~10 000人次。超大功率的专业照明系统，营造出浓浓的橘黄色的暖意氛围，使滑雪者夜间也能痛快地玩耍。它不仅有难度系超大的高级雪道，还有安全舒适的初、中级雪道以及专供初学者使用的滑雪训练区。军都山滑雪场还设有观光缆车，乘坐缆车既可以欣赏滑雪高手们的精彩表现，更可能一窥穿行林中的梅花鹿的身影。

小贴士：

乘车线路：

路线1：乘坐地铁至2号线积水潭站A口出站，从德胜门乘坐919（快）路、925路、345（快）路至"昌平东关站"下车，换乘昌21路到军都山滑雪场。

路线2：乘坐城铁13号线至"龙泽站"，乘坐昌21路至军都山滑雪场。

（提示：从德胜门至昌平东关大概需要1小时，从昌平东关至雪场约需20分钟；从龙泽至雪场约需1小时10分钟。）

电话：010-60725888

莲花山 滑雪场位于北京市顺义区张镇，现为北京占地面积最大的滑雪场。滑雪场距首都机场仅30公里，雪场大门距顺平公路（顺义—平谷）918路良山站只有600米，交通非常便利。滑雪场现已开设初、中、高级雪道共7条，高山四人吊椅索道一条，另外还有雪圈道、雪地摩托道、雪地足球场、网球场和跑马场、夏季游泳戏水区等。

莲花山滑雪场距离市区较近，雪道种类齐全，规模较大，雪具质量较好，硬件设施完善，餐饮种类齐全。夜场滑雪价格相当有优势。

小贴士：

公交线路：918路东直门发车到良善庄站下车即可。

日场营业时间：08：00~17：00；

夜场营业时间：17：30~21：30。

石京龙 滑雪场位于北京的"夏都"——延庆，距北京市区80公里，是北京周边地区第一家采用人工造雪的滑雪场。石京龙滑雪场全部实现人工降雪，这里的雪质地松软，落在地上像给大地铺了一层毛毯一样。雪场的布局、滑道建设及设备设施都处于世界领先水平。

石京龙滑雪场是北京唯一一家带温泉的滑雪场，也是京城唯一能在雪地里泡汤的去处。滑雪场推出雪桑拿、温泉浴等项目，对消除滑雪者运动后的疲劳、恢复体能有非常好的作用。室外露天温泉池就建在长长的雪道旁边，在雪地中泡汤，绝对是一种特别的感受。

石京龙滑雪场

石京龙滑雪场在著名景点龙庆峡附近，可以顺便去看看那里的冰灯艺术节。

小贴士：

地址：北京市延庆区张山营镇中羊坊石京龙滑雪场。

公交线路：北京德胜门乘919路空调快车到"延庆汽车站"转乘920路汽车到"滑雪场站"下车，东行500米即可到达。

延伸阅读

1. 滑雪的装备要求：

外衣：滑雪服（或者其他防水透气耐磨的外衣）；

内衣：排汗透气性好的内衣；

保暖的衣服：羽绒衣，抓绒衣裤（不运动时需要添加的保暖衣服）；

其他：头套（帽子）、风镜、保暖防水手套、备用袜子2双、防晒霜。

2. 滑雪的零食：滑雪时可带一个小腰包或小背包，装水和零食。滑雪体力消耗大，人易饿，建议买一些高能食品，如巧克力、牛肉干之类随身携带。

4. 京郊特色游

北京的郊区景色优美，不仅有山有水，还有很多历史人文景观，值得一游的地方非常多，例如山峦——雾灵山、灵山；峡谷——龙庆峡、十渡；人文村落——爨底下村、灵水村，等等。

十渡 位于北京市房山区西南，拥有中国北方唯一的大规模喀斯特岩溶地貌。十渡风景区的河谷，全长约 20 公里，由于在历史上这条河谷中一共有十个渡过拒马河的摆渡渡口，所以得名"十渡"。现在这十处渡口早已改建为漫水桥，没有真正的渡口了，但是十渡的名字却一直沿用至今。十渡风景区是中国国家 AAA 景区和中国国家地质公园。

去十渡游玩，可选择的娱乐项目很多。

拒马河漂流真算得上是夏天里最美的选择，可以在拒马河中一边痛快地打水仗，享受水的清凉，一边欣赏十渡美景。

十渡竹筏是水上最受欢迎的娱乐项目，可使您在北方的河面上感受南方的水上生活。

十渡真人 CS 野战开设了多种复杂的野外林带作战区域，给热爱野战运动的人们提供了一个良好的活动环境。

十渡蹦极有两座跳台，一座高 48 米，另一座高 55 米。

小贴士：

乘车线路：

1. 乘坐 836 路公交车，始发站是天桥，但是天桥站不太好找；第二站是广安门内，在这一站坐车比较理想，站牌比较好找，过往车也多，再远了车上的人就多了，更找不到座位了。

乘坐 917 路公交支线，要选择到东湖港或者到张坊的车，车上一般都有空座。

如果碰上高峰时刻，需要站一段时间。

2. 乘坐火车，北京西站有直达十渡的火车，但是火车都是慢车，很旧的绿皮车，设施陈旧，没有空调，夏天坐这样的车很不舒适。

3. 因房山地铁全线贯通，您可在城区乘地铁，在房山线"苏庄站"下车后，乘坐开往十渡或者张坊的 836 路公交车。

龙庆峡 位于北京市延庆县城东北 10 公里的古城河口，距北京城区 85 公里。龙庆峡两边的山峰，陡峭直立，像刀切过一样。峡谷中，碧绿的清水缓缓流下，水面倒映着青山白云，景色非常秀丽，被人们誉为北京的"小漓江"。

龙庆峡游览区是北京市的十六景之一，即使是盛夏季节这里也十分凉爽宜人，空气清新自然。冬季的龙庆峡结冰时间比较长，这里的冰雕艺术很是闻名，并培养了一批冰雕艺术团队。除了舒适的气候条件和美丽的冰雕艺术作品，龙庆峡最吸引人的还是它的自然特色景观和娱乐活动项目，九连洞、鸡冠山、石熊跳岩、金刚山、金刚寺、镇山如来等都是其主要的自然景点。

龙庆峡的娱乐项目很多，最有名的就是蹦极了，另外还有像攀岩等一系列的极限运动，但这些极限运动对游客们都是不小的挑战，因此不要轻易尝试，而像划船、爬山这一类的运动可以去积极体验。去龙庆峡旅游要注意听从导游的指挥和安排，小心水深的地方，防止发生意外。龙庆峡内有很多山路，而且普遍较陡，攀登时不要穿高跟鞋。龙庆峡的游览项目主要包括以下几项。

龙庆峡

泛舟龙庆峡是龙庆峡的主要浏览项目。龙庆峡集南方山水的秀丽和北方山水的壮观于一体，峡谷曲折蜿蜒，河水幽长碧绿。两岸山崖险峻、森林茂密，裸露的石灰岩造型奇特，特别是长年被水浸蚀所形成的溶洞和洞中的石笋、石柱、石断层，与桂林漓江山石十分相似。

龙庆峡冰灯艺术节是非常有名的。历届冰灯节的主题尽管不同，但顺水库大坝飞流直下的冰瀑奇观却年年保留，70米高的巨坝上垂下巨大冰瀑，下饰冰花、冰柱，将飞流千尺的瀑布定格下来。龙庆峡冰灯既有玉宇琼楼、冰雕小屋、散花仙女，又有踏雪寻梅、轻舟采莲、鲤鱼跃龙门……这些栩栩如生、巧夺天工的冰雕艺术品，配以巧妙绚烂的各色彩灯，真的令人由衷赞叹。

龙庆峡蹦极处高出水面48米，虽然高度不如十渡蹦极，但龙庆峡的景观更加壮阔一些。

龙庆峡飞降由国家登山队承建，安全可靠，该项目在风景怡人的龙庆峡两山悬崖之间，上有蓝天，下有碧水，全长200米，两山自然落差30米，下滑时可使参与者感受到在空中飞越的感觉。

龙庆峡冰灯

龙庆峡滑道上自百花洞出口，下至湖心翠岛，全长450米，双体并行式，相对落差38米，每小时可供600人乘坐。

此外，龙庆峡还有攀岩、缆车等项目。

小贴士：

乘车线路：

1. 游 8 路（旅游专线车）始发站：前门、安定门地铁西口（每周六、日发车）。

2. 919 路（市郊车）始发站：德胜门箭楼每 5 分钟对开一辆，到延庆县城南菜园再乘 920 环线或者 875 路到龙庆峡。

3. 坐火车：西直门"北京北站"出发，"延庆南站"下车。

爨底下村

爨底下村　坐落于北京市门头沟区斋堂镇西 3 公里，始建于明朝，是一座四合院集中且保存较好的古村落。爨底下村近年来因访古热的兴起而名声大噪，电影《手机》《投名状》都曾在此取景，更使得这里成为京郊旅游的热点。"爨"原意有灶的意思，当年在建这个山村时，主人为其取名"爨底下"，意为躲避严寒，或许也有避难之意，再结合爨底下村的景色，让人不禁有世外桃源之感。

村内至今仍保留着比较完整的古代建筑群，约有 500 间、70 余套保存较好的清朝民居可供观看、游览。爨底下村的古朴民居坐落在北侧缓坡之上，依山而建，层层升高。这里的四合院具有北京传统四合院的基本型制和一般特点，即内向开敞、外向封闭，具有严谨的空间秩序和明显的中心轴线。另外，受自然环境的影响，爨底下村的四合院具有小巧玲珑、随地形而变化、院落形状不规则、就地取材等特征，因而独具魅力。村里一条东西走向的紫石、青石砌成的小巷，看去幽雅漂亮。村子分上下两层，高低错落、线条清晰，被称为北京地区的"布达拉宫"。著名美术家吴冠中先生为此曾创作油画作品。称爨底下村是"北方民居的周口店"，"仿佛是从火山灰里挖出来的意大利庞贝古城"。

小贴士：

乘车线路：

去：地铁 1 号线苹果园站西（每天 6：30～17：50）坐 892 到斋堂，共 39 站地，约 3 小时 50 分钟到达斋堂。从斋堂到爨底下村，有大概 8 公里的公路要走，需在斋堂下车换乘出租车。

回：从斋堂坐892到地铁苹果园站西，一般节假日上午7：30～10：00半个小时一班车，下午3：00～5：00半个小时一班车。平时的话，一般一天就两班车。

注意：在苹果园地铁口或929支的公交车站都会有很多车主在那儿拉人到爨底下、灵山和百花山，如果没有耐心等公交车，这也是不错的方式。当然不拉满一整车人，车主是不会出发的。所以人多的话也可包车前往，大概需要2个小时左右。

当地住宿：村里一共44户人家，几乎都是客栈，据说假期里住宿比较紧张，最好中午之前找好客栈，或者去之前预订好。否则到了晚上才找就真的有可能找不到了。房间的价钱根据旺季淡季会有很大的不同。

当地饮食：在客栈吃农家饭，香椿摊鸡蛋、猪肉炖粉条、红烧鱼、山豆角干等北方大众菜都能吃到，人均消费20～30元。

最佳季节：6月—11月最佳。古村有着良好的避暑通风结构，夏天适宜避暑，秋天空气清新。

门票：35.00元

开放时间：全天开放

电话：010 - 69818988　010 - 69819036

雾灵山　国家级自然保护区位于河北省兴隆县境内，海拔2 118米，属暖温带湿润大陆季风气候，年均气温7.6℃，夏季最高气温28℃，雨量充沛，气候凉爽，物种丰富。有高等植物1 870种，有陆生脊椎动物173种。由于雾灵山生物资源丰富，因此被誉为"华北物种基因库"。

雾灵山

雾灵山海拔较高，树木茂密，山峦起伏，怪石林立，花草繁茂，景观奇异，形成绚丽多彩、生机勃勃的自然景观。这里属暖温带大陆季风气候。春天，雾灵山上到处盛开着美丽的杜鹃花；夏季，海洋湿气带来的雨水十分充沛，空气湿润，适宜植物生长，林木葱郁，使这里成为避暑纳凉好去处；秋天，气候凉爽，山中景色五彩缤纷，非常迷人；冬季寒冷，不太适合登山，因此景区封闭。

雾灵山的南门（正门）和北门适合驾车，可以沿路一直开到山顶；西门适合爬山，车辆只能停在西门外的停车场。

小贴士：

门票：120元

温馨提示：

1. 雾灵山旅游最佳时间：4月15日—10月15日；

2. 每年的10月1日至翌年的5月31日为防火戒严期，严格控制一切野外用火；

3. 雾灵山生态环境保护较好，请注意野生动物，注意保护环境，请勿采花折枝；

4. 雾灵山昼夜温差较大，请游客在上山前要带上必要的保暖衣服。

灵山高山草甸

灵山 自然风景区位于京西门头沟的西北部，距京城122公里，奇顶峰海拔2303米，是北京的第一高峰，可以称作北京的屋脊。由于海拔高、温度低而成为京郊的避暑圣地。虽然灵山方圆只有25平方公里，却是北京郊区唯一集高原、草原风光于一体的自然风景区，具有独特的自然景观。

灵山的四季气候变化与京城有很大不同，春秋短、冬夏长，日温与京城的差值是10℃~12℃。这里夏季气候变幻莫测，山间云雾缭绕，既有暖温带植被，又有西伯利亚寒冷地带植被，生长着杜鹃、丁香、白桦林和榛子、黄花、玫瑰等植物，尤以高山草甸最为著名。

灵山一年中的大部分时间都刮风，除了夏天，山上多有积雪。如果您想在冬天爬灵山，那就得格外小心了，许多专业的户外领队都因为大风和雪迷失过方向，只能在-20℃以下的寒冷中等待救援。如2007年3月曾经发生过一名登山的山友迷路后因极度虚脱死亡的事件。因此，游览灵山一定要选择天气适宜的季节（最好是夏天），每次出行要跟随有经验的专业户外组织，装备充分，并做好攻略。

小贴士：

衣：由于高山低温，游客夏季登顶，需穿长袖衣物、带雨具，其余季节需穿厚棉服类服装。

住：灵山的旅游旺季是每年6月、7月、8月、9月四个月，10月中旬到第二年4月为封山期。每年在北京最热的7月、8月的周末时，灵山景区的宾馆客房常常爆满，行前一定要提前预订。灵山冬、春季旅游依然开放，但由于游客数量骤减，景区宾馆不能正常营业，所以游客仅限吃住于江水河村（北京最高居民点）附近的农家中。

行：可乘坐地铁1号线到苹果园站下，在苹果园地铁口西100米处乘坐892到斋堂，换乘892洪水口专线（发车时间为9：10，14：40，19：55）到洪水口，再打车半小时可到景区。从洪水口返程的892每天有6：00、10：00、16：00三个车次。

旅游提示：

秋季灵山旅游，最好带上一件厚外套，山上的白天、夜晚都很凉。当地的名吃是烤全羊、烤全兔等野味。灵山景区的"韭菜坡"蛇多（有蝮蛇出没），游客应多加注意。注意：如果不能识别山上的野菜、野果和野生蘑菇是否有毒的话，请不要采摘或食用。

第四单元
行
——走遍北京

课前热身：

1. 请说出学校周围三条道路（或街道）的名字。
2. 请说出北京三个立交桥的名字。
3. 有一首歌叫作《北京的桥》，请找来听一听。
4. 长安街、平安大街、两广路三条道路有什么特点？
5. 你一般怎么去机场？打车还是坐机场快线？
6. 你对首都机场的印象怎么样？
7. 你常常坐火车吗？在什么情况下，你会选择乘坐火车而不是飞机？
8. 北京的火车站中，你去过哪一个？
9. 你常常坐北京的地铁吗？常坐几号线？
10. 你觉得北京的地铁有哪些优点和缺点？

1. 道路桥梁

长安街 是北京也是中国最有名、最重要的大道，有"神州第一街"之称。长安街东起东单，西至西单；天安门坐落于长安街中点的北侧，天安门广场则在其南侧。长安街从天安门分为两段，即西长安街和东长安街。从东单向东至通州区、从西单向西延至石景山区的长安街延长线

长安街

有时也用长安街这一名称来泛指。长安街是北京市重要的东西轴线，曾被认为是世界上最长、最宽的道路。

长安街贯穿天安门广场，沿线有中南海、故宫以及许多中央政府部门。由于其具有独特的地理位置和符号意义，长期以来是北京甚至中国政治的代名词之一。

平安大街 由东四十条、张自忠路、地安门东大街、地安门西大街、平安里西大街五条大街组成。由于途经平安里、地安门，为表达方便，统称"平安大街"。平安大街是继长安街之后，贯穿北京东西方向的第二条交通大动脉。平安大街东起东四十条桥，西至官园桥，全长7公里，路宽40米。

平安大街

两广路 即广安大街，2000年开始改造，2001年8月16日全线通车。两广路西起西二环广安门立交桥，向东经虎坊路、珠市口、磁器口、幸福大街至东二环广渠门立交桥，故称为两广路。两广路是通称，由广安门内大街、骡马市大街、珠市口西大街、珠市口东大街、广渠门内大街五条

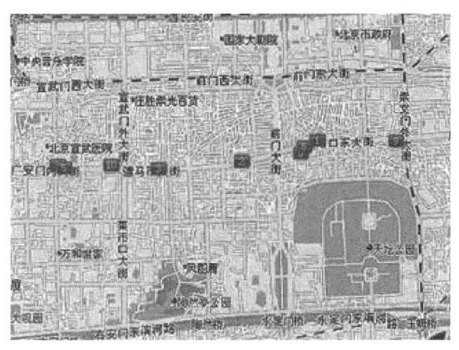

两广路地图

路组成，全长8公里，是北京南城很重要的一条道路。广安大街与平安大街、长安街一起构成北京市区内最重要的三条东西方向的主干道。

二三四五六环

二环路

全长32.7公里，是在原城墙的位置上修建的城市快速环路。在地上工程进行的同时，地下修建了环线地铁。其中，在内城墙基础上的北半环1980年年底全线通车，在外城基础上的南半环在1991年年底通车。1992年，北京也是中国第一条全封闭、全立交、没有交通信号灯的城市快速路——二环路全线竣工通车。

三环路

全长48.3公里。东、南、北三环早在1958年就已经建成通车，西南三环1981年年底建成通车，是北京最早建成通车的环路。80年代经多处改扩建，逐渐成为快速环路。唯独玉泉营环岛一处，直到1999年国庆前才改造成立交桥，从此三环路作为全立交的城市快速路全线建成。

四环路

平均距离北京市中心点约8公里，全长65.3公里。主路双向八车道，全封闭、全立交，被认为是国内有史以来市区道路建设标准最高、规模最大的城市快速环路。在1990年北京举行第十一届亚运会之前，四环路的部分路段主要是北四环学院路到四元桥路段，就已经建成并通车。但整个四环路的建设持续了10余年。1999年中华人民共和国成立50周年之际，东四环路建成并通车。到2001年6月，整个四环路全部连成一体。

五环路

全程98.58公里。以前因为被认为是北京市区最外围的一圈高速公路，名称曾为"公路一环"，于2003年11月1日全线建成并通车，通车后属于收费高速公路。后为缓解交通压力，于2004年1月1日停止收费。

六环路

全程187.6公里，是连接北京第一圈卫星城的一条环形高速公路，以前的名称为"公路二环"。2001年年底，六环路第一期工程——通马黄段（连接通州、马驹桥、黄村）建成并通车。2009年9月12日，随着六环路最后一段西六环的建成通车，北京六环路全线贯通。

金水桥 位于北京天安门，分为内外金水桥，建于明永乐年间。内金水桥位于故宫内太和门前广场内金水河上，是五座并列的单孔拱券式汉白玉石桥；外金水桥横跨天安门前外金水河上，共计七座，是三孔拱券式汉白玉石桥。外金水桥中间五座造型别致，分别与天安门城楼的五个门洞相对应。桥栏雕刻精美，形似条条玉带，与古朴的华表和雄伟的石狮一起，构成天安门前巍峨壮丽的景观。

金水桥

卢沟桥 也被称作芦沟桥，又称永定桥、马可波罗桥，位于北京市丰台区永定河上，距离北京市中心约15公里。该桥因跨越卢沟河（今永定河）而得名，是北京市现存最古老的石造联拱桥，也是华北最长的古代石桥。卢沟桥是中国最大的古代多涵孔圆弧拱桥，桥全长266.5米，宽7.5米，最宽处可达9.3米。有桥墩10座，共11个桥孔，整个桥身都是石体结构，关键部位均有银锭铁榫连接。

卢沟桥最有特色的地方是桥墩的造法。墩下面呈船形，迎水面砌作分水尖，外形像一个尖尖的船头，其作用在于抗击流水的冲击。桥上的石刻十分精美，桥身的石雕护栏上共有望柱281根，柱高1.4米，柱头刻莲座，座下为荷叶墩，望柱上雕有大小不等、形态各异、数之不尽的石狮子。民间有句歇后语说："卢沟桥的石狮子——数不清。"许多游人试图搞清石狮子的数目，但数来

卢沟桥

数去，眼花缭乱，最后只有作罢。1962年有关部门专门派人清点，逐个编号登记，清点出大小石狮子485个。没想到，在1979年的复查中，又发现了17个。这样，大小石狮子的总数应为502个，今后是否还会发现，谁也说不准。

立交桥

二环共31座桥

小街桥、东直门桥、东四十条桥、朝阳门桥、建国门桥、东便门桥、广渠门桥、光明桥、左安门桥、玉蜓桥、景泰桥、永定门桥、陶然桥、右安门桥、菜户营桥、白纸坊桥、广安门桥、天宁寺桥、西便门桥、复兴桥、月坛南桥、阜成门桥、官园桥、西直门桥、积水潭桥、德胜门桥、鼓楼桥、钟楼

北桥、安定门桥、雍和宫桥。

三环共41座桥

三元西桥、三元桥、燕莎桥、农展桥、长虹桥、京广桥、光华桥、国贸桥、双井桥、劲松桥、潘家园桥、华威桥、十里河桥、分钟寺桥、方庄桥、东铁营桥、刘家窑桥、赵公口桥、木樨园桥、洋桥、玉泉营桥、万柳桥、丰益桥、丽泽桥、六里桥、莲花桥、新兴桥、航天桥、花园桥、紫竹桥、苏州桥、四通桥、联想桥、蓟门桥、北太平桥、马甸桥、安华桥、安贞桥、和平西桥、和平东桥、太阳宫桥。

2. 机场

首都国际机场

北京首都国际机场 简称首都机场、北京机场，是全世界第二繁忙的机场，同时也是中国国际航空公司的基地机场。2006年，北京首都国际机场发展成为亚洲第二大机场（仅次于羽田机场），全球排名第九位。2012年，首都机场旅客吞吐量超过8 180万人次，仅次于美国亚特兰大国际机场。

北京首都国际机场拥有三座航站楼、两条4E级跑道、一条4F级跑道，是中国国内仅有的两座拥有三条跑道的国际机场之一（另一座为上海浦东国际机场）。

1号航站楼为海南航空集团国内航班专用，包括海南航空公司、大新华航空、大新华快运、首都航空、天津航空；2号航站楼为中国东方航空公司、中国南方航空公司、厦门航空公司、深圳航空公司、重庆航空公司、海南航空（国际航班），以及天合联盟的外航和非联盟的外航服务；3号航站楼为中国国际航空公司、深圳航空公司、山东航空公司、上海航空公司、四川航空公司以及星空联盟的外航、寰宇一家的外航和非联盟的外航服务。旅客乘机前需要确认不同的航站楼，为了方便旅客在不同航站楼之间换乘航班，机场新建连接T1、T2、T3三个航站楼的路侧摆渡车。

2010年8月13日，3号航站楼新建无线网络Airport WiFi（FREE）投入使用，标志着北京首都国际机场已被无线网络覆盖。旅客可免费上网，但需凭有效证件领取账号，并需实名认证，每人每日最多可申领3个账号，一个账号可免费上网 5 小时。

小贴士：

1. 摆渡车辆

06：00~23：00：每班间隔不超过 10 分钟

23：00~次日 06：00：每班间隔不超过 30 分钟

·乘坐位置

1 号航站楼：一层 3~5 号门外

2 号航站楼：一层 9~11 号门外

3 号航站楼：3 号航站楼到达层 5 号门

·行驶路线

3 号航站楼到达层 5 号门 →2 号航站楼出发层 →1 号航站楼出发层 →2 号航站楼到达层 11 号门 →1 号航站楼到达层 5 号门 →3 号航站楼出发层 →3 号航站楼到达层 5 号门

2. 铁路公交

·机场快轨

轨道交通连接北京首都国际机场—东直门，2008 年建成通车，全线共有四座车站：东直门站（可换乘北京地铁 2 号、13 号线）、三元桥站（可换乘北京地铁 10 号线）、2 号航站楼站、3 号航站楼站。

运营时间：T2 航站楼：06：35~23：10 T3 航站楼：06：20~22：50 东直门：06：00~22：30

发车间隔：09：30~12：30，16：00~18：40，间隔 10 分钟发车；其他时段间隔 12 分钟发车。

单程票价：25 元/人

·出租车乘坐位置

1 号航站楼：一层 3~5 号门外中间车道

2 号航站楼：一层 3~7 号门外

3 号航站楼：请参照航站楼内指示牌

计价方式：

1.每公里 2 元，基价为 3 公里，起价 13 元；

2.单程 15 公里以上的部分加收 50% 空驶费；

3.时速低于 12 公里/小时，每累计 5 分钟加收 1 公里费用；

4.等候乘客，每累计 5 分钟，加收 1 公里费用；

5.晚 23 时至早 5 时，起价 11 元，每公里租价加收 20%；

温馨提示：

乘坐出租车应注意的事项：

乘客所乘坐的出租车，车窗两侧应贴有收费标准、收费办法和出租车汽车驾驶员服务监督卡；乘客在乘坐出租车中，过路费、过桥费由乘客负担。

下车时敬请向司机索要发票，需要时可记住所乘坐出租车的车牌号。

在首都机场乘车时，请乘客到出租车站乘坐正规的出租车，下车时请携带好随身物品。

· 机场巴士

机场巴士的线路、站点、时刻调整均以首都国际机场调度站公布的信息为准。2线、3线、4线双向发车间隔15分钟一班，其他线路不超过30分钟一班，客满随时发车。

机场及市内各站点均有售票。

统一票价：16元

南苑机场　位于北京市丰台区南苑，是中国历史上第一座机场。该机场原来是军用机场，现已经对民航开放，是北京地区第一座军民两用的大型机场。北京南苑机场距离南四环3公里，距离天安门广场13公里。南苑机场是中国联合航空有限公司独家使用的机场，拥有一座航站楼，共有客运航线14条，客运班机4架。

北京新机场　又称北京大兴国际机场。位于北京市大兴区与河北省廊坊市之间，与天安门直线距离46千米，距首都机场67千米。预计将于2019年6月30日竣工验收，2019年9月30日投入运营。

小贴士：

1. 机场巴士

机场的出口处每日有民航大巴往返于西单民航大厦和机场候机楼之间。乘坐中联航航班的旅客凭当日登机牌可免费乘坐从南苑机场至北京市区西单的机场巴士。

南苑机场—西单：1. 南苑机场 2. 福海公园 3. 西单

西单—南苑机场：1. 西单 2. 南苑机场

发车时间：6：10　7：00　9：00　11：00　13：00　14：00　15：10

2. 公共交通

2006年开通的前门至三营门快速公交途经机场。2007年开通可以直达候机楼的501路公共汽车（沿途大站：草桥—三营门—角门北路—南苑机场）。您可乘坐610路、369路、353路、953路、运通115路公共汽车，到"新华路南口"站下。

3. 火车站

北京西站　位于北京市丰台区莲花池东路、西三环路附近，是北京市四大铁路客运站之一。北京西站分为南、北两个广场，南广场临近莲花池公园，北广场正前方是中华世纪坛。北京西站于1996年1月21日开通运营，当时是亚洲规模最大的现代化铁道客运站之一。北京西站最高客运能力可达每日90对列车、60

北京西站

万人次，是世界最大的铁路客运站之一。北京西站出发的列车覆盖华南、西南、西北地区，可以到达除东三省省会、台北外的中国所有其他省会城市。

小贴士：

1. 公交线路

北广场枢纽位于西站北广场东侧，共设有5个内站台及1个外站台。站台自北向南依次分布如下。

外站台（位于枢纽北侧）：65路（开往动物园枢纽站）、374路（开往颐和园新建宫门）、741路（开往左安门外）、695路（开往时代庄园北站）。

内站台：

①号站台：673路（开往石各庄）、21路（开往安华桥北）；

②号站台：320路（开往西苑枢纽站）、特6路（开往韩家川南站）；

③号站台：373路（开往鲁谷路衙门口）、319路（开往西苑枢纽站）；

④号站台：437路（开往颐和园新建宫门）、52路（开往平乐园）；

⑤号站台：99路（开往左安路）、83路（开往国家体育馆公交场站）、387路（开往慧忠路东口）。

南广场枢纽位于西站南广场东侧，共设5个站台。

2. 地铁：可乘北京地铁7号线或9号线，北京西站下车即可。

3. 出租车：北出站口东侧方向有地下二层和地下一层两个出租车调度站，北广场东螺旋盘道下有一个地面出租车调度站。

4. 机场巴士：可直达北京首都国际机场。

北京站 地处东城区二环路内，建国门与东便门以西，崇文门与东便门之间。北京站主要担当中国东北方向、华东地区的旅客运输任务，并有开往平壤、乌兰巴托、莫斯科的国际旅客列车。北京站也是北京的一个交通枢纽，北京地铁2号线途经北京站，地铁站去往火车站只能在西南角C口出。北京站前有许多公交车站，另外还有长途汽车开往北京周边地区。

北京站

小贴士：

乘车路线：北京地铁2号线，北京站下车，出西南角C口。

北京南站

北京南站 是北京面积最大、发车车次最多的火车站。中国的高速铁路线路多途经北京南站或以北京南站为始发和终点站：国铁京沪线、京广线、京九线、京原线和京承线等普速铁路线途径北京南站；京津城际铁路和京沪高速铁路以北京南站为始发和终点站；地铁4号线和地铁14号线中段途经北京南站。每日有去往天津、上海、石家庄、保定、北戴河、秦皇岛、唐山、济南、塘沽、青岛、南京、杭州、德州、沧州、泰山、徐州、蚌埠、苏州、无锡、常州、嘉兴等地的列车，还有去往京沪、沪昆、京广、京秦、京津城际铁路沿线的"和谐号"动车组。

小贴士：

乘车路线：北京地铁4号线或14号线，北京南站下车。

北京北站 位于北京市西城区西直门。每天北京—延庆 S2 线动车组列车，齐齐哈尔、赤峰、承德等地的固定旅客列车，以及途经北京北站到达包头、呼和浩特、通辽、满洲里等地的旅客列车，均在北京北站停靠。

北京北站

小贴士：

乘车路线：乘坐北京地铁 2 号线、4 号线、13 号线，西直门站下车。

4. 市内交通

地铁系统

1. 北京地铁标志

北京地铁标志：外形是字母"G"，表示地铁隧道，中间是字母"D"，为"地铁"拼音的首字母，D 的内心是字母"B"，表示"北京"。整个标志看上去好像一辆地铁从隧道中驶出。

北京地铁标志

2. 北京地铁线路

北京地铁第一条线路于 1971 年 1 月 15 日正式开通运营，北京成为中国第一个开通地铁的城市。

截至 2017 年 12 月，北京地铁运营线路 22 条，分别为 1 号线、2 号线、4 号线、5 号线、6 号线、7 号线、8 号线、9 号线、10 号线、13 号线、14 号线（西段）、14 号线（东段）、15 号线、16 号线（北段）、八通线、昌平线、房山线、亦庄线、西郊线、燕房线、S1 线和机场线。

截至 2017 年 12 月，北京地铁运营里程 608 公里，共设车站 307 座，开通里程居中国第二，也居世界第二。2017 年，北京地铁年乘客量达到 45.3 亿人次，日均客流量为 1 241.1 万人次，单日客运量最高达到 1 327.46 万人次。

3. 北京地铁票价

截至 2017 年 12 月，北京的地铁票价为 3 元起步，6 公里以内（包括 6 公里）3 元；6～12 公里（包括 12 公里）4 元；12～22 公里（包括 22 公里）5 元；22～32 公里（包括 32 公里）6 元；32 公里以上，每增加 1 元可乘坐 20 公里。截至 2017 年，北京地铁单程最高票价是 9 元。

机场线（东直门—首都机场 T2 航站楼）实行单一票价 25 元，而且它的单程车票与其他线路互不通用，换乘其他线路需要另外购买车票。

地铁单程票：可以在地铁站内的人工售票窗口购买，也可以在自动售票机上购买。

一卡通：全称"市政交通一卡通"，可在绝大部分地铁站的人工充值窗口购买，押金 20 元，最低充值金额 20 元；每张"一卡通"每月在交通方面消费满 100 元后，超出的部分打八折；满 150 元后，超出的部分打五折；超出 400 元后，不再打折。

二维码乘车：乘客通过网络取票机扫描手机上的二维码，即可完成取票、进站乘车。

如果乘客携带的东西超过一个座位的面积，需要另外加购一张同程等额车票；身高达到 1.2 米的儿童需购票进站。

公交系统

1. 北京公交车编号的意义

1～99 路为市区公交线路（典型代表 1 路）；

100～199 路属于电车线路；

200～299 路是夜班线路；

300～399 路多为郊区线路；

400～499 路有的是市区线路，有的是分段郊区线路；

5 字头基本为小区线路（501～547 路）；

600～699，一部分原来的"9"字头线路改为"6"字头线路（如 921 改 645、941 改 653）。现在又有原巴士线路转型成为 6××，有些还改为快车（如 716 改为 697，727 改为 695 等）。

700～799 线路较长，目前仅有 20 几条线路；800～899 同"7"字头线路，目前线路也不多。

2. 公交 WIFI

乘客通过手机搜索名为"16wifi"的无线热点名称，下载"e 路 WiFi"客户端并注册成功后，即可免费享受上网服务。北京地区已有 9 000 余辆公交车安装了 WiFi 设备；2014 年年底之前，北京公交 WiFi 的覆盖车辆达到 12 000 辆，并且将覆盖部分远郊区线路。

3. 一卡通

参见"地铁系统"部分的"小贴士"。

当您不再使用"一卡通"时，可以在一卡通公司的指定网点办理退卡，退卡时卡内余额最好不要超过 100 元（超过 100 元要收 1% 的服务费），不能有欠费，卡不能有磨损损坏。

共享单车

共享单车是建立在互联网技术基础上的新的自行车出租形式。2016 年，共享单车开始出现在北京的街头，极大地方便了人们的出行。目前最为常用的共享单车是"摩拜单车"。使用前需在自己的智能手机上下载"摩拜单车"的 App，付押金并充值。共享单车一般每骑行半小时收费 1 元，使用完请记住立即锁车，如果忘记锁车将持续计费，并且会影响下次使用。共享单车需要停在路边不妨碍交通的空旷区域或者路边其他单车的集中停放区域，不能停在小区里、地下车库等地方，更不能停在自己家里。

摩拜单车的颜色为橙色，每辆车的车把下面和单车后部有该车的二维码，使用时打开手机上的"摩拜单车"App，点击"扫码用车"，扫描单车的二维码，几秒钟后车锁会自动打开，就可以用车了。摩拜单车的押金是 299 元，除押金外还需要另外充值。

专题二

旅游北京

第一单元
皇家气象

热身任务：

1. 来到北京以后，你都去过什么地方？如果你的朋友来北京，你会推荐他们去什么地方？

2. 观看2008年北京奥运会开幕式录像，最开始的大脚印烟花是沿着什么路线行走的？再对比北京地图，你觉得北京城市的格局有什么特点？

3. 很多城市都有古建筑，与其他城市相比，北京的古建筑有什么特点？

4. 北京的城市建筑中，有很多城墙和城门，有一部分还保留了下来，例如元大都城墙遗址和前门等，你觉得这些建筑在古代有什么作用？

5. 数一数你知道的北京的公园，它们各有什么特点？

6. 你们国家有祭祀神灵和祖先的活动吗？在什么地方见过？说一说祭祀活动是怎么举行的。

7. 听过关于"歪脖子树"的故事吗？查一查，给大家讲一讲。

北京位于中国北部，是中国的首都，也是中国的政治文化中心。这里地处暖温带，四季分明，春季温暖短暂，夏季炎热多雨，秋季凉爽宜人，冬季寒冷干燥。北京拥有200多处旅游景点，一年四季吸引着来自全国各地和全世界的游客。每个中国人都有一个北京情结，每个中国人都有一个北京梦。这座城市拥有三千年的历史，既有现代的繁华，又有历史的深沉。北京是六朝古都，来自世界各地的人们在这里可以一览皇家风貌。

1. 中轴线

从元朝开始，北京就是皇家都城所在地，因此保留了大量的皇家建筑遗址，处处体现着皇家风范。

从北京的地图上，可以看到一条贯穿北京城南北的中轴线。建筑大师梁思成说："一根长达八公里，全世界最长、也是最伟大的南北中轴线穿过全城。北京独有的壮美秩序就由这条中轴的建立而产生。"中轴线南起永定门，北至钟鼓楼，2008后延伸至奥林匹克公园，由原来的8公里延长至26公里。就像汉字"中"中间的那一竖一样，把北京分成了东西两个部分，许多皇家建筑和园林就分布在中轴线上和中轴线两侧，下面我们去一一探寻。

北京城市中轴线示意图

故宫和午门

故宫位于中轴线的中央，是北京市的中心，也称"紫禁城"。从位置上看，故宫前面是天安门，后面是景山，东面靠近王府井大街，西面是中南海。

故宫和午门

目前，故宫是中国也是世界上保存最完整的皇家建筑，更是现在世界上规模最大的古代皇宫建筑群。这里就像一个大城堡，被高高的城墙围住，先后一共有24个皇帝曾经住在这里。

故宫面积非常大，建筑和结构也很复杂，南北长961米，东西宽753米，四面围有高10米的城墙，城外还有一条护城河，整个建筑安全而坚固。民间传说故宫有9 999间半房间，实际上只有8 704间（这里的"间"不是现在房间的意思，而是指四根房柱所形成的空间）。

故宫的宫殿建筑有两个部分，站在乾清门面向南，前面是外朝，后面是内廷，左右沿着中轴线向两侧展开。

外朝是皇帝办公的地方，中心为太和殿、中和殿、保和殿三大殿。其中最有名的是太和殿，俗称"金銮殿"，是紫禁城内等级最高、规模最大的建筑，也是中国现存规模最大的木结构宫殿。细心的人会发现，从皇城正门天安门起，经端门、午门、太和门，这之间的院子里都没有树木（现在端门前后的树是后来种植的）。原因有好几种说法，流传较广的一种据说是为了突出皇帝的威严，在空间上给人们一种压力。

内廷是皇帝生活的区域，后面有御花园。御花园位于故宫最北部，一步一景，花鸟虫鱼，各种奇山怪石，美不胜收。园中的主体建筑钦安殿，是中轴线上唯一的宗教建筑，而且也是目前故宫中唯一一座没有被破坏的明代原始建筑。

故宫中不仅有近600年的古建筑，还珍藏着近百万件古代服饰、家具及其他物品，还有大量古代书籍和文献档案。其中的国宝非常多，代表着中国历代文化艺术的最高水平。

故宫有四座城门，按照东南西北方位分别是东华门、午门、西华门和神武门，城墙的四角各有一个叫作"角楼"的小建筑。

故宫御花园

故宫的正门为"午门"，"午"的意思是正午，代表正南方向。午门既是故宫的正门，也是最大、最壮观的一座门。午门分左、中、右三个门，中间大门只有皇帝能走，皇后一生中也只能在与皇帝结婚当天，才能够从这里行走一次。东边正门供官员进出，西边正门供皇亲国戚出入。这些规定非常严格，所有人都不能走错一步。但实际上，皇帝一生中使用午门的次数并不多。

天安门广场

"我爱北京天安门，天安门上太阳升"，这是中国人耳熟能详的歌词。到天安门广场转转，观看升国旗的仪式，到毛主席纪念堂瞻仰一下，再登上天安门城楼远看整个广场和大半个北京城，几乎是所有来到北京的游客必做的事情。

天安门有着500多年的历史，坐落在北京的市中心，位于北京城的传统中轴线上，故宫的南侧。1949年10月1日，中华人民共和国成立，在天安门举行开国大典。从此，天安门成为国徽中的一个要素，成为中国的国别标志之一。

天安门主要由城台和城楼两部分组成，城台是底下的部分，像一个台子的形状，城楼就建在

天安门广场

它的上面。在中国古代，"九五之尊"代表着皇帝的权力，很多建筑都与此有关，天安门城楼在数字上就很讲究。东西方向有九间屋子，南北方向有五间，即代表"九五之尊"。我们参观时最常见到的是天安门城楼向外的五个门洞，正中门洞上悬挂着中华人民共和国第一任主席毛泽东的油画头像，两边分别是"中华人民共和国万岁"和"世界人民大团结万岁"的大幅标语。天安门前面有一条金水河，河上有漂亮的金水桥，游人每天从此处进入故宫参观。

政府多次对天安门进行维修，在左右两侧设有大型的观礼台，供大型庆典时贵宾观礼之用。

隔着长安街，在天安门的对面就是天安门广场，这是当今世界上最大的城市广场，面积约40万平方米，可以举行容纳50万人的大型集会。广场中央，有一座37.94米高的人民英雄纪念碑，与天安门遥遥相对。从天安门广场往南是毛主席纪念堂，供后人纪念毛主席使用；东边为中国国家博物馆，西面是人民大会堂。

每天早晨，五星红旗都会在天安门广场升起，升旗仪式成为北京一景。一般来说，每天升旗的时间并不是固定的，夏天早些，冬天晚些，所以如果想去看升旗或者降旗，需要提前上网或打电话咨询一下时间。

钟鼓楼

中国古代用敲钟和敲鼓来计算时间，而钟鼓楼就是用于报时的建筑，通常分为钟楼和鼓楼，建在宫廷内或市中心。明代永乐大帝重新修建北京城时，在中轴线的最北端建成了钟鼓楼。

鼓楼、钟楼一前一后：鼓楼在前，是一座红色的小建筑；钟楼在后，呈

砖灰色,据说为了防火,所以用石头建造。两个楼都是要绕一小半圈才能走上二楼,不同的是,钟楼石阶共75级,鼓楼69级,两者尾数相合,同样含有"九五之尊"的意思。

钟楼二层正中央有一个巨大的铜钟,这是特别为钟楼铸造的,象征着皇权的稳固和确立,也象征着北京作为帝王之都的神圣和权威。大钟中心线与中轴线重合,强调北京建都的重要性。

鼓楼　　　　　　　　　　　　　钟楼

从作用上看,北京的钟鼓楼与西方国家的钟楼都有报时、通知的作用,但西方敲钟是催促人们出门做事,北京城的钟声响起却是通知人们城门关闭,请待在家里,这与中国古代的文化相关。在古代,北京城门白天打开,晚上关闭,人们夜间不能随便出门。所以每到傍晚,钟声响起,便是提醒人们关城门的时间到了。一般来说,钟楼的大钟在早晨和傍晚各响一次(通知开门与关门),鼓楼的鼓则在夜晚每隔2小时就敲一次。1924年,中国最后一位皇帝被逐出紫禁城,钟鼓楼失去了往日的作用,不再报时。今天,钟楼和鼓楼都成了博物馆,每到年节依然能听到从这里传出的宏厚有力的钟鼓声,这里成为京城一个著名景点。

景山

在北京,如果想清晰地看到中轴线的全貌,没有比故宫后面的景山公园更好的地方了。北京人都喜欢景山,因为它曾经是北京最高的地方,站在上面可以看到北京内城的全部。现在景山的视野虽然被周围的高层建筑挡住了一些,但这里仍是北京最受欢迎的景点之一。在景山最高处万春亭北面的地面上,有一个"北京城南北中轴线"铜圆盘,表明景山公园万春亭坐落在明清北京城的中轴线上。在万春亭,可以南看故宫,北看钟鼓楼,西看北海白塔,老北京的景致尽入眼底。

景山历经金、元、明、清四代皇朝,已经有八百多年的历史。从建成开始,景山一直发挥着重要的作用。起初，修建景山出于军事需要，是为了保护皇宫，抵挡北方敌人的侵袭，用来瞭望敌情。后来景山成为北京内城的一部分，并逐渐成为存放皇室遗体的地方，所有死去的皇帝皇后的遗体在运往帝王陵墓之前，都存放在景山正北的寿皇殿。

景山公园

元代将景山作为北京城南北中轴线的起点，明代称为"万寿山"，清代顺治帝改名为"景山"，有"高大""景仰"的意思，也是帝后们观看景色的地方。但到了1900年（清光绪二十六年），八国联军占领北京，景山受到严重破坏，景山的五尊佛像中有四尊被掠走，里面的宝物也被洗劫一空，从此风华不再。1928年景山开辟为公园，对游人开放。

景山公园占地23公顷，走进公园首先看到绮望楼，离楼不远上山的入口处就是明代崇祯皇帝自杀的地方。崇祯皇帝的自杀，代表着明朝的灭亡，所以这里就有了特殊的历史意义。虽然他上吊时的歪脖子树没有了，但人们在原地又重新种了一棵，很多人都会来参观一下。

2. 城门

沿着北京的中轴线行走，除了故宫等皇家建筑，值得关注的还有北京的城门。北京的城门与城墙是北京城的标志和象征，它们见证了北京城的历史发展，记录着北京城的变化。瑞典学者喜仁龙曾对北京的城墙和城门做过形象的比喻："如果我们把它（北京城）比作一个巨人的身躯，城门好像巨人的嘴，其呼吸和说话皆经由此道，全城的生活脉搏都集中在城门处。由此出入的，不仅有大批车辆、行人和牲畜，还有人们的思想和愿望，希望和失望，以及象征死亡或崭新生活的丧礼和婚礼行列。在城门处你可以感受到全城的脉搏，以至全城的生命和意志通过这条狭道流动着——这种搏动，赋予北京这一极其复杂的有机体以生命和运动的节奏。"（《北京的城墙和城门》）

有城就有门，但这个"门"不是一个简简单单的城门楼，实际上城楼门是重要的防御设施，由城楼、瓮城、箭楼和闸楼四部分组成。城楼建在城台上，一般比城墙稍高些、宽些，正中间有个门，叫作"城楼门"。城楼门是防止敌人进入的最后一道防线。瓮城建在城楼前,是用来保护城楼的。瓮城的正中间儿是箭楼,正对着里面的城楼。箭楼向外的三面每层都有小窗户,可以对外进行射击。瓮城左右两边是闸楼,因其楼门为上下移动的闸门而得名。

老北京有很多城门,以紫禁城为核心,旧有"内九、外七、皇城四"的城市格局,共有20座城门。在这20座城门中,"内城九门"分别为正阳门、崇文门、宣武门、朝阳门、阜成门、安定门、德胜门、东直门和西直门。这九个城门非常重要,在古代都有各自不同的用途。

下面我们来逐一介绍下这些主要的城门。

前门(正阳门)

老北京人对北京城门的感情非常深,所有的城门中,人们最熟悉的就是前门。"我爷爷小的时候,常在这里玩耍,高高的前门,仿佛挨着我的家……"——《前门情思大碗茶》,唱的正是北京人对前门的热爱。

前门(正阳门)

在老北京照片中,前门可能是最广泛的题材了。前门位于北京城南北中轴线上,是内城的正门,也是九门之首,在天安门广场南边,前门大街北端,明代的时候就已经建成,在古代是皇帝祭天时必走的道路。前门原来叫丽正门,后来又改称正阳门,又因为前门在故宫的正前方,所以人们又把它叫作"前门"。前门是目前保存比较完整的城门之一,经过几次破坏和修复,其城楼和箭楼从20世纪90年代起对游人开放,展示老北京的风土人情。前门和崇文门、宣武门并称为"前三门"。无论历史上还是现代,前门都是北京城比较热闹繁华的地方。

到了现代,前门大街则成为北京老字号的聚集区,大多数中国人来到北京都必须到前门大街逛逛,吃些老北京的食物,买些老北京物件。

崇文门(哈德门)

崇文门原来叫作文明门,有光明昌盛的含义。古代这里被称为"酒门",因为从外地运进京城的酒,都要先在崇文门上税,所以这里成为京城的第一税关,是九门中最繁忙的城门。又因为哈达王府建在崇文门里,崇文门还被叫作"哈达门"。"哈德"与"哈达"音近,读起来更加上口,天长日久,

"哈达门"便被传为"哈德门",著名的"哈德门"香烟便由此而来。

原来的崇文门建在离前门约 1.5 公里的地方,但中华人民共和国成立后被拆除。在历史上,这里曾经是会馆聚集之地,最多的时候有各类会馆 150 多处。值得一提的是,在崇文门附近的广渠门内大街 207 号,有一处很老的四合院,是《红楼梦》的作者曹雪芹唯一可查的在京故居遗址。而崇文门外的北京基督教会崇文门堂也是著名的基督教礼拜堂。

宣武门

宣武门原来叫作顺承门,在今天的西城区东南部,明代改称宣武门。20 世纪八九十年代,北京大修地铁,宣武门被拆除,"宣武门"从此仅仅成为一个地名。因为菜市口在宣武门外,是古代的刑场,押送死刑犯人的车都要通过这个门,因此宣武门也被称为"死门"。现在,宣武门附近有著名的天主教宣武门堂,它是北京城内最早的教堂,也是全国重点文物保护单位。附近的牛街是北京回族的主要聚集区和文化保护区,纪晓岚故居也在附近。琉璃厂离宣武门不远,汇集了各类古老的文房字画等艺术品。

朝阳门

朝阳门的门洞上刻有一支谷穗,当年外地运到北京的粮食都是从这个门进入的,因此朝阳门被称为北京的"粮门"。朝阳门附近的地方则成为存储粮食或粮食中转的粮仓。"仓"因此而成为附近地名的一部分,直到现在还有许多地名有"仓"字,如"北新仓胡同"等。

朝阳门也叫"杜门","杜"有休息的意思,因为商人运粮也需要休息,所以餐饮业在附近兴盛起来,朝阳门东侧的"关东店"就是这么得名的。这一功能区主要集中在现在的朝阳路东大桥附近,商人聚集,人流众多。在现代,这里也是北京重要的交通枢纽和 CBD 商圈,靠近国贸和大望路等商业中心。

阜成门

阜成门与朝阳门东西相对,阜成门在西,朝阳门在东。阜成门是明清后所有运煤车进出北京城的地方,因"煤"与"梅"音同,所以城门内刻有一束梅花。后来因修建地铁等不断拆除,演化为地名,现在仅在附近还有一处石碑遗址,在此基础上建成了阜成门遗址公园。阜成门内大街是北京标志性的老街,附近的广济寺、妙应寺白塔、历代帝王庙等更是老北京文化的集聚地。

安定门

安定门是明清时期的北部城门,西面为德胜门。安定,就是天下安定之意,也有说法认为这里是军队打仗回来进城所走之门,寓意为"可以安定"。实际上,这里在明清两代还是走粪车的,是北京的清洁之门。在内城九门中,有八个门都建了关帝庙,只有安定门建真武庙。中华人民共和国成立后,安定门被拆除,建成了立交桥,交通非常方便。

德胜门

德胜门,顾名思义,寓意为"打仗能够胜利",是古代军队打仗时出城的城门。原来的德胜门在现在德胜门立交桥南端,与安定门的城楼形制差不多。现在的德胜门是新修建的。

永定门

永定门位于左安门和右安门中间,是北京外城的南大门,是北京外城的正门,位于中轴线的最南端,是从南部出入京城的必经之路。永定门也是外城中最大的门,是北京城防卫的第一关。取名"永定门",寓意正是"永远安定"。

永定门

可惜的是,1957年永定门因修路被拆毁。与其他城门的消失不同,很多人为此感到遗憾,因为永定门有着特殊的文化内涵,永定门没了,人们觉得北京的中轴线忽然没有头了,于是北京市政府决定恢复永定门,并于2004年重建了永定门城楼。

小贴士:

其他中轴线景点:

(1)北京市规划展览馆 北京市规划展览馆在前门城楼旁边,里面有一个巨大的北京城的模型,在模型上可以清楚地看到北京中轴线。

(2)《北京古都中轴线变迁研究》对中轴线的历史变迁做了较为详细的介绍,将故宫建成时间推前了150年,推荐阅读。

3. 防御与别馆

作为一个古都,仅从明代以来,北京就经历了24位皇帝。除了皇帝以外,还有皇室成员、政府官员及其家属等,更有相关行业的工作人员,很多重要的人和物都聚集在北京。因此，对于全国而言，北京城的重要性可想而知，北京城的安危也关系到全中国的稳定。为了保护北京城，各个朝代都在周边建造了很多防御工程，以防敌人入侵，长城就是其中的代表。除此以外，老北京城周边还修建了很多别馆，供皇帝出行时办公和休息使用。到了现代，由于风景优美，这部分建筑多数变成了公园，对普通游人开放。

长城

"不到长城非好汉"！你可能没来过北京，但你一定听说过北京的长城；如果来到北京，长城更是必去的地方之一。

在中国古代，为了防止外族入侵，从秦朝开始，每个朝代都在北部边界修建一些军事工程，一直到清代。有种说法是，修筑的总长超过上万华里，所以被称为万里长城。也有人认为，秦长城绵延万里，因此得各。

长城气势雄伟，绵延万里，是中国古代人民聪明智慧的体现，也是中华民族悠久历史的见证，被称为"世界八大奇迹"之一，1987年被收入《联合国世界自然与文化遗产名录》。由于年代久远，早期修建的长城大都不太完整了，现在我们能看到的主要是明朝修建的长城。

明清两代的长城，历史上发挥了重要作用，在现代更是成为著名的历史遗迹和旅游胜地。一般来说，长城都建在地势险要的地方，充分利用自然条件，以取得"一夫当关，万夫莫开"的功效。但是长城并不是一道单独的城墙，而是由城墙、敌楼、关城、墩堡、营城、卫城和镇城烽火台等多个部分组成。但是现在的长城已经很少能够完整保存这些部分。长城分布在中国北方很多省市，下面我们仅以北京境内的著名部分对长城进行说明。

八达岭长城

八达岭长城位于北京市延庆区，位置非常重要，古代有"居庸之险不在关而在八达岭"的说法。八达岭长城是明长城中最有代表性的一段，也是万里长城中最早开放的一段，1953年就开始对外接待游人了。"不到长城非好汉"就是毛泽东主席在游览八达岭长城后的题词。

"八达岭"据说是由"八大岭"的谐音而来。传说当年修建长城的时候，需要经过八座大的山岭，要用八种不同的方法来修建，因此得名。但也有专家认为"八

毛泽东主席题词碑

达岭"是"四通八达"的意思,也就是说通过八达岭,人们可以到达北方各个地区,是北京人往西走的一条重要通道。

八达岭的年平均气温比北京城区低3℃以上,秋天红叶遍地。八达岭因为它特殊的历史价值和优美的风景,吸引着大批游人前来。

箭扣长城

箭扣长城

如果说八达岭长城的美在于它的历史和风景,箭扣长城的闻名就在于它的险峻和特别。箭扣长城位于怀柔,长20多公里,是明代长城中最著名的险段之一,东西分别与慕田峪长城和黄花岭长城相接,是个易守难攻的地方。但因为山势过于险峻,而且长城城墙经历几百年的风吹雨打,自然风化非常严重,如果自然攀爬非常危险,所以箭扣长城一直没有对外开放。

箭扣长城是按照山的走势建造起来的,所以看起来形态多样、富于变化,有牛犄角边、南大楼、鬼门关和箭扣梁等著名景点,其中天梯、鹰飞倒仰、九眼楼、北京结一段路最险但也最漂亮。天梯是一段70度的陡坡,长七八十米,最窄的地方仅60厘米宽,一个人侧身才能通过;台阶高40~50厘米,却只有15厘米宽,连一整只鞋的长度都没有。更危险的是鹰飞倒仰,这段长城有一处直立倒塌,下山时要走70~80度的陡坡;北京结到望京楼一段则没有台阶,只有灌木。攀爬箭扣长城,就像在亲身体验极限攀岩运动一样。

慕田峪长城

慕田峪长城位于怀柔区境内,现存的一段建于明代,1988年4月正式对中外游人开放,先后被评为"新北京十六景之一""北京旅游世界之最"。这段长城与居庸关、八达岭和古北口、金山岭长城东西连在一起,修在非常陡峭的山脊和地势较高的位置,所以长城落差非常大,海拔最低处486米,最高处却上升到800多米,被长城专家称为"危岭雄关"。这段长城明代前称为"摩天峪",就说明这一带的山岭既高且险。明代因为"摩天"与"慕田"发音近似，因而改称为"慕田峪"。

慕田峪长城

目前可以开放参观的慕田峪长城有 3 000 米，这段长城在构造上有一处与其他长城不同，那就是长城两侧都有垛口，建筑非常独特。在慕田峪长城段，"迎宾松""鸳鸯松""王冠松"等百年以上名木古树就有 200 多株，具有很大的观赏价值；植被覆盖率达到 96% 以上，素有"万里长城慕田峪独秀"的美誉。

慕田峪长城还有国内一流的登城缆车和施必得滑道等项目，集文化与娱乐于一体。

司马台长城

司马台长城始建于明代洪武初年（1368），1987 年进行了维修，三年后正式对游客开放。司马台长城是万里长城中敌楼比较稠密的一段，两个敌楼距离最近的不足 20 米。整个长城历经四百多年，仍然较好地保存着明长城原貌，具有很高的军事、建筑、艺术等多方面的科考价值。长城专家罗哲文指出，"中国长城是世界之最，而司马台长城又堪称中国长城之最"。

司马台长城

来到司马台长城,"将军楼""仙女楼""天桥"等都是必看的风景。"望京楼"是司马台和古北口长城的最高点,也是"北京市文物制高点"。站在楼上不但能够看到北京城的轮廓,夜晚还可以看到北京城的万家灯火,因此有了这个名字。长城的峡谷中有两道泉水,都流入同一个湖,但湖水却一半热,一般冷,这一现象被认为是长城一绝。司马台长城几乎保存了历史原貌,站在长城之上,仿佛回到几百年前的战场……

颐和园

颐和园位于北京西北郊海淀区内,原本是清朝皇帝夏季出行居住的地方。以前这里的昆明湖和万寿山是分开的,后来又加入了江南园林特色,把这一整块地方建成了一个大公园,就是颐和园。颐和园是中国现存的规模最大的皇家园林,而且因为自然风光较多,几乎被完整地保存下来,没有过多的人为破坏,被誉为"皇家园林博物馆",闻名世界。

颐和园由三个区域组成:政治活动区——以仁寿殿为中心;帝后生活区——以玉澜堂、乐寿堂为主体;苑园游览区——以长廊沿线、后山、西区为主。昆明湖面积非常大,大约占到整个公园的3/4。湖边上有各式各样的亭台等建筑物100余座,房间3 000余间,其中的佛香阁、长廊、石舫、苏州街、十七孔桥等皆为家喻户晓的代表性建筑,也是游览颐和园不可错过的地方。站在长廊远望,湖光山色,景色非常美丽。除了外地人,这里也是老北京人经常游玩的地方。

游览颐和园,除了参观金碧辉煌的建筑,还可以乘坐游船,在昆明湖上悠闲舒适地看遍园中美景,还能远望万寿山。

颐和园

圆明园

走过颐和园，不可错过的另一处园子就是圆明园。圆明园与颐和园相邻，是世界闻名的古迹，主要由圆明园、长春园和绮春园组成，所以也叫圆明三园。圆明园是清代著名的皇家园林，大园子中还有许多小园子，有上百处景色，当时有机会看过的人无不感叹它的雄伟壮观，说圆明园是"万园之园"。一些西方人也因为圆明园，重新认识和研究了中国园林艺术。

圆明园的名字来自"圆而入神，君子之时中也；明而普照，达人之睿智也"。其中，"圆"是指个人品德性格圆满完美，超越普通人；"明"是指政治业绩明光普照。这可以说是古代中国皇帝和官员的理想状态。圆明园最开始建造于1709年，当时陆上建筑面积和故宫一样大，水域面积等于一个颐和园，同时还集合了江南名园的特点，用园中之园的手法建成了几十个景区。

圆明园不仅以园林著称，还是一座丰富的博物馆，展示着皇家的威严。法国作家雨果曾说：即使把圣母院的全部宝物加在一起，也不能同这个东方博物馆相比。但很可惜，1860年这里被烧毁，有价值的物品都被掠夺走，只剩下一些遗迹让今天的我们去怀念。昔日的皇家园林，成为人们休息的场所。圆明园曾为中国带来了全世界的赞美，如今虽然没有了过去的风光，却是中国历史一面最好的镜子，警示世人要牢记历史，珍惜和平。

圆明园遗址公园已经被修缮过很多次，有一小部分保存较好的建筑对外开放，让人在欣赏美景的同时重温历史。现在，春季的"踏青节"、夏季的"荷花节"、秋季的"菊花节"、冬季的游园会四季系列旅游文化活动成为圆明园的特色，每年都吸引着大量游客。

圆明园遗址

香山

在人们的印象里,香山是一个深秋红叶遍山、夏天绿树红花的公园。其实香山也是一处皇家园林,历史上也曾"金碧辉煌"过,清代著名的"静宜园"即在此处。香山公园位于北京西北郊,始建于1186年,已有800多年历史了。元、明、清三代的皇帝都在这里居住过,1945年后开始对普通人开放。经过近半个世纪的建设,香山现已成为中外闻名的北京十大公园之一。

香山公园总面积约1.88平方公里,主峰香炉峰(俗称鬼见愁)海拔557米。香山公园的一个重要特点就是树多,公园里面有各种树木26万余株,仅是宝贵的古树名木就约占北京城区的1/4,有近6 000株,森林覆盖率高达98%,是北京负氧离子最高的地区之一,是北京的"绿肺"。从市区来到这里,立刻能感觉到空气的清新,呼吸起来特别舒服。香山四季都很漂亮,尤其是深秋时节,10万株黄栌连成一片,一眼望不到边,"香山红叶"更被评为"北京新十六景"之一。

香山红叶

香山公园文物古迹非常丰富。"碧云寺"有明清两代的建筑风格,寺内还有国内仅存的木头做成的"五百罗汉堂",非常特别;"宗镜大昭之庙"则是当年六世班禅到北京时居住的地方;"见心斋"是一个小院,却有江南的特色;而双清别墅则是毛泽东等人曾经办公和居住过的地方;东宫门、香山寺、静翠湖、眼镜湖等也都是有名的景点。

香山公园旅游服务设施齐全。这里的大型吊椅式游览索道全长1 400米,落差431米。乘坐索道,可以将西山美景和北京城尽收眼底。香山还有许多清净别致的餐厅。在香山附近的"那家小馆",可以吃到地道的北京菜;在"听蝉轩"里,可以喝到台湾的高山茶,还可以吃到美味的茶食;"黄叶村"的黄叶在深秋时节尤其漂亮,可以一边吃饭一边观赏秋景;松林餐厅环境优美，昆虫野菜、泉水煮饭，别具风味。其他的诸如"别院伍仟枫竹间"等也都各有特色。

北海公园

北海公园位于北京的市中心，最开始建于辽代，后来多个朝代的皇帝和皇室成员都曾在这里居住、游玩甚至办公，到现在已经有1 000多年的历史，是中国现存最悠久、保存最完整的古典皇家园林之一。

北海公园的修建集合了中国南方和北方园林的特点，又有皇家公园的气势，东面靠近故宫后门、景山，南北连接中海、南海及什刹海，是北京城中风景最优美的前"三海"之首。全园以琼华岛为中心，山顶建于1651年的藏式白塔是北海的标志。清代乾隆帝所题燕京八景之一的琼岛春阴碑石及假山、隧洞等也在这里。东北岸有画舫斋和九龙壁，也是来北海的必去之地。

北海公园

北海公园既有北方园林的大气，又有江南私家园林的特点，在这里游玩，可以一边欣赏美丽的自然景色之美，一边观赏古代的建筑。在湖上划着船，吹着微风，乐趣无穷。

4. 祭祀与墓葬

中国是一个有着5 000年历史的文明古国，中国人除了对帝王有至高无上的尊重，神灵和祖先在中国人心中也有着极其重要的地位。因此，许多祭祀神灵和祖先的活动，在中国古代人的生活中必不可少，占据着重要地位。其中，祭天仪式起源于周朝，历朝历代的帝王都对此极为重视。明代以后，帝王每年都要举行祭天和祈谷的仪式。如果遇上少雨的年份，还会祈雨。在祭祀前，通常需要斋戒一段时间。祭祀时，除了献上供品，皇帝也要率领百官朝拜祷告。北京作为多代皇城，保存了不少相关遗址。

天坛

天坛位于北京城南端，故宫正南偏东，正阳门外东侧。明清两代，这里是皇帝祭祀天地之神和祈祷五谷丰收的地方。从建筑上看，天坛结构特别，精致美观，被认为是中国现存的最美丽的一组古建筑群，不仅在中国古建筑中独一无二，在世界建筑史上也是绝无仅有的珍品，1998年被联合国教科文组织确认为"世界文化遗产"。

天坛东西长1 700米，南北宽1 600米，总面积为273万平方米，主要设计思想就是要突出天空的辽阔高远，显示天地的神圣和对天地的尊重。

从组成上看，天坛有两重围墙，把天坛分为内坛和外坛两个部分，像一个"回"字。北围墙是弧圆形，南围墙与东西墙则是一个直角，构成了方形。

天坛

这种南方北圆的设计，正是中国古代"天圆地方"思想的体现，因此被叫作"天地墙"。外坛墙东、南、北三面都没有门，只有西边修了两座大门。

天坛回音壁

从西边的大门进入天坛，圜丘坛在南，祈谷坛在北，二坛同在一条南北轴线上，中间有墙隔开。两个祭坛中有圜丘坛、皇穹宇、祈年殿、皇乾殿和祈年门等重要建筑，其中祈年殿是天坛的主要建筑，圜丘坛则是皇帝冬至的时候举行祭天大典的地方，称为祭天台。

天坛在三个地方可以听到回音，第一处是太阳石或称天心石，也就是圜丘坛顶的一块圆形石板，站在上面用力呼喊或敲击，声波会被近旁的栏板反射，就会听到回音。第二处是三音石，在皇穹宇到大门中间的石板路上，由北向南数的三块石板就是了。在皇穹宇的门窗关闭而且附近没有障碍的情况下，站在第一块石板上击掌，可以听到一声回音响起；站在第二块石板上击掌，便能听到两声回音；站在第三块石板上击掌的时候，就能听到三声回音。而在其他的石板上击掌，不会听到回声。天坛第三处能听到回声的地方是回音壁。回音壁其实是皇穹宇的圆形围墙，墙壁是用磨砖对缝砌成的，坚硬而且光滑，对声波的折射十分规则，是很好的传导体。只要两个人分别站在东、西配殿后，一个人靠墙向北说话，声波就会沿着墙壁前进，传到一二百米远的围墙的另一端。无论说话声音多小，对方也能听得清清楚楚，而且声音悠长。在科学还不发达的古代，这个有意思的现象让人容易产生"天人感应"的神秘想法，使天坛更加显得神圣无比。

天坛非常大，面积差不多相当于故宫的四倍。除了各种建筑，天坛还种植了大量的苍松翠柏。深绿色在古代有崇敬、追念和祈求的意义，所以中国古代经常在坛、庙、陵墓等建筑周围种植大量的松柏。据统计，天坛仅古柏就有4 000株。

地坛

地坛是古都北京五坛中的第二大坛，始建于明代嘉靖九年（1530）。地坛坐落于安定门外东侧，与天坛遥相对应，离雍和宫、孔庙、国子监也不远。

与天坛相反，地坛是用来祭祀"地"的坛庙。作为一个皇家坛庙，地坛在明清两朝地位都非常重要，是中国现存最大的祭地之坛。坛内总体设计呈方形，别具一格，从整体到局部处处体现

地坛

着中国古代"天圆地方""天青地黄""天南地北""龙凤""乾坤"等传统

思想。1981年，北京市对坛庙进行修复，1985年正式开放，现存方泽坛、皇祇室、宰牲亭、斋宫和神库等古建筑。

昔日的皇家坛庙，现在已经成为游人休息、游览、娱乐的园林文化主题公园。每年一届的地坛春节文化庙会，是地坛最具特色的文化活动，在北京众多庙会中独树一帜，在海内外也产生了巨大的影响。

十三陵

除了各类神灵，祭祀祖先是中国人最为重视的另一祭拜事宜。陵墓是人死以后安葬的地方，普通人家能有个差不多的地方安葬就可以了，但帝王之家则对此非常重视。中国古代帝王陵寝，战国中期就已出现，但各个时代陵区规模的大小及建筑的设置各不相同。总体来说，宋朝以前的帝王陵寝都有很强的独立性，一个朝代的陵区是个整体，但每个独立的陵寝互不相连。明十三陵则不同，陵区之内，"总神道"长陵神道被各个陵墓共用，公用的牌坊、石刻群随处可见，整个陵区建筑紧密相连，形成了一个整体。

十三陵位于北京市昌平天寿山脚下，从永乐皇帝迁都北京以后，明朝一共有13位皇帝葬于此地，所以称为明十三陵。这块地是由明成祖朱棣选中的。之所以选择这里作为明朝的皇室墓地，是因为这一带青山绿水，是一片天然的风水宝地。

永乐十一年（1413）十三陵地宫建成，安葬了徐皇后，朱棣将其命名为长陵。从此以后，明朝历代皇帝也相继在这里建造陵寝，分布在长陵的左右。十三陵的修建经历了200多年，陵号按所葬皇帝在位的历史顺序分别为：长、献、景、裕、茂、泰、康、永、昭、定、庆、德、思。这里一共埋葬了13位皇帝、23位皇后、1位皇贵妃以及殉葬者数十人。这些陵寝加上7座嫔妃的坟园和一座太监墓，形成了世界上保存完整、埋葬皇帝较多的帝王陵墓群。2003年，十三陵被列入《世界遗产名录》。这十三座陵墓，现仅有长陵、定陵向游客开放，其中定陵地宫已发掘。

从陵墓的建设上看，十三陵的建制形态比较规整，一般由陵门、祾恩门、祾恩殿、明楼、宝成和宝顶等组成。长陵是十三陵的第一陵，所以长陵的中轴线也成为整个陵区的中轴线。

石牌坊是一个仿木结构的建筑，位于陵区最南端，在大宫门南，因此成为陵区开始的标志。

十三陵

大宫门是陵区的正门，也叫"大红门"。门有三洞，门口两侧有一个下马碑，上面刻着"官员人等至此下马"，意思是官员到此都要步行进入陵区，否则以大不敬论罪。下马碑是告诫人们这里是帝后陵寝，必须恭敬小心。大红门的正门则是用来运送帝后们的棺椁和神御物品进入陵墓的通道，左门是皇帝走的路，右门则是大臣们行走的道路。

大红门再往前走就是一座碑亭，四角为四个汉白玉华表。碑亭上有碑文，华表则是墓前的标志。

大宫门后有一条纵贯陵区南北、长7公里的神道，一直延伸到长陵陵门。这条神道本来是长陵专用，但因为其他陵的神道都是从长陵神道分出来的，所以又称为总神道。神道两侧有许多人工雕刻的人和动物的石像，叫作石像生，体现着帝王生前的威仪和死后的尊严。

神道的尽头就是棂星门，象征着帝后灵魂由此通过便升入了天堂。过了棂星门，就到达长陵。

长陵

长陵是十三陵中的第一陵，里面安葬的是明朝第三位皇帝朱棣和皇后徐氏，是十三陵中规模最大、营造时间最长、保存最为完好的一座陵墓。整个陵墓由三进院落组成，第二进院落内的祾恩殿是仿照紫禁城太和殿建造的，用来供奉帝后神位，祭祀活动也在这里举行。这里是明代帝王陵中唯一一处保存完好的院落，具有非常高的文物价值。第三进院落就是陵墓所在。一般来说，明楼和地宫是陵墓建筑最有特色的地方。长陵的地面建筑规模最大，被尊为祖陵，是十三陵之首，其地宫也应是十三陵中最为庞大和奢华的。但长陵的地宫目前还没有被发掘出来，定陵的地下宫殿是十三陵中唯一被打开的。

定陵地宫

定陵是十三陵中的第三大陵，里面安葬的是明代万历帝朱翊钧及孝端和孝靖两位皇后。除去与长陵相似的建制外，定陵的明楼和地宫很有特色。

明楼是每个陵的最高建筑，也是一个陵的标志性建筑。历史上从明末开始，定陵的其他建筑都遭到了严重破坏，只有定陵明楼还保存着，因为是石头建成的，不怕风吹日晒、雨淋火烧，看上去还非常完整。明楼的两侧连接环绕着周长800米的围墙，也就是宝城，宝城正中高大的土丘就是宝顶，宝顶的下面就是地宫了。

关于明十三陵的一些传说，通过发掘定陵就有了结论：定陵中没有传说中的伤人机关，也没有传说中的把皇陵修建者埋在陵墓中陪葬的事情。明陵

定陵地宫入口

中只有长、献、景三陵有人殉葬，后来就废除了。

除了墓地，十三陵周围的环境也非常值得一游。十三陵有很多古树，包括胸径167厘米的银杏树，胸径102厘米的油松和胸径146厘米的侧柏。最为奇特的是号称北京之最的"杜梨王"，本来是矮矮的灌木，在这里不但长得高高大大，而且形态奇特，就像一个乌龟驮着一个大石碑。更为奇特的是，每年四月谷雨时节，满树都是白花绿叶，非常素雅壮观。等到花落时节，片片白色花瓣随风飘落，落花纷纷，就像对逝去帝王的怀念，让人叹为观止。

第二单元
馆舍故居

热身任务：

1. 博物馆是一个城市历史文化发展的缩影。要了解北京的历史，你觉得去哪里比较好？

2. 说一说，你都去过哪些博物馆？这些博物馆的特点都是什么？

3. 在很多国家都有一些独特的收藏性质的博物馆，你见过哪些特别的博物馆？

4. 中国的作家你知道哪些？了解他们的生活和作品吗？如果想要更多了解你感兴趣的作家的真实生活，你觉得应该去什么地方？

打开北京市的谷歌地图，搜索"博物馆"，密密麻麻的小红点出现在地图上，这足以彰显北京这个文化古都的特色。这些博物馆静静地坐落在城市的各个角落，守卫着一方的文化。

1. 综合博物馆

国家博物馆

即使提前预约，也需要排队半小时；门票上不但有参馆时间，还有你的名字。这么特别的地方就是国家博物馆。

国家博物馆位于北京市中心天安门广场东侧，东长安街南侧，与人民大会堂呼应，是一座系统展示中华历史的综合性博物馆。博物馆在原中国历史博物馆和中国革命博物馆的基础上组建而成，2010年年底改扩建竣工。从外面看，建筑外形非常宏伟，有四根巨大的柱子，室内的大厅也非常宽阔，每层都有左右两个展厅，如果想走完所有的展馆可能需要一天的时间。

中国国家博物馆馆藏品数量120余万件，有48个展厅，是世界上单体建筑面积最大的博物馆，收藏了包括国宝级展品四羊方尊、后母戊鼎（河南）、人面鱼纹碗（陕西）等在内的众多标志性文物。馆内基本陈列以中国通史为主，有专题陈列、临时展览、常设展览、国际交流展览和捐赠品展览等不同形式，改扩建之后免费向公众开放。其中，北厅的"复兴之路"和地下的"古代中国"有很多文物，非常值得一看。更有意思的是，这里集中展出了毛泽东等几代领导人的收藏品，还有各个国家赠送的艺术品。二楼设有"世界各国油画展"，在这里仿佛可以观看整个世界的文化。其他还有钱币展、玉器展、家具展等，也各有特色。遇到有活动时，展览更加精彩。

国家博物馆

三星堆青铜面具

此外，中国国家博物馆下设北京新文化运动纪念馆，位于东城区五四大街29号，是建立在北京大学原红楼旧址上的纪念馆，2002年4月正式开馆，一般称为"红楼"。1919年，这里孕育了伟大的五四运动，在中国历史上有着非常重要的意义。

专题二 旅游北京

首都博物馆

如果说国家博物馆展示的文化是中华文化的荟萃，那么，首都博物馆的展示就是北京文化的缩影。首都博物馆从吃穿住用行各个方面展示了北京的历史。

1953年，首都博物馆开始筹备，1981年正式对外开放，原馆址在北京孔庙，新馆2001年兴建，2006年5月18日正式开馆。首都博物馆新馆位于北京市西城区复兴门外大街16号。首都博物馆外观大气庄重，内部则分为三栋独立的建筑，即矩形展馆、椭圆形专题展馆、条形的办公科研楼，三者之间设有中央大厅和室内竹林庭院。馆内展览陈列的主要是首都博物馆历年的收藏和北京地区的出土文物，以及北京历史、文物、考古及相关学科的最新研究成果，独具北京特色。

首都博物馆及其标志

首都博物馆的展览主要有基本陈列、精品陈列和临时展览三种基本类型，集中展出老北京的历史，展示首都新面貌，包括老北京的历史文化、民俗旧事和各类艺术品展览等。其中，《古都北京·历史文化篇》是首都博物馆展陈的核心，表现了恢宏壮丽的北京文化及不断递升并走向辉煌的都城发展史。

2. 专业博物馆

电影博物馆

中国电影博物馆2007年2月10日正式对公众开放，2008年3月免费开放，是目前世界上最大的国家级电影专业博物馆，是纪念中国电影诞生100周年的标志性建筑。

因建设年代较近，博物馆的建设运用了很多现代化的手段和技术，设备非常先进，并拥有丰富的展品，吸引了很多电影爱好者来参观。目前馆内收藏的电影拷贝、手稿、电影海报和电影器材等珍贵藏品3万多件，多以图片为主进行展览，还有部分实物观看和手动参与实践部分。电影博物馆中的藏品包括一切与电影有关的实物，其中，世界上第一部摄像机"卢米埃尔摄像机"的高仿真复制品一台，世界上总共也只有两台，是用原机器的剩余材料、按照当年的技法1：1复制。这个原件的"孪生兄弟"也是世界电影器材的极品，非常值得一看。

从总体上看，馆内分为电影展览区、博览区和电影放映区左右两大区，共有四层楼、20几个展厅，想来这里参观一定要有好的体力。

其中的10个展览厅按照时间顺序展出中国电影剧照、图片和资料文物等，展示中国电影历程和电影艺术家的成就；同时还根据战争、武侠、爱情、惊恐、喜剧、农村、动画、艺术等不同类别对展览内容进行分类。喜欢追星的还可以寻找自己各阶段的偶像。电影的发展当然脱离不了时代，观众在欣赏各类电影资料、海报、实物的同时，还可以顺便回顾一下中国社会的历史进程。

电影博物馆

10个博览区则展示电影制作技术和电影知识，揭示电影制作各个环节的秘密。从古代影像转动产生运动画面开始，到电影的拍摄、剪辑、制作等环节均做了全面介绍。观众可以从第一次可连续放映的画面开始参观，了解电影发展兴衰的历史、技术的进步，以及各种影片工业化的制作过程等，内容不但大而全，而且细而精，非常丰富。观众的参与性是博览区的主要特色，除了参观电影制作过程，观众可以亲自体验录音、拍短片等电影制作的乐趣；可以在蓝色的幕布前坐上摩托车，体验用电脑合成的方式拍摄出骑摩托车穿越喷发的火山的效果;在对白配音室中,观众还可以选择自己喜爱的经典台词,用自己的方式和风格去配音;在动效配音室中,观众能够用各种物品模拟出风雨雷电等的逼真音效。

电影放映区由5个电影厅组成。其中,有一个IMAX巨幕电影放映厅,经常有各种最新影片上映。能够在这样的环境中看电影也是非常过瘾的一件事情!

中国电影博物馆展示了中国电影的发展历程。在这里,可以博览百年电影科技、传播电影文化和进行学术交流研究,是了解中国电影的窗口。如果你也喜欢电影,就来这里看看吧!

汽车博物馆

汽车博物馆位于北京市丰台区,2011年9月23日正式对外开放,是中国第一个由政府主导建设的汽车类专题博物馆,也是北京国际汽车博览中心的标志性建筑。

汽车博物馆

汽车博物馆建筑本身很具现代特色,外形的设计就来源于汽车造型,极富张力和吸引力,动感的外形和柔和曲线的流线设计,像一只明亮的眼睛,寓意"放眼世界、面向未来"。博物馆建筑面积约4.9万平方米,设有汽车博览、主题展览、汽车科普、汽车娱乐、学术交流等13个功能展示区。

北京汽车博物馆的参观路线也别具一格,观众可以先搭乘电梯到顶层,然后有两条参观路线供选择,观众可以逐层参观,也可以随时变更参观路线。

五至三层是博物馆的主要展示区域,自上而下依据历史、技术和未来的主线,设有创造馆、进步馆、未来馆。五层创造馆回望历史,集中展示了世界汽车的发展史和中国汽车工业的发展历程,从轮子的发明到千年不变的马车出行再到改写历史的汽车诞生……包括红旗、奔驰等在内的经典车型,都能在这里一饱眼福。四层进步馆让你体验科技,馆内介绍了汽车的内部结构、工程技术、安全性能和设计生产的相关内容,有"汽车生产线"和"生产线之旅"两个沉浸式多媒体实时互动剧场,运用多媒体效果,向观众展示汽车的装配过程,用互动体验的方式带观众了解了汽车科技的奥妙。三层未来馆,展示一代人的汽车梦想。在科技的带动下,未来的汽车会有各种各样的创新和发展。如果你是个赛车迷,一定不要错过这里的"F1 驾驶体验剧场",这里提供一台六自由度仿真驾驶模拟器和两台三自由度模拟器,可以让参观者在视觉和操控的感觉上达到近乎完美的真实体验效果。

二层设有中国汽车工业经典藏品车展区,再现了中华人民共和国成立初期中国汽车工业在摸索中发展的激情岁月,同时还设有旅游纪念品区、餐厅及观众服务区域。一层则是会展区,设有国际交流、新车发布、会议、培训等展览辅助区域,以及临展大厅、会议厅、新闻发布厅、多功能厅等厅室。

博物馆内部项目设置富有创新性,着重突出知识性、参与性和娱乐性。一方面,通过展出数量众多的汽车相关展品,体现不同时代的汽车科技和汽车文化;另一方面,通过设立众多知识性、参与性、娱乐性的科普娱乐项目,让观众亲身参与和感受,展现汽车科技的无穷魅力和无限乐趣。为了吸引小朋友,这里还专门设置了儿童区。"儿童驾驶学校"设计了生动有趣的小游戏,让小朋友们在游玩中养成良好的交通行为习惯,形成汽车文明意识。

如果你喜欢汽车,想要更多地了解汽车,一定要到此一游。

紫檀博物馆

紫檀是一种颜色深紫发黑的硬木,属于热带植物,生长在东南亚一带,最适于用来制作家具和雕刻艺术品。紫檀树种十分稀少,一棵紫檀木要生长几百年以后才能够使用,而且很多紫檀树中间部分都是空的,只有空洞和表皮之间的那部分可以使用。所以自古以来紫檀都很珍贵,有"寸檀寸金"之说。

中国紫檀博物馆由陈丽华女士斥资近两亿元兴建,是世界上规模最大、藏品最丰富、档次最高的紫檀雕刻艺术博物馆,主要用来收集、研究、陈列展示紫檀家具、鉴赏中国古典家具。博物馆于 1999 年 9 月 19 日正式对外开放,位于北京东部的高碑店,占地面积 47 000 平方米,收藏着千余件用珍贵材质雕刻而成的宫廷木器艺术精品。

紫檀博物馆主体建筑本身就是一件艺术品,具有很强的中国古代官式建筑风格。主展馆共分五层,其中收藏展出的微缩中国古建筑景观是世上绝无仅有的珍品。由 12 块屏风组成的紫檀木雕《清明上河图》是博物馆的镇馆之宝,木雕以宋代画家张择端的《清明上河图》为蓝本,总重

紫檀博物馆

5 000多公斤，由陈丽华亲率 500 名技师花了整整两年时间才完成，被称为"东方艺术瑰宝"。此外，故宫角楼、御花园中的千秋亭和万春亭、北京四合院、山西五台山龙泉寺牌坊和山西万荣飞云楼等都是由珍贵的紫檀木制作而成。

博物馆不但是一个紫檀家具的珍藏和陈列馆，更是向世界展示中国紫檀文化的窗口，自开馆以来接待了世界各地游人及各国政要，受到极高的评价。同时，博物馆以紫檀为载体，架起了东西方文化交流的桥梁，在美国、韩国、日本、马来西亚等国家巡展，为中国传统文化的传播起到了积极的推动作用。

北京古观象台

北京地铁建设方案规划初期，路线要经过建国门元代古观象台。施工指挥部提出了拆迁建国门古观象台的方案。可是古观象台一旦被拆毁，一个重要文物遗迹就将永不复存。如果搬迁，也将对古往今来从现址观测到的天文资料、天体变化的宝贵数据等造成重大损失。对此文化和旅游部要求地铁改线，以保护古观象台。周恩来批示："这个天文台不要拆。"于是这座当今世界上保存天文仪器年代最早的古天文台就这样被保留了下来。

北京古观象台建于公元 1442 年（明正统七年），是世界上现存最古老的天文台之一，也是中国明清两代的皇家天文台。这里建筑完整、仪器配套齐全。明代这里称为"观星台"，放置了浑仪、简仪、浑象等天文仪器，并在城墙下建紫微殿。清代改"观星台"为"观象台"。我们今天所看到的 8 件古代仪器，包括赤道经纬仪、黄道经纬仪、天体仪、地平经仪、象限仪，纪限仪，地平经纬仪和玑衡抚辰仪都装备完毕。

1900 年八国联军侵入北京，曾把 8 件仪器连同台下的浑仪、简仪劫走，后来又逐一归还。1927 年，紫金山天文台筹建后，古观象台不再做观测研究。1931 年"九一八"事变后，日本侵略者进逼北京，为保护文物，将置于台下的浑仪、简仪、漏壶等 7 件仪器运往南京。现在这 7 架仪器分别陈列于紫金山天文台和南京博物院。

紫薇殿内有乾隆手书"观象授时"的匾额，东西厢房和晷景堂现在主要用于各种相关主题的展览，详细介绍了中国传统天文学的成就、天文与人文的关系和中西交流等。在古观象台院内各处，陈放着多台古代天文仪器，虽然都是复制品，但也能对中国古代天文学研究的成就有所了解。

北京古观象台在国外也享有极高的声誉，1982 年被列为全国重点文物保护单位，并于 1983 年重新对外开放。许多国家的政府首脑、高级官员和科学界同行如英国首相布莱尔、比利时首相伏斯达等都曾慕名前来参观考察。

3. 名人故居纪念馆

北京是六朝古都，很多名人都曾在这里居住。这些人在社会上都有举足轻重的地位或影响，现在虽已故去，但他们当年居住的地方却保留了下来，成为北京的一景，这就是所谓的名人故居，即各种著名人物的纪念馆。

北京的名人故居主要集中在东城、西城和宣武三个城区。这是因为当年北京城不大，出了现在的二环路就算是城外了。此外，老北京城的宅子有"东富西贵""北贫南贱"之分，东、西城的房子院落普遍比南城、北城好。民国以后，当年住在豪宅大院的王爷和官宦的后代，由于生活困难，纷纷卖房租房。于是，他们住过的宅子成了名人或买或租的住所。

北京的名人故居主要分三类：第一类是中国当代革命史上名人住过的宅院；第二类是近代和当代的文化名人居住过的房子；第三类是历史上有名的人的宅子。但是，有的名人不仅在一个地方住过，到底哪处应算故居？如李大钊生前在北京居住过的地方有5处，鲁迅在北京住过的有4处，老舍在北京住过的有10处。是不是凡是名人住过的地方都要算作故居呢？从目前确认为文物保护单位的名人故居来看，主要是以历史、文化、政治、住宅状况等因素作为依据的，一般只有一个被作为故居认定。

目前，北京的名人故居被列入国家重点文物保护单位的有两处，即宋庆龄故居，郭沫若故居；被列为北京市文物保护单位的有11处，即鲁迅故居、毛泽东故居、李大钊故居、孙中山先生逝世纪念地、朱彝尊故居（顺德会馆）、康有为故居、梅兰芳故居、程砚秋故居、齐白石故居、老舍故居、茅盾故居。

老舍故居

老舍（1899—1966）是中国现代著名作家、杰出的语言大师，被誉为"人民艺术家"，他的《茶馆》和《骆驼祥子》等作品都非常受广大读者喜爱。老舍故居位于东城区灯市口西街丰富胡同19号，是一座普通的小四合院，占地400余平方米。老舍先生在1950年买下了这里，并在此生活了16年，创作了许多优秀作

老舍故居

品。老舍喜爱养花草，院中的柿子树便是由他亲手种下的。秋天的时候，绿叶丛中缀满了红柿子，因此，老舍旧居又名"丹柿小院"。老舍纪念馆是在老舍故居的基础上建成并对外开放的。

小院进门处是一座造型别致的木制五彩小影壁，老舍夫人亲笔题写了"福"字。院子具有典型的北京四合院格局。现在院内有三个展厅，第一展厅主要通过大量珍贵的手稿、图书、照片及生前遗物展示老舍的一生。展览分为苦寒童年、糊口四方、成家立业、八方风雨、赴美讲学和人民艺术家六个部分。四合院的北房目前恢复为老舍先生家的生活原状陈列，为第二展厅，包括老舍的写作间兼卧室，各方人士来访用的接待室以及老舍夫人的画室兼卧室。在老舍的书桌上有两件非常珍贵的物品：一是齐白石先生为他刻的印章；一是清代李渔用过的砚台。第三展厅内摆放着一块写有"老舍辞世处"的石碑，老舍书房内书桌上的日历，也永远地停在1966年8月24日这一天。

郭沫若故居

郭沫若故居位于西城区前海西街，是一处占地7 000多平方米的庭院式两进四合院。这里的来头可不小，最早曾是清代官员和珅家的花园，嘉庆抄了和珅的家后这里就荒废了，后来恭亲王曾在这里养马。民国时期，这片地被卖给达仁堂乐家药铺作为宅院。1963年郭沫若迁居至此，在这里度过了人生最后的15年。目前故居内藏有郭沫若生前大量手稿原件，价值连城。

郭沫若生前在这里种植了很多花草树木，郭沫若的办公室、卧室和客厅都保持着原来的样子。四合院中的陈列室以"郭沫若的文学世界"、"郭沫若和中国史学"和"郭沫若的人生历程"等三个角度再现了郭沫若的人生之路。

虽然这里历经几个世纪的变迁，但是并没有留下任何清代建筑，只有大门西南方向的一眼水井是恭王府的遗物，重新修复后成为这座宅子历史变迁的见证。

鲁迅故居

鲁迅故居是一所普通的四合院，位于西城区阜成门内大街宫门口二条19号的北京鲁迅博物馆院内，是鲁迅先生1924年至1926年在北京时期居住的最后一处住所。当年鲁迅先生购买并亲自设计、改建了这里，是保存最为完整的鲁迅在北京的旧居。在此居住期间，鲁迅先生共写作、翻译、发表了230多篇文章，后来都分别陆续收入他的文集中。他还编译了大量刊物，为青年作者编选集、写序言、校改文稿和译稿，培养了一大批文学新人。

鲁迅博物馆在鲁迅故居的基础上建成，1956年开馆，是首批国家一级博物馆。博物馆的基本陈列为《鲁迅生平展》，全面展示了鲁迅一生的业绩。展厅正中雕塑上刻着鲁迅手书自传；展厅一层表现"什么是路"、"铁屋中的呐喊"、"麻木的看客"和"这样的战士"四个主题形象，为理解鲁迅精神提供启示；展览结尾为鲁迅葬礼盛况的大幅照片。除此以外，这里还有大量珍贵藏品，保留着中国重要的文化遗产，也是收集、整理和研究鲁迅文化的中心。

4. 各地会馆

会馆是旧时代科举制度和工商业活动的产物，许多历史名人都在会馆留下足迹。北京是全中国会馆最多的城市，老北京会馆也被认为是宣南文化、老北京文化的独特体现。

会馆大约起源于明朝，发展的鼎盛期在清朝。多数人可能觉得会馆类似于驻京办，其实它没有什么官方背景，更接近于同乡会。清朝时期，汉人不能在内城定居，城南成了进京赶考的举子和文人墨客居住的场所，老北京的会馆绝大多数都集中在原宣武区（现在为西城区）。

北京的大多数会馆，主要为同乡官僚、缙绅和科举之士居停聚会之处，故又称为试馆；北京的少数会馆和苏州、汉口、上海等工商业城市的会馆一样，是以工商业者、行帮为主体的同乡会馆。会馆最兴旺时，全北京有大小会馆600多个，在前三门，尤其是宣武门附近形成了大片的会馆区。南半截胡同7号的绍兴会馆，就在这片会馆区中。不过因1912年绍兴同乡鲁迅先生的入住，绍兴会馆从此与众不同。

绍兴会馆的建筑有"仰级堂""涣文萃福之轩""藤花别馆""绿竹舫""嘉阴堂""补树书屋""贤阁""怀旭斋""一枝巢"等。鲁迅先生1912年5月第一次来京就住在"藤花别馆"，住房的东边有藤花池；1916年5月又迁入了"补树书屋"，《狂人日记》《孔乙己》《药》《一件小事》等著名作品，全部诞生于"补树书屋"。

如今，在绍兴会馆门前，除了原宣武区政府设置的一块铭牌——"宣武区文物保护单位"，另有一块简介牌，已完全看不出这座昔日会馆与附近大杂院的区别。

湖广会馆

湖广会馆或许是北京人最熟悉的老北京会馆了。

北京湖广会馆始建于1807年，坐落在西城区虎坊桥西南角，东为虎坊路，北临骡马市大街。湖广会馆是湖南、湖北两省来京人士为联络乡谊而创建的同乡会馆，已有200年历史，是北京仅存的建有戏楼的著名会馆之一。戏楼在会馆的前部，北、东、西三面有上下两层的看楼可容纳千人，清末民初,谭鑫培、余叔岩等均在此演出过。1996年5月8日,北京湖广会馆大戏楼正式对外开放,也让这里成为北京按原有格局修复并对外开放的第一所会馆。湖广会馆里除了戏楼,还有博物馆和私家菜馆。其中,私家菜馆以两湖风味为主。据工作人员介绍,每周三到周日,菜馆的包间生意很好。

北京湖广会馆

花10块钱就可以购票入内,但门口的数块铭牌显示,这里已经不是一个简单的会馆,其拥有"国家级旅游景区""北京市爱国主义教育基地""北京市青少年教育基地"等多重身份。

其实,北京城现存的多家会馆多数为文物保护单位,它们很多已经像绍兴会馆一样淹没在大杂院中,极少一部分像湖广会馆那样成为知名景点。会馆的明天在哪里?保护、开发,还是闲置?或许是每一个北京人都可以参与思考和讨论的话题。

第三单元
胡同四合院

热身任务：

1. 每个国家和城市都有自己的建筑特色，说说你们国家有什么特色住宅形式？
2. 你知道老北京的胡同和四合院吗，都去过哪些地方？
3. 说一说，你觉得老北京人的生活应该是什么样的？
4. 如果让你选择，你是愿意住在四合院还是愿意住在楼房里？
5. 学习歌词，听歌曲《北京胡同》，说说听后的感觉。

到北京，除了参观代表皇家气象的各种宫廷建筑，必不可少的就是逛逛老北京的胡同四合院，这是老北京平民城市文化的典型代表。老北京胡同的走向多为正东正西，宽度一般不超过9米。胡同两旁是一种由东西南北四座房屋以四四方方的对称形式围在一起的建筑物——四合院。

1. 胡同

胡同是北京特有的一种古老的城市道路，其实和上海的弄堂相似。但北京的巷子笔直而细长，上海弄堂的马路则是弯弯曲曲，这也是南、北不同的文化造就的街巷特色。

北京的胡同最早起源于元代，明、清以后又不断发展。按照明代创设、清朝沿用的规制，北京全城分为36坊，坊下分牌，牌下设铺，铺下才是胡同。大大小小的胡同纵横交错，"织"成了老北京景观。北京城的古都文化、民俗和市井风貌也被人概括为"胡同文化"，正所谓"有名的胡同三千六，没名的胡同数不清"。据记录和梳理北京城变迁历史的《城记》一书记载，中华人民共和国成立初期，北京有胡同7 000多条。随着旧城区改造速度的加快，胡同以每年上百条的速度消失，到20世纪80年代变成了3 900多条，现在只剩下不足1 000条。伴随着高楼大厦和居民楼的崛起，如今胡同的分布越来越集中，成了不可重复的历史缩影。

老北京胡同，每条都有一段故事传说，胡同的名称五花八门，包罗万象，但又有一定的规律：有的以人物命名，如文丞相胡同；有的以市场、商品命名，如金鱼胡同；有的以北京土语命名，如闷葫芦罐胡同等；还有以江河湖海（大江胡同、河泊厂胡同、团结湖、海滨胡同）、山川日月（图样山胡同、川店胡同、回升胡同、月光胡同）、人物姓氏（张自忠路、贾家胡同）、市场商品（菜市口胡同、银碗胡同）、工厂作坊（打磨厂、油漆作胡同）、花草鱼虫（花枝胡同、草园胡同、金鱼胡同、养蜂夹道）、云雨星空（云居胡同、雨儿胡同、大星胡同、空厂）、鸡鸭鱼肉（鸡爪胡同、鸭子店、鲜鱼口、肉市街）等命名，许多名字沿用至今。

胡同从外表上看都差不多，但内在特色却各不相同；是百姓们出入的通道，更是一座座民俗风情博物馆。胡同一般距离闹市很近，可谓闹中取静，并在当代社会成为北京文化的载体。老北京的生活气息就在这胡同的角落里，在这四合院的一砖一瓦里，在居民之间的邻里之情里。夏天有老头下棋，背靠树荫；冬天有拉车的运蜂窝煤。闲来无事，尝尝正宗的小吃，门钉肉饼、褡裢火烧、爆肚炒肝应有尽有，满是老北京生活的回忆。外地人只有身处其中才能有深切的体会。

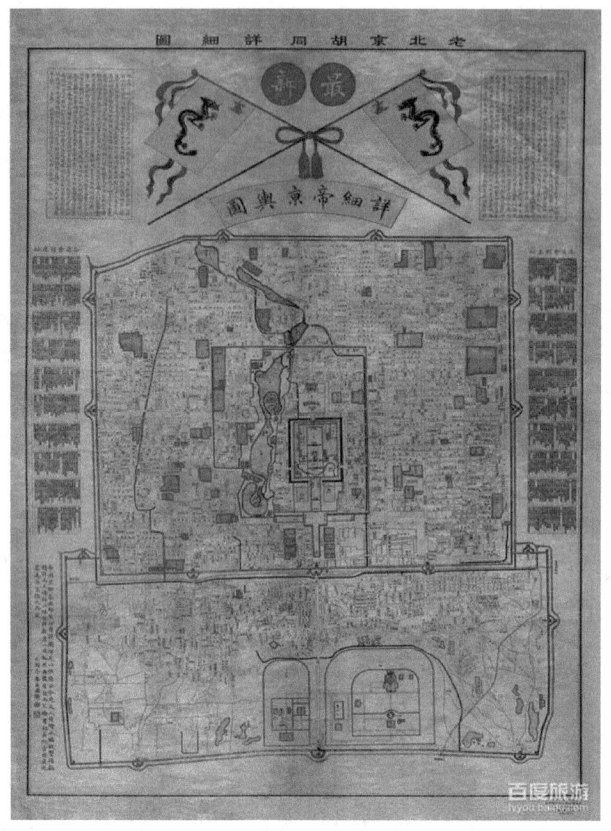

老北京胡同全图

2. 四合院

与胡同伴生的就是四合院。"天棚鱼缸石榴树,先生肥狗胖丫头""凉席板凳大槐树,奶奶孙子小姑姑"。这些都是描述老北京胡同生活的句子。四合院,顾名思义,就是由四组房屋以方形组合而成的院落。"四"指东、西、南、北四面,"合"即四面房屋围在一起,形成一个"口"字形的结构。经过数百年的营建,北京四合院形成了特有的京味风格,不但历史悠久,还有着自己独特的文化内涵。没有到过北京四合院的人,往往会产生这样的想法:这样的院落有什么稀奇呢?应该没什么意思吧?其实不然。虽然都是方正的四组房屋,但内部却有各种变化。

典型的四合院,都是南北对称的,而且都是单独封闭的。由四面房屋固合起一个庭院,成为院落的基本单元,称为一进四合院;两个院落为两进四合院，三个院落为三进四合院，依此类推。四合院的大体分布为大门、第一进院、大堂、第二进院、书屋、住宅等，两侧有厢房，各个建筑之间通过走廊、隔扇门相连接。明清之际，四合院是没有贵族身份的人居住的地方。但清朝后期有了很大变化，非常灵活，往大了扩展就是皇宫、王府，往小了收缩就是平民百姓的住宅，辉煌的紫禁城和普通的民居都可以是四合院。

北京正规的四合院，方位上以东西方向的胡同北面最为理想。基本形制是北房（正房）、南房（倒座房）和东、西厢房分居四面，四周再围以高墙形成四合，开一个门。

大四合院习惯上称作"大宅门"，房屋设置可为五南五北、七南七北，甚至还有更多正房。大四合院一般是复式的，由多个四合院向纵深相连而成。四合院的顶棚都是用高粱杆作架子，外面糊纸。

四合院平面图　　　　　　　　大四合院平面图

四合院的所谓"合"，实际上是"院内东、西、南三面的晚辈，都服从北面屋子居住的家长"的含义。四合院，尤其是多进的四合院有很多间屋子，一般里院是最重要的部分，是正式住宅，当中一间是会客厅兼餐厅，两边则是卧室。除了居住之所，四合院还包括门房和偏院等附属建筑，其中最有特点的是影壁和垂花门。推开四合院的院门以后，可以见到一个门洞，门洞前方是一道不可或缺的影壁。影壁既可以遮蔽视线，避免从外面直接看到内院，又让整个院子看起来比较精致，不太沉闷。而里院外院之间更有院门分开，这就是所谓"垂花门"，一般是四合院中工艺水平最高、最有文物价值的部分。

四合院是封闭式的住宅，对外只有一个街门，关起门来自成天地，具有很强的私密性，非常适合独家居住。四合院中间是庭院，一般用来植树栽花，饲养金鱼，是四合院布局的中心，也是人们穿行和休息的场所，一家人在里面和亲和美，其乐融融。

四合院庭院

如今在北京要找一套原模原样的中小型四合院已经很难，普通老百姓住的四合院早就改建得乱七八糟了。好一些的是那些高干名人的故居或现居，但也多有改造。而大型四合院，像过去的王府大宅倒还有几座，其中辟为博物馆和公园的保存得最好，其他的则不多见了。

3. 典型胡同四合院

南锣鼓巷区

走在北京城，过了地安门外大街，对街便是以南锣鼓巷为主干的胡同群。锣鼓，本来称"罗锅"，可能是由于不太好听，美化成了"锣鼓"，据说在清代乾隆十五年绘制《全城全图》的时候，就已经正式更名为"南锣鼓巷"了。近年来这里成为北京最热闹的胡同区，也是最时尚的小资胡同区，没事时来这里逛逛小店，吃碗奶酪，再找家小店坐坐或者寻个特色餐馆大吃一顿，非常惬意。

南锣鼓巷牌楼

南锣鼓巷胡同区是北京最古老的街区之一，也是规划中的25片旧城保护区之一。巷子南北走向，北起鼓楼东大街，南到地安门东大街，全长800米，与元大都同期建成，完整地保持着当时的规模，是目前保存下来的品级最高、资源最丰富的胡同民居区。这里与皇城只有一街之隔，相对于红墙金瓦的皇家文化，这里的灰墙灰瓦，以及胡同、四合院、绿树，更是一种民间风韵的体现。在这里，还可以寻到很多历史名人的足迹。巷子并不宽，大约8米左右，青砖路面。两边的建筑大都是平房，青砖灰瓦，门牌装饰讲究，很多房子有精美雕刻，古朴典雅。

南锣鼓巷胡同

南锣鼓巷两侧的胡同较为对称，因此也有人把南锣鼓巷称为"蜈蚣巷"，说的是两边对称的胡同好像蜈蚣的两排爪子一样。无论是在南锣鼓巷还是在两边延展出的"蜈蚣爪子"，随处都可以见到精致的门楼。这里自明清开始就已经是名门望族、富豪士绅的居住地，也就相当于当时的富人区。所以，这里的四合院结构本身就相对清晰、美观，既有民房的特点，又有相当的规模，保存得也相对完好。周边的经典胡同很多，从南至北，两边依次整齐地排列着八条胡同：从南向北，东边的八条胡同是炒豆胡同、板厂胡同、东棉花胡同、北兵马司胡同、秦老胡同、前圆恩寺胡同、后圆恩寺胡同、菊儿胡同；西面的八条胡同是福祥胡同、蓑衣胡同、雨儿胡同、帽儿胡同、景阳胡同、沙井胡同、黑芝麻胡同、前鼓楼苑胡同。下面我们一一介绍一下。

炒豆胡同

进南锣鼓巷南口东面的第一条胡同，是炒豆胡同。

东棉花胡同

顺着南锣鼓巷往北走，东边的第三条胡同是东棉花胡同。进口往里走一段，路北就是中外闻名的中央戏剧学院。中央戏剧学院原是段祺瑞政府陆军总长、代理国务总理靳云鹏的旧宅。这座中国研习舞台和影视表演的顶级大学，占地面积真不算大，连同实验剧场在内，只占东棉花胡同和北兵马司胡同之间西部的一部分。但是，庙不在大，有神则灵。这里培养了许多话剧与影视明星，陈宝国、陈道明、姜文、巩俐、章子怡等诸多明星都曾在这里学习、生活。

东棉花胡同 15 号的拱门砖雕不得不看,这里的四合院是一个三进格局,市级文物保护单位。原来的大门已拆除,垂花门也改建成一间房子,二门为砖雕拱门。门为拱圆形,高 4 米余,宽 2.5 米左右,上面刻着花卉走兽,顶部有朝天栏杆,栏板上雕着"岁寒三友"松、竹、梅,拱门外两侧雕有多宝阁和暗八仙图案,非常漂亮。

菊儿胡同

这里的四合院是新式四合院,是对传统四合院改造的一个尝试。设计师把平房四合院改造成了楼房四合院,曾获得过联合国人居奖。

寿比胡同

胡同 6 号,该院曾是晚清时期荣禄父亲的故宅,荣禄即出生在此。院子原规模很大,整个宅第可分为三部分:西为西式楼房,中为花园,东为住宅。

帽儿胡同

帽儿胡同,就是一个精致四合院的组合体。整个四合院建筑群阔气壮观,其附属的影壁、砖雕、门墩也多保存完整,造型精致。

帽儿胡同位置方便,东起南锣鼓巷,西至地安门外大街,北与豆角胡同相通,南与东不压桥胡同相通。与其前端相连的就是著名的菊儿胡同,尾上那边是有名的烟袋胡同。所以您要是想来此游览,感受老北京城的那种气息,帽儿胡同是不错的选择。帽儿胡同 7 号、9 号、11 号院,是京城保存最好且最富代表性的私家园林之一。最特别的是这里的花园,按照苏州拙政园和狮子林的样子建成,凉亭、假山、拱桥、花草树木丰富漂亮。13 号院为冯国璋故居;35、37 号院俗称娘娘府,其实是清宣统皇后婉容的娘家;45 号院原为清代提督衙门。除此以外,帽儿胡同现存完好的四合院还有帽儿胡同 5 号、帽儿胡同 9 号(可园)、帽儿胡同 21 号(梓潼庙文昌宫遗址)等。

板厂胡同

板厂胡同是东侧具有代表性的胡同,其最突出的两个元素就是大院与老树。从南锣鼓巷一进入胡同,就会有这种感觉,两侧的大树使巷子的一多半处于阴凉之中。夏天的午后,院落旁的大树下,老人与孩子在这里玩耍聊天,场面特别温馨。相比于南锣鼓巷的喧嚣,这里则更安静,更生活化。

板厂胡同西段 27 号是这条胡同的精品院落之一,院内有影壁、抄手廊等,门口挂着文物保护单位的牌子;院子斜对面的 30 号曾是僧格林沁府的北门所在,大门在南侧的炒豆胡同,这里只是后门而已。板厂胡同的中段南侧有一堵完整的一字影壁,影壁上清晰地写着"鸿禧"二字,后人涂了新漆。像这样保存完好的影壁十分少见。板厂胡同的东段南侧还有一个 14 号院,同样是个不错的四合院,现在这里是都江堰私家菜馆。板厂胡同 34 号,原为北京市文物保护单位——"僧王府"的后院,在胡同西口内南侧,坐南朝北,原有房屋16.5间,建筑面积372.7平方米,房屋均为带廊檐的卷棚式筒瓦房。看到这些院落和门楼,不禁使人联想这里曾经的主人何许人也。

北兵马司胡同

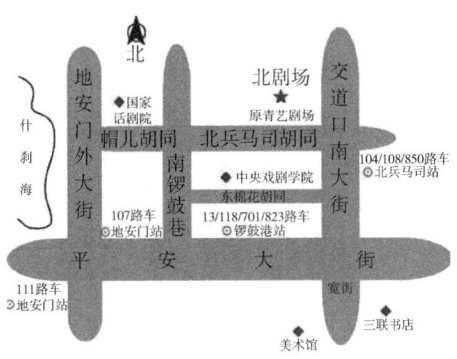

北兵司马胡同位置图

北兵马司胡同的特殊和出名不在胡同本身,而是因为胡同里有个北兵马司剧场。这个剧场在圈内极具影响力,是很多青年戏剧导演的梦工厂,曾上演《三毛钱歌剧》《恋爱的犀牛》《玩偶之家》等多部著名剧作。除此之外,一个新的戏剧文化圈也在此基础上逐渐形成,附近成了各种戏剧人聚会的场所。如果你走进附近的某家酒吧,也许他们正在讨论与戏剧有关的话题呢。

景阳胡同

景阳胡同全长292米,清代称为井儿胡同,胡同两侧以普通平房为主。断拐角处的7号院内影壁保存完好,院子对面则是帽儿胡同的可园,从这里可以看见可园的一些建筑细节。

沙井胡同

沙井胡同是南锣鼓巷文化群的一个重要组成部分,从胡同一直往西走,就能到什刹海。

黑芝麻胡同

黑芝麻胡同位于南锣鼓巷内,明代时称为"何纸马胡同"。13号院是一座建在七级台阶上的带花园的五进院落。院子最大的特点就是走廊的廊柱和各房的檐柱都比《营造则例》上规定的要粗大得多。该宅最早的主人奎俊是京城四大财主之一,是荣禄的叔父,曾任刑部尚书、四川总督。民国时期,外交总长顾孟余曾在此居住。9号和15号院的雕饰、门墩也很棒。

前圆恩寺胡同和后圆恩寺胡同

圆恩寺胡同因圆恩寺而得名,无论是前圆恩寺胡同还是后圆恩寺胡同都值得一看。前圆恩寺胡同的31号院对面有个一字影壁;后圆恩寺胡同的7号和 9 号院是蒋介石故居旧址，是一座中西合璧的四合院，在北京地区非常少见。胡同 13 号是茅盾故居，茅盾生前在此生活了很长时间，也在这里创作了不少家喻户晓的作品，现在为茅盾纪念馆。

前鼓楼苑胡同

前鼓楼苑胡同 7 号院"秦唐府七号院"是一家四合院酒店，是南锣鼓巷地区保存最完好的四合院，经历了 300 年的历史沧桑，散发着古朴而神秘的气息。据史料记载，清朝乾隆皇帝将这座院落赐给了战乱中有功的将领，之后很多名人在此居住。主体建筑始建于 1530 年（明朝嘉靖年间），现存的完整四合院建筑为 1750 年所建（清朝乾隆年间）。前后共三进院落，占地 2 000 平方米，建有垂花门、正房、厢房、耳房、后罩房等。院内有游廊环绕，后代的修护也保持了建筑的"原汁原味"。作为酒店，这里只有 19 间客房，但每个房间都散发着绝对的京味儿，吸引着国外游客，焕发着独特的魅力。

东不压桥胡同

东不压桥胡同历史悠久，它的兴衰史折射了古都北京的变化和发展。元代时通惠河之水经过东不压桥胡同流入城里的积水潭，货物运送也经过这里，因此这一带的商业慢慢繁荣起来，两岸也日渐兴旺，人越来越多，形成成片的民居。因为运河改造，一些房屋被拆迁，但是胡同 28 号詹天佑故居却得以保存。这里具有很强的生活气息，垂注花纹和门前的上马石相当精美，雕刻精致，是不可多得的精品。

现在，南锣鼓巷已经是北京一条非常有特色的酒吧街。整条酒吧街以四合院小平房为主，门前高挂小红灯笼，装修传统、自然、纯朴，有浓厚的四合院氛围和格调。与三里屯、后海不同，南锣鼓巷的酒吧大多比较安静，让人身居闹市却远离闹市的喧嚣，感觉更贴近于生活。现在的南锣鼓巷，已经不完全是老北京的面貌，时尚小店、文雅书屋、咖啡屋、酒吧比比皆是，融合了新鲜元素后反而有种独特的魅力。因此，这里是许多时尚杂志报道的热点，不少电视剧在这里取景拍摄，许多国外旅行者把其列为在北京的必游景点。这里成为看胡同、赏古都旧貌、逛时尚小店、喝咖啡、泡酒吧、看书、聊天儿、休闲的好去处。

坐上小三轮游胡同，听三轮师傅兼职业胡同导游边走边说，感觉非常舒服；游览胡同的时候如果能租辆自行车代步同样是件惬意的事情。板厂胡同东段有家侣松园宾馆，这里有租赁自行车的业务，全天 30 元；东首南侧也有一家小店可租自行车。行走在路上难免被路上的店铺吸引，文宇奶酪、过客披萨都是你不可错过的美食。

什刹海区

俗话说"先有什刹海，后有北京城"。什刹海是目前老北京风貌保存得最完好的地方，这里的胡同和四合院组成了老北京的历史，连同周围很多的王府和花园，成为北京主要的商业活动区。

什刹海也写作"十刹海"，四周原有十座佛寺，故有此称。元代这里叫"海子"，水面宽而长，明初缩小，后逐渐形成西海、后海、前海，三海水道相通。自清朝起这里就成为游乐的地方，又因风景优美，成为燕京胜景之一。现在，这里已经成为北京最著名的浪漫之所。临水而建、纵横交错的胡同，岸边灯火通明的酒吧，还有梅兰芳纪念馆，宋庆龄、郭沫若等人的故居，著名的恭王府、醇王府、阿拉善王府、庆亲王府、涛贝勒府等王爷府，使整个胡同成为"北京名人文化坐标"。白天若天气晴好，可以乘坐特制的三轮车，逛逛什刹海畔的古老胡同，感知温馨的四合院、奢华的王爷府；还可以乘坐橹船观赏迷人的三海风光，骑上双人自行车细细品味这里的文化。夜幕降临后，在这里可以好好体验一番夜北京酒吧里的奇妙风情。

游览什刹海地区，不能错过几座著名的桥。烟袋斜街的西口南侧是著名的银锭桥，银锭桥连接后海与前海，站在桥上可直望西山。"银锭观山"还是燕京小八景之一。这里是当年摄政王载沣进京的必经之路，汪精卫曾在桥下埋炸弹行刺载沣，使银锭桥更加出名。前海东侧有金锭桥，位于什刹海东岸的出水口处。在地安门外大街上，有后门桥，最初名叫万宁桥，位于北京城南北中轴线的北部，是元朝城内通惠河上游重要的通水孔道，也是研究元代北京漕运的重要实物。现在银锭桥和金锭桥已成为游览什刹海的必到之地。

除此以外，就是各种各样别具特色的胡同四合院。这里的胡同区，尤其是后海附近的，大都是以前皇亲贵族的住所，现在更多地成为人们的一种回忆所在。许多外地以及国外的游客来到北京，除了去故宫、北海参观，也都不会错过游览北京后海的胡同。

什刹海胡同街景

烟袋斜街

烟袋斜街为东北、西南走向，是北京城最古老的斜街，拥有600多年的历史。斜街全长近300米，2007年被列为重点建设的八条特色商业街之一，也是北京最古老的一条商业步行街。从这里出西南口拐弯就可看到著名的燕京八小景之一的"银锭观山"。

据明朝时的《京师五城坊巷胡同集》记载，这条胡同原叫"打鱼厅斜街"，清乾隆年间被称为"鼓楼斜街"。后来，烟袋斜街上开了很多出售烟袋的商铺，其中一家名为"双胜泰"的烟袋铺，在门前树立了一个五尺高的木质大烟袋作为幌子，曾经名扬京城，清末时胡同改名"烟袋斜街"。烟袋斜街本身就像一只烟袋，细长的街道好似烟袋杆儿，东头入口处像烟袋嘴儿，西头入口通往银锭桥，看上去活像烟袋锅儿。以"烟袋"命名斜街，可谓名副其实。

烟袋斜街牌楼

辛亥革命以后，烟袋斜街变成了一个古玩市场，当时有说法称"南有琉璃厂，北有烟袋斜街"。在烟袋斜街内曾有龙王庙及广福观等古迹，现在龙王庙已经被拆除，广福观尚保存完好，但已经变成民居兼酒吧了。

烟袋斜街两侧建筑朴素典雅，明清传统风格夺人眼目，"前店后居"的形式呈现出深厚的市井风情和浓郁的老北京特色。烟袋斜街上还有很多四合院和三合院。烟袋斜街不但是北京一条古老的商业街，同时也是一条古老的文化街，到处充满着文艺气息。这条街拥有62个商户，分别经营各种特色小店，小店的东西都很精致，多为刺绣、风筝、字画、古玩等

烟袋斜街街景图

一些中国传统的手工艺品。这里的老北京气息让人着迷，曾留下不少文化名人的足迹。

大小金丝胡同

金丝胡同旧时统称为"金丝套地区"。这里原是一个美丽的小岛，岛的四

周便是前海、后海、月牙河。只是后来月牙河被覆盖，成为今天的柳荫节和前海西街，这里就成了"半岛"。这里有18条曲折的胡同依次排列，是什刹海景区中保存最完好的老街巷。大金丝胡同北还有小金丝胡同。关于得名，有一种说法认为这里是明朝织染所的位置，故得名"金丝"。但实际上织染所的位置在新开胡同附近，所以一些人认为这种说法并不正确。另一种说法认为很可能与胡同的形状有关。

从银锭桥下来往南走，就是大金丝胡同的东北口，胡同两旁的四合院错落有致，人力车在胡同里穿梭往来。院子里的老人拿个马扎，坐在街边，晒太阳、聊天、下棋、看报纸，孩子们则围着老人嬉笑、打闹、捉迷藏。在当今的老北京胡同中，这种现象并不多见，在大小金丝胡同里却是最为平常的一幕。

大金丝胡同12号，是一个很特别的门楼。这里因被载入全球最知名的自助游工具书《孤独的星球》而被众多外国游客所知。据说这个院子是什刹海一带唯一给游客住的四合院，住客中外国人居多。这里还曾多次上过国外的电视节目。院子的主人姓荆，满族人，当年老辈人以十匹布把这家院子买了下来，当时的院子是现在的两倍大。

金丝胡同的大宅门不多，有些人对这里不太感兴趣。但在金丝套地区到处走走，用心感悟，你会发现，门楼的大小并不是衡量四合院的唯一标准。

后海北沿

后海是什刹海的精华所在，现在的后海南沿已成为酒吧的势力范围，而北沿则保留了较多的人文历史遗迹，有大量名人故居。

最值得一看的是46号宋庆龄故居。宋庆龄于1963年迁居于此，在这里工作、学习和生活了近20年直至离世。故居内展示了她的生平，陈列着她的生活用品，并保留了原建筑的格局。这里原来是醇亲王的摄政王府花园，因此保留了大量的古建筑，清朝末代皇帝溥仪就诞生在醇亲王府。原花园内的南湖、南楼、抄手游廊、凉亭、听雨屋等都得以保存下来，记载着古代及近代两个历史时段的故事。

宋庆龄故居的东侧是醇王府的主体部分，里面的北府是北京保存最完整的王府之一。再向东走，是现在的后海幼儿园。这个院落曾经是大藏龙华寺，为后海北边大石桥胡同拈花寺的下院，其后殿是保存较完整的小型寺庙。

与人文历史为伴的是后海北沿优美的风光。从院子里出来，后海就在眼前了。街道紧靠着水面，街道上垂柳依依，游人在这里远望，恋人们则喜欢坐在栏杆旁的石凳上相互依偎……

兴华胡同

因为与后海有了一段距离，兴华胡同不像后海周边的其他胡同那样曲曲折折，整个胡同几乎是笔直的。最特别的是，这里街道规整，大宅院众多，随处可见精致的门楼和粗壮的大树，这在后海区域是不多见的。

从东头走过去，进胡同后很快就会发现8号院，门楼、门联、门墩都很气派、完整。8号院斜对面就是13号院——一座典型的老北京四合院，门前有四级石阶，门上的油漆已经很旧，但两边的对联"忠厚传家久，诗书继世长"仍清晰可见。门前原有一对石狮，进入大门就是影壁。这是一个两进的院落，两株有几十年树龄的海棠树，春天繁花似锦，秋天红果累累。值得一提的是，除了居所，这里还有一个巨大的书房，藏书四万多册，还收藏了多位古代书法家的作品。因许多文人曾经在此居住，与其他的四合院相比，这里更多了一些书香气。

兴华胡同的另一段精华在西首，这里大树苍天，老宅众多。25号宅就是其中的精品之一，无论是精致的抱鼓石，古朴的宅门，还是门前散落的上马石，都显示着居住者当年特殊的地位。有人说这是李鸿章当年买下的私宅。尽管目前还有没有什么历史资料能印证这种说法，但它的与众不同是不争的事实。

南官房胡同

南官房胡同在后海南侧，前海西侧，不宽不窄，恰到好处，整体感觉很棒，尤其是南首路口处，很有北京胡同的味道。

南官房胡同39号是首户获得"奥运人家"的民宅，以青花瓷盘标志。这里是一个400多平方米的四合院，走进红色的大门，院中茂盛的葡萄藤架下摆放着汉白玉的圆形石桌和石凳，房前的小鸟，石榴树上的蝈蝈，缸中嬉戏的金鱼，使得古朴清新、京味浓郁的四合院里一片生机盎然。拐角处的49号院在春夏季会被绿藤围绕，它们爬出墙头，十分有趣。

龙头井街

龙头井街胡同位于北海后门，是北京保存较好的胡同之一。唐朝时此处已经有人居住，称龙道村，距今已有1 000余年历史。新的龙头井标志，醒目地建在胡同东口。老北京有两个药王庙，一南一北，北面的一处原在旧鼓楼大街，南面的一处就在龙头井街南端，位于地安门西大街73号的香港驻京办事处，保存了主体建筑风格。42号院则是建于清代的天寿庵。整条街道有着浓郁的生活气息。

大翔凤胡同

大翔凤胡同位于恭王府的北墙外，感觉十分古老。其中24号是有名的梅府家宴，是环境优美的三进院落，光一棵枣树就有240年的历史。6号则是曹雪芹故居。大翔凤胡同南北走向的一段中，有个3号院，院内有座小楼，著名女作家丁玲曾住在这里。

大石桥胡同

大石桥胡同61号是拈花寺。此寺在明万历年间建成,原名千佛寺,有一尊明代所铸的古铜佛。目前该寺山门完整,"敕建拈花寺"等字刻清晰,钟鼓楼、藏经楼等都保存了下来。山门就在胡同路边,但寺内被社会单位占用,不对外开放。

鸦儿胡同

鸦儿胡同沿着什刹海的北岸蜿蜒向西,与后海北沿平行,一直延伸到后海西沿的甘露胡同。胡同全长820米,是北京城中比较长的胡同之一。这里在元代称"沿儿胡同",为后海北沿,也是后海附近的经典胡同之一。

胡同31号是广化寺,是旧京名刹之一,清咸丰年间重修,曾一度成为"京师图书馆"。寺院保存完好,仍在使用,是北京佛教活动的重要场所之一,也是北京市佛教协会所在地。该寺对游人开放,免收门票,但是开放时间限阴历每月初一和十五。胡同9号是传奇作家萧军的故居,北京城内最著名的一座石桥——银锭桥在胡同东头。

近年来,随着商业开发的加快,整个后海沿岸成为北京继三里屯酒吧街之后的第二大酒吧聚集区。鸦儿胡同因为临湖而建,风景优美,很多房舍被改建为酒吧,再也找不到当年安静平和的景象了。

定阜街

严格来说,定阜街称不上是胡同,是条大街。1号是辅仁大学旧址,这是一座中西合璧式的大楼,大门内绿树成荫。从正门穿过,便可以来到后花园,那里植有很多棵松柏,与回廊一起,非常古朴。很多电影的外景都在这里拍摄,电影《手机》中的一场戏就是在辅仁大学旧址的后花园拍摄的。3号是清庆亲王奕劻的府邸,规模宏大,很是壮观。

后海南沿

后海南沿已经成为酒吧一条街,很有情调,水边风景极好。这里36号的丰泰庵值得一看,是目前保存较好的小型佛庵之一;26号是文史专家张伯驹的故居。

除了之前介绍的各种院落,什刹海胡同区还有一处不可错过的院落,那就是恭王府。恭王府算得上是名人故居当中最有名的了,是目前世界上最大的四合院,既有中轴线,也讲究对称,是北京保存最完整的清代王府,有着"什刹海明珠"的美誉。

恭王府由多进四合院组成,分为府邸和花园两部分,占地面积6万多平方米,其中已经开放的花园有28 860平方米。花园十分讲究,叠石假山、曲廊亭榭、池塘花木等应有尽有,既有皇室风范,又有民间的清雅。王府中最重要的建筑是锡进斋,仿照紫禁城中的宁寿宫所建,最深处有一座两层的后罩楼，后墙有88扇窗户，里面有108间房，俗称"99间半"，取"届满即盈"的意思。

恭王府全景图

除了浏览这些著名的胡同四合院，什刹海景区每年还举办一届什刹海文化旅游节。其中"三轮车胡同游"及"什刹海——老北京深度之旅"已成为北京旅游品牌。"游王府、逛老街、访古刹、观故居、登城楼、转胡同、尝家宴、泛轻舟、泡酒吧、住四合院"等旅游项目，为游客提供了地道京味文化的体验。

国子监街

国子监街是一条东西向的胡同，清代叫"成贤街"，因孔庙和国子监在此而得名，又称"国子监胡同"。虽然街两端的牌楼上写着"成贤街"，但大多数人都还不知道成贤街就是国子监街，此街1965年称国子监街。2008年6月14日，经过修缮的北京孔庙和国子监博物馆正式开馆。

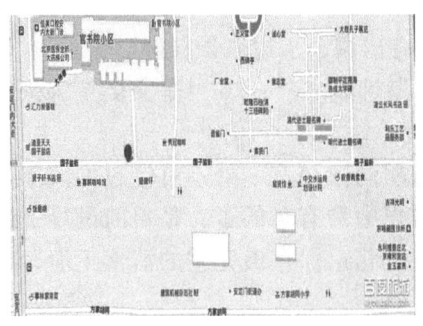 

国子监位置图和牌楼

国子监始建于1306年（元大德十年），是元、明、清三代国家设立的最高学府，也是掌管国学政令的机关。孔庙则是元、明、清三代皇帝祭祀孔子的地方。孔庙内有进士碑林,共有石碑 198 座,还有不少柏树。有一株柏树位于大成殿西侧,相传明时的奸相严嵩代嘉靖皇帝祭孔,行至树下,被树枝掀掉了帽子。于是相传柏树有知,称此树为"除奸柏"。

国子监街保存着较好的旧京街巷的风貌,是京城现存不多的古老街道之一,老北京的精华都聚集在这里。这里多平房民居,牌楼耸立,道路两旁是高大的古槐树,各个大小宅院古色古香,古城韵味十足。

周围的胡同不少与国子监相关,如府学胡同、国学胡同、箭厂胡同等。府学胡同在历史上非常有名,胡同口有大名鼎鼎的顺天府学,位置在今天的府学胡同小学,是当时最好的学校之一。顺天府学对面的 36 号院,相传为明崇祯皇帝田贵妃娘家田府,也是现在北京市文物局的所在地。胡同东口有段祺瑞任北洋政府总理时的住所,现为北京市武警九支队驻地。

这里也是北京仅存有牌楼的街道,街上有四座牌楼,东西街口各一座,上面写着"成贤街";国子监附近左右各一座,上面写着"国子监"。国子监街上还有祀唐代大文学家韩愈的韩文公祠,始建于明代的火神庙,以及祀灶王爷的灶君庙。

孔庙

东交民巷和西交民巷

元朝时,从外地进入北京城的粮食都要在税务所和海关上税,因为与"米"有关,这个地方被叫作"江米巷"。明朝将原来的江米巷截断成为东江米巷和西江米巷,即后来的东交民巷和西交民巷。这里后来成为外国使节居住的使馆区,并保存下来。

东交民巷,形成于 1901 年至 1912 年,英、俄、德、法、美等都在这里设立了使馆。由于使馆集中,所以慢慢整个胡同欧式风格显著,使馆、教堂、银行、医院、官邸、俱乐部等应有尽有。这里有许多风格各异的西洋建筑,吸引了不少海外人士。胡同西起天安门广场东路,东至崇文门内大街,全长近 3 公里,是老北京最长的一条胡同,在北京全聚德烤鸭店的北侧,曾经是清代政府重要机构所在之地。从西口开始往前走,沿途有最高人民法院、警察博物馆。过了正义路,就真正进入清末的使馆区。现在使馆区比当年的规模已经小了很多,主要有法国使馆、奥匈使馆、比利时使馆、日本公使馆和使馆、意大利使馆、英国使馆等使馆,还有正金银行、花旗银行、东方汇理银行、俄华银行,以及国际俱乐部及法国兵营等,都保存了当年的建筑风格。

西交民巷位于西城区南部,东起天安门广场,西至北新华街,中间与羊毛胡同、前细瓦厂胡同、平安胡同等多条胡同交叉,全长约1 080米。明朝这里设有五军都督府、太常寺、通政使司、锦衣卫等中央机构。清朝取其谐音改称西交民巷。清末民初,西交民巷有"银行街"之称,现在还保留有京师看守所、张廷阁宅(双合盛酒厂老板宅院)、中央银行北平分行旧址、中国农工银行旧址,以及大陆银行旧址、北洋保商银行旧址(二者于2002年改建为中国钱币博物馆新馆)等文物保护单位。

东四南大街两侧的老北京胡同
东四胡同

在东四北大街路东,自南向北依次排列着"东四头条"至"东四十四条"等14个胡同。这片胡同的历史可以上溯至元大都时期。在明朝嘉靖时的《京师五城坊巷胡同集》中,已经有了东四"头条胡同"至"四条胡同"的记载,到清朝光绪时被称为"东四某条"的胡同又增至"十二条"。1965年北京整理地名时,"十二条"北边的两个胡同也被依次改编为"十三条"和"十四条"。

东四南大街,位于北京东城区中部,主要建筑古迹有东四清真寺。东四南大街路东,面对灯市口处,原有二郎庙。东四南大街两侧有包括礼士胡同、演乐胡同、报房胡同、前炒面胡同、本司胡同、灯草胡同、史家胡同、干面胡同、甘雨胡同、柏树胡同等十余条胡同,是老北京胡同保存较完好的地区之一。这里只简要介绍几个重要胡同。

东四胡同区

前炒面胡同

前炒面胡同位于区域东南部，全长389米，宽5米，沥青路面。前炒面胡同，明朝称炒米胡同，清朝乾隆时称炒面胡同，宣统时分别称前、后炒面胡同，后期这两个名字就流传下来。据说此地曾有很多炒面、炒米等小吃，胡同由此得名。胡同内5号院和33号院都曾是政府官员的住宅，保存完好。

前炒面胡同

本司胡同

本司胡同东起东花厅胡同，西至东四南大街，南有支巷通内务部街，北与西花厅胡同相通。明朝时，主管宫廷音乐、戏曲活动的教坊司就这胡同里，因此得名。胡同内3号院为基督教青年会旧址，为市级文物保护单位。

本司胡同

内务部街

内务部街

内务部街东起朝阳门南小街，西至东四南大街，南邻史家胡同，北可达本司胡同。明朝时，这里是妓院集中的地方，勾阑即妓院的代称，因此这里也称勾阑胡同。清朝时称构栏胡同，亦作勾栏胡同。后来，因北洋政府内务部在此，改名为内务部街。胡同内11号院曾是清官员明瑞的府第。胡同内13号为北京市重点中学二中所在地。胡同内39号院为梁实秋故居。

史家胡同

史家胡同是条很有名气的胡同，保留了元明以来的老名称，这样的名字在整个北京城的胡同中也就只有40多个。史家胡同的名称,据说源自胡同西口内的明朝末期民族英雄史可法的纪念祠堂,但更有可能是因为史可法的家族和先人都曾在胡同中居住。胡同长约500米,胡同西口北侧有二郎神庙,也称"狗神庙",周边还有东岳庙、隆福寺、智化寺、清真寺、大慈延福宫等寺庙,胡同正好处在古都皇城的核心地带。

胡同里的四合院建筑整齐,房屋较好,多为大宅院。院内有如意雕窗、亭台阁榭、古色游廊、楹联彩画、精美砖雕、朱漆大门、石刻照壁,还有广亮门、金柱门、如意门、垂花门。这里可以说是老北京四合院经典建筑的博物馆。据老住户讲,清末中法银行董事长刘福成、名妓赛金花(傅彩云)都曾经住在此胡同内。胡同内51号院为章士钊先生故居。胡同内55号院,大门影壁上有砖刻和亲王诗,两边还有对联。在中华人民共和国成立–初期,傅作义将军一家也曾经居住在史家胡同32号院内。

史家胡同里浓浓的文化艺术气息不光来自史家小学,人民艺术剧院的宿舍也位于史家胡同56号,德艺双馨的老艺术家给这条普通的胡同增加了文化的厚度。这里原是一处很讲究的三进大四合院,院中种植了许多海棠树,因此被称为"海棠院儿"。1980年,剧院把排练厅和后花园拆除,盖了两栋新楼。

其他重要胡同

张自忠路

张自忠路虽然现在成为一条大街,算不上胡同,但可以游览的地方依然不少。从东向西数,3号是段祺瑞执政府旧址;5号是中国话剧奠基人之一欧阳予倩的故居;7号是和敬公主府,从主体建筑中仍可以看到晚清建筑风格。23号则是孙中山先生逝世纪念地,现在原有的四合院和花园保存基本完整。

大兴胡同

大兴胡同18号是城隍庙,28号是原来的万善寺。

细管胡同

细管胡同的西段真的像"细管",但东部就宽敞多了。9号是田汉的旧居。

黄米胡同

黄米胡同对着美术馆后街,不通行,5号、7号、9号宅院占据了胡同的大半江山,这里院中曾建设名园"半亩园"。

鼓楼胡同区

现在老北京保留的胡同,多有各种名人故居,或有各种经典院落。但是,真正的四合院应该是普通的老北京人的居所,这种质朴痕迹至今还可以在钟鼓楼下看到。虽然这个片区没有太多的名宅大院，但安详的老人、活泼的孩子、可爱的猫狗、浓密的树荫却随处可见。

钟鼓楼下的胡同，整个区域保存较好，老街有老街的样子，宽大气派，老树在道路两旁生长；老宅有老宅的味道，门楼精致、院落规整。这里可以称得上是老北京胡同的典范地区。

由于处在钟鼓楼下，这里的胡同居民更能感受到胡同生活的舒服与温馨。在这样的老胡同里，保持原有的自然生活心态，保存老北京的生活状态，非常难得。这些在周边的一些胡同，如北锣鼓巷、琉璃井胡同、豆腐池胡同、灵光胡同、净土胡同等处，都可以得到见证。

正是这种原生态的样子和钟鼓楼建筑的存在，使这片区域成为胡同游的经典去处。租上一辆自行车在胡同里绕弯，看看街边的市井生活，听听头顶上几声响亮的鸽哨，偶尔还能听到叫卖的吆喝……这在现代都市中是不可多得的。

延伸阅读：

最窄的胡同——大栅栏钱市胡同，位于珠宝市街西侧，临近大栅栏。胡同全长55米，平均宽仅0.7米，最窄处仅0.4米，两个人通过此胡同需要面对面侧身通过。

最宽的胡同——灵境胡同，是位于北京市西单地区的一条东西向的胡同。胡同东起府右街，西至著名的商业街西单北大街，中与枣林大院、西黄城根南街、东斜街、新建胡同、背阴胡同相交，因先后扩充，现最宽处已达到32.18米。

最长的胡同——东交民巷。胡同西起天安门广场东路，东至崇文门内大街，全长近3公里，是老北京最长的一条胡同。

最短的胡同——一尺大街。胡同坐落于琉璃厂东街东口东南，桐梓胡同东口至樱桃胡同北口。一尺大街十来米长，只有6家门脸和店铺，是北京胡同的缩影。

拐弯最多的胡同——九湾胡同。胡同位于西城区东部，东口与铺陈市胡同相连，西口从校尉营胡同通出，全长约390米，弯曲之处不下于13处，堪称北京城弯道最多的胡同。

最古老的胡同——砖塔胡同。胡同位于西四牌楼附近，被誉为"北京胡同之根"。胡同之称始于元大都，当时出现过29条胡同，但只有一条胡同有文字记载，这条胡同就是砖塔胡同。

1. 随着历史的发展，越来越多的胡同和平房区成为危房改造的对象。一方面是居住在旧城区的市民日益感到老式房屋不堪使用，造成生活不便；另一方面是市区政府和房地产开发商急于利用旧城大片的土地。在来自底层和上层的双重重压之下，北京的胡同正在以每年数十条的速度加速消失，取代胡同的是现代化但没有北京建筑特色的高楼大厦和通衢大道。因此，一些文化人士发出警告：文化的北京正在因为胡同和四合院的消失而消亡，世界城市建筑史上的经典之作——明清北京城正濒临彻底消失的边缘。

四合院，尤其北京市内的四合院，又尤其是明清建成的典型四合院，是中国封建文化兴盛阶段的产物，具有很高的文物价值。从某种意义上说，它是研究封建社会晚期市民社会的家庭结构、生活方式、审美意识、建筑艺术、民俗演变、心理沉淀、人际关系以及时代氛围的绝好资料。从改造北京城的总体趋向上看，拆毁改建一部分四合院是不可避免的，但一定要有意识地保留下一批尚属完整的四合院，有的四合院甚至还应当尽可能恢复其原来的面貌。最好能选择保留一些居民区，不仅保护好其中的四合院，而且保护好相应的街道、胡同，使其成为依稀可辨老北京风貌的"保留区"，则我们的后人，一定会无限感激我们这一代北京人。

2. 参观胡同的行前准备和注意事项

行前准备、注意事项

逛胡同，需要提前做好出行计划与准备。选好天气，最好是风和日丽时；规划好要走的路线和要逛的景点。可以买张纸质地图，也可以用手机地图；最好找个熟悉胡同历史文化的朋友或导游，给你讲述胡同的历史渊源。可以提前看看相关的书籍和网站资料；穿一双舒适鞋子，因为要走很多路。可以背个小包或双肩包，带些随身需要的东西。在胡同里地图不是万能的，要适时地问下附近的居民，你想去的景点和你不知道的景点。

现在有带游客游胡同的三轮车师傅，但如果你资金有限（或想穷游），就选择步行吧。这样，你就可以在你有感觉的地方驻足良久，可以体味历史给你带来的震撼，而无须担忧其他。不要随便出入别人家的大杂院或四合院，这样会引起不必要的麻烦。在一些胡同里，部分区域是禁止拍照的，比如东交民巷的最高人民检察院门前区域就是禁止拍照的。可以在小胡同里的饭店吃饭，价格很便宜，店里也干净，经济实惠。

第四单元
古都新颜

热身任务：

1. 看一看2008年北京奥运会开幕式，听一听奥运主题歌曲《我和你》，试着唱一唱。

2. 鸟巢和水立方是2008年奥运会的比赛场馆，你最喜欢的什么比赛是在那里进行的？

3. 看看北京的航拍夜景图，那些在夜晚最亮、最高的建筑都是什么？在哪里？

4. 你休息的时候经常去什么样的公园？这类公园与皇家遗址性的公园有什么不同？

5. 去过奥林匹克森林公园吗？觉得怎么样？

6. 每个国家的国家电视台的建筑都非常有特色，说一说你们国家的国家电视台是什么样的。

7. 地标就是一个地方的标志性建筑，说一说你们国家的首都或其他城市都有哪些地标性的建筑。

作为六朝古都,北京城里散落着各种皇家建筑和历史遗迹,行走其间,可以感受到浓郁的历史气息。与此同时,作为现代化的国际大都市,北京城也有许多新气象,散发着首都的生机与活力。

1. 新公园

龙潭湖公园

在北京市东城区龙潭路8号有这样一个景观,它规模宏大,面积比什刹海、积水潭和后海的总面积还大,这就是龙潭湖公园。

龙潭湖最初是明朝嘉靖年间形成的水域,是当时烧制城砖挖土而形成的。在原有水域的基础上,1952年,这片地方修成东、中、西三个人工湖。因与龙须沟成首尾相接,梁思成给这里起名叫"龙潭湖"。湖周还修建了道路,种植了各种花卉。1984年后东湖建为龙潭湖公园,中湖为北京游乐园,西湖为龙潭西湖公园。3个园总面积1 172 000.58,其中水面397 335.32平方米亩。1986年完成园内造景工程,使这里成为北京一处美丽的风景。

公园里有各式各样的树和花,但最为突出的是公园水景。这里的水景结合了龙和潭的特点。湖边有龙山、龙字碑林、百龙亭,有古典建筑龙吟阁,还有龙形石雕和龙桥等,展现了中华民族图腾龙的特色。龙吟阁是北方园林独有的水上阁楼,神秘而令人神往;龙潭景区有14座山峰,瀑布从高14.5米的山石上直泄而下;龙字石林由自然山石堆砌而成,这里石碑林立,汇集了甲骨文、秦篆、金文以及后代的著名书法家和名人题写的龙字,共229个,非常壮观。

龙潭湖公园

龙潭景区有许多美丽的风景,如东湖滨香园、南边的茗香水榭、古迹袁崇焕庙、夕照寺、金代法塔和清代柳塘等,这些景观给我们带来非常美好的视觉享受,只有亲临景区,才会有深刻的感受。

陶然亭公园

陶然亭,位于北京市南二环陶然桥西北侧,始建于清代,是中国四大历史名亭之一。陶然亭公园,就是以陶然亭为中心修建的一座城市园林。陶然亭取白居易诗"更待菊黄家酿熟,与君一醉一陶然"中的"陶然"二字为亭命名。这座小亭颇受文人墨客的喜欢,更被全国各地来京的文人看作必游之地。

陶然亭公园内的陶然亭

陶然亭由三部分组成,亭上有苏式彩绘和三个大匾,屋内房顶画有山水花鸟,南北墙上还有四方石刻,都非常值得一看。许多历史名人都曾到此游历,留下了无数文化印记。

除了最负盛名的陶然亭外,陶然亭公园内还有很多其他的文物和景点,包括慈悲庵、云绘楼,以及具有欧式风格的南线花街和古朴典雅的北门景区等。亭子周围也有许多著名的历史胜迹:西北有龙树寺;东南有黑龙潭、龙王亭、哪吒庙、刺梅园、祖园;西南有风氏园;正北有窑台;东北有香冢、鹦鹉冢,以及近代的醉郭墓等。这些历史胜迹产生的年代多早于陶然亭,有的甚至早于慈悲庵。

这里平日游客不多,公园内的一大片湖水中可以乘坐游船,湖边的柳树很粗壮。最奇特之处在于这里汇集了全国各地的名亭,值得欣赏。老北京人最难以忘怀的还是陶然亭的雪山大滑梯,这是他们童年的记忆。现在这里也是孩子们最喜欢的乐园之一。

紫竹院公园

紫竹院公园是北京较传统的景点之一,位于北京西三环,在海淀区的白石桥附近,北京首都体育馆西侧。紫竹院公园始建于1953年,因园内西北部有明清时期庙宇"佛荫紫竹院"而得名。全园占地47.35公顷,其中水面约占1/3。紫竹院公园的景色以水景为主,大片的湖水在园中流过,竹子是园中最特别、最多的植物，其中紫竹最有名气。以竹造景，使紫竹院成为具有江南特色的自然园林公园。即使在冬季，这片竹林也郁郁葱葱，不经意中还以为身处江南园林中。南长河横贯东西，东往动物园，西行颐和园，因此还可以乘游船游览。

园内有各色花卉，5月牡丹花盛开，有红、紫、粉、白、绿各色，让人忍不住驻步留影。紫竹院公园里不仅可以赏花看竹，更是周围人们休闲散步的好去处。

朝阳公园

朝阳公园位于朝阳区的中部，在外国驻华使馆区和北京商务中心区附近，是北京市一处以绿化为主的多功能、综合性公园。公园地理位置比较优越，自驾和乘坐公交都很方便到达。

朝阳公园是北京市四环以内最大的城市公园，原称水碓子公园，始建于1984年，1992年更名为朝阳公园。朝阳公园建成的景点有中央首长植树林、将军林、世界语林等20余个。朝阳公园沙滩排球场颇受大家喜爱，是北京奥运会临时场馆之一，奥运会后该场地成为沙滩浴场和开展市民露天文化及休闲放松活动的场地。网球中心在2002年正式营业后还经常举办各种赛事。

朝阳公园

现在朝阳公园既可以算作散步遛弯的市民公园，也可以当作游乐园，很适合全家出游或者几个朋友一起游玩。公园里面积很大，既有大型游乐设施，也有大片的绿地。公园的游乐设备有过山车、旋转木马等；公园中间有一处白色建筑，还有彩虹喷泉和史记喷泉广场，是情侣们游玩和拍摄婚纱经常光临的地方。公园每年还会举办各种活动，如在沙滩场地举办沙滩节，春天办风筝节，冬天举办类似庙会的活动。围绕"春节朝阳国际风情节""五一朝阳流行音乐周""十一朝阳国际旅游文化节"三大国际时尚文化品牌活动和"海洋沙滩狂欢节"，积极打造"文化名园"，先后举办了"泰国风情节""欧洲风情街"等大型文化活动，在市民中产生了很好的口碑，取得了巨大的社会效益。

皇城根遗址公园

北京城具有800多年的历史，从元朝起就形成了中、内、外三重格局。

中心为紫禁城，既故宫。紫禁城外围是皇城，皇城的外面称内城，大体以北京的二环路为界。到20世纪末，紫禁城保存完好，被列为世界文化遗产，内城虽已被拆除，但人们还能从遗留的部分看到它的位置。只有皇城，自民国时期就逐渐被拆除，渐渐消失……为此，政府部门整修了部分皇城，建设了一座皇城根遗址公园。

皇城根遗址公园，建在明清北京城的第二道城墙"东皇城根"遗址上，西邻南北河沿大街，东依晨光街，南起东长安街，北至平安大街，全长2.4公里，平均宽度为29米，宛如一条连接紫禁城和王府井商业区的绿色飘带。它以"绿色、人文"为主题，展示了"梅兰春雨""御泉夏爽""银枫秋色""松竹冬翠"四季景观。遗址公园不仅有现代化的休闲娱乐设施，更努力保存了历史原貌，复原了小段城墙，修复了皇城墙基并加以展示，让人们在休闲的同时还能感受历史，在繁华的闹市中体会清新、别致、飘逸、现代的城市环境。

皇城根遗址公园

不论春夏秋冬，皇城根遗址公园总会有三五成群的老年人锻炼身体，年轻人练轮滑。每年这里还会举办各种艺术书法露天展览、旅游展览。春天这里百花齐放；夏季这里的小广场上会有舞会，可以登城墙、散步、放风筝；秋天别有秋韵，一年四季好不热闹。

奥林匹克森林公园

2008年，北京召开了第28届奥运会，在此期间建成了北京城区内最大的森林公园——奥林匹克森林公园，它也是亚洲最大的城市公园。公园占地面积达680公顷，结合了人文奥运、绿色奥运、科技奥运的奥运理念，被称为北京奥运会的"后花园"。以五环为界，公园分为南北两区，有地铁8号线森林公园南门站可以直达。公园里面有山有湖有湿地，有专门的跑步道。奥运会后该公园已经成为北京市民的一个户外大氧吧，很多运动爱好者都在周末前来健身。

与北园相比，南园有更多的景点可以游览。南园"主山主湖"是奥林匹克森林公园的标志性工程。登上山顶，那就是"天境"了。站在公园制高点"天境"上远眺鸟巢水立方，看日落和公园全景，都会有一种美的享受。行走在"下沉走廊"湿地中，在芦苇荡中感受自然，聆听高80米的"奥海"音乐喷泉等，都是游览森林公园时的绝佳选择。

奥林匹克森林公园是北京的一块"绿肺"，这里有花草树木，有瀑布溪流，更有大片的向日葵和郁金香等鲜花。重要的是这里有新鲜的空气，一时间让你感觉远离了大城市的喧嚣，身心愉悦。这里特别适合周末游玩。夏天在树下阴凉地搭个帐篷，很是舒服。如果有兴趣，还可以去附近的国家会议中心和中国科技馆逛逛，也是非常方便的。

园博园

园博园是第九届中国（北京）国际园林博览会博览园的简称，位于北京市西南部，邻近卢沟桥景区，有很强的历史文化气息。

从整体上看，园博园有各具特色的五大核心展区，分别是传统展园、现代展园、创意展园、生态展园和国际展园。还有一座中国园林博物馆，用现代化的高科技手段集中展示了中国园林的发展面貌。

从建设上看，园博园的最大特色是增强了互动性和参与性，向全社会推广绿色生态环保理念，展现节能环保的新材料、新技术、新工艺和再生水、太阳能、风能等低碳环保技术的科学及合理利用。各种生态能源和技术在整个公园中广泛应用，让人们切身感受到健康、绿色、生态的理念。公园很大，骑自行车在里面闲逛是种享受，也可以看看中国和世界不同地方的特色园林建筑。在春暖花开的季节来这里，还可以欣赏更多的美景，锦绣谷、台湾园等都非常漂亮。晚上散步的时候，可以观赏音乐喷泉。北京园附近有一只"大黄鸭"，也是游人必去观看的项目。有机会来这里逛一逛吧！

2. 新地标

央视新址

中央电视台新台址，位于北京市朝阳区商务中心区，紧邻东三环，地理位置优越，交通方便。整体建筑包括央视总部大楼（主楼CCTV）、电视文化中心（TVCC）、服务楼和媒体广场几个部分，是由德国人奥雷·舍人和荷兰人库哈斯带领大都会建筑事务所（OMA）设计的。新址大楼占地面积总计187 000平方米，最高建筑约230米。

大楼造型奇特、建造复杂，主楼的两座塔楼双向内倾斜6度，在163米以上由"L"形悬臂结构连为一体，建筑外表面的玻璃幕墙由强烈的不规则几何图形组成，在国内外均属"高、难、精、尖"的特大型项目。中央电视台总部大楼建筑外形前卫，还被美国《时代》评选为2007年世界十大建筑奇

中央电视台新址

迹,同时获得"2013年度高层建筑奖"最高奖——全球最佳高层建筑奖。CCTV大楼主要由两部分组成,即五星级酒店和电视文化中心。酒店位于CCTV大楼主体四层和五层,这里设有酒店大堂及餐厅、商店、游泳池等公共活动场所。大堂上部南北两侧为300间客房合围成的中庭,主楼顶部为酒店的风味餐厅。

遗憾的是,2009年2月9日,电视文化中心大楼(北配楼)起火,绝大部分都需要重建,直到2012年5月复建才完成。现在,中央电视台新址运行正常,各个重要的节目机构都已经入驻新址,这里也成为国贸附近的新地标。

鸟巢

北京的中轴线,南起永定门,过去北到北土城(元大都土城),奥运会后最北端则从北土城延伸到了国家体育场。

鸟巢,即中国国家体育场,因其奇特的外观而得名,位于北京奥林匹克公园中心区南部,是2008年第29届奥林匹克运动会的主体育场。鸟巢由国内外著名设计师合作完成设计,建筑面积25.8万平方米,最高处高69米,2003年12月24日开工建设,2008年6月28日正式落成。体育场基座以上部分共7层,在北京奥运会期间作为主会场,承担了开闭幕式、田径和足球决赛项目。

鸟巢全景

鸟巢由内而外都会带给人们巨大的震撼。从外部看上去，鸟巢高耸在北京奥林匹克公园中心区的南部，而它的内部同样令人叹为观止。鸟巢整个的设计、施工和运营都体现着"绿色奥运、科技奥运、人文奥运"的理念。从远处看，它如同养育生命的"巢"，又像一个摇篮，承载着人类对未来的希望。许多建筑界专家都认为，"鸟巢"不仅是2008年奥运会的一座独特的历史性标志建筑，在世界建筑发展史上也具有开创性意义，将为21世纪的中国和世界建筑发展提供历史见证。

现在，鸟巢曾有过的辉煌已经沉淀，但鸟巢的魅力却没有减少。作为北京的新地标，鸟巢周边的商业渐渐兴起，吸引了越来越多的游客。奥运会后除了体育赛事，其他一些大型活动如文艺演出、非商业性质的政府主办的大型活动、公益活动等活动也多在鸟巢举行。鸟巢不只是一个体育场，更是中国人奥运梦实现的地方，是中国人情感的寄托。现在这里的广场上经常有很多人放风筝，有人卖小玩具，还有街头弹唱，表演队排练节目，等等。来到这里，看的不仅仅是鸟巢，还有生活在北京的人们的生活状态。与白天相比，鸟巢的夜景更漂亮，几个朋友一起，或者独自一人，吹着晚风站在鸟巢边，你就能真切体验到鸟巢的辉煌和霸气。

水立方

水立方即国家游泳中心，位于北京奥林匹克公园内，是北京为2008年夏季奥运会修建的主游泳馆，也是2008年北京奥运会标志性建筑物之一。国家游泳中心2003年12月24开工，与国家体育场（俗称"鸟巢"）分列于中轴线北端的两侧。国家游泳中心的设计方案是经全球设计竞赛产生的"水的立方"方案，设计非常新颖，结构也很独特，将游泳的功能与水的样子结合在一起，与国家游泳中心的功能和特点比较吻合。

水立方的外形根据细胞排列形式和肥皂泡天然结构设计而成，薄膜一样的设计已经成为世界之最。这种形态在建筑结构中从来没有出现过，创意奇特。晚上，在灯光的映衬下，水立方像一团流动的水让人禁不住想去摸一摸。其绚烂无比、五光十色的外观变换也十分美丽。

整个水立方分为四层，其中负一层是比赛工作区，一层和二层分别是游览区和观众席，三层为场馆预留经营场地。水立方在奥运会期间承担了游泳、跳水、花样游泳、水球等比赛项目。

水立方

如今的水立方主要还是用于举办各类水上项目的比赛。平时，爱好游泳的人还可以买票进去游泳。在奥运会专用泳道里游泳，也是一种非常特别的享受和体验呢。场馆里面各类设施齐全，有餐厅、纪念品店、展览馆，新建的水上乐园更是吸引了很多小朋友。到了冬天，这里又会变成巨大的冰场，如果你是滑冰爱好者的话，一定不要错过这里。

盘古大观

鸟巢和水立方旁边的盘古大观，位于北四环中路、亚奥核心区，距离水立方仅180米，距离鸟巢500米，是奥林匹克公园中心区唯一的地标性城市综合体，很多大型商务会议和展览等都在这里举行。

玲珑塔

北京奥林匹克公园中心区最高建筑——132米的奥林匹克多功能演播塔，也叫"玲珑塔"，是整个奥运工程的收官之作，在奥运五环的映衬下显得格外美丽。刚刚建成时，塔的主要功能是负责2008年北京奥运会的电视转播。塔的主体采用钢结构，外面是巨大的玻璃幕墙。玲珑塔共分7层。首层为建筑面积1 000平方米的休息大厅，2~6层为演播室，顶层塔楼为VIP观光厅。每当夜幕降临，"玲珑塔"在彩色灯光的交替映照下不停地改变色彩，秀丽绚烂。

中华世纪坛

中华世纪坛是为了迎接21世纪新千年兴建的一座日晷型建筑，位于中国革命军事博物馆西侧，北京西站附近，由主体结构、青铜甬道、圣火广场、过街桥、世纪大厅、艺术大厅等组成。

从中华世纪坛到它所在街道的尽头共270米。南面入口处立着一块长9米、高1.05米、重34.6吨的汉白玉题字碑，上面刻着前国家主席江泽民的题词"中华世纪坛"。

在世纪坛的主体结构内部、"日晷"下方，有一座世界艺术馆，分占一层、二层以及地下一层。

这是中国第一座世界艺术博物馆。中华世纪坛碑的北侧有一个低于地面1米的下沉式圆形广场，用960块花岗岩铺砌而成，象征960万平方公里的中华大地。广场由周围向中心逐渐隆起，中心是一个方形圣火台，圣火台中有一簇长明不熄的"中华圣火"，火种取自周口店猿人遗址，寓意中华民族的文明创造永不停息。广场东、西两侧有两道水流缓缓流下，象征着长江与黄河。

作为一个纪念性建筑，世纪坛的夜景也非常漂亮，有时间的话晚上不妨去看一看。

中央电视塔

中央电视塔，即中央广播电视塔，坐落于北京市海淀区西三环中路西侧、航天桥附近、玉渊潭公园西侧，始建于1987年1月，1994年9月建成，1994年10月1日正式开放。

中央电视塔

中央电视塔由栈桥广场、退台环廊、塔基、塔座、塔身、塔楼和桅杆组成。塔的造型别致：祈年殿式的塔座；从地面升高到210米处，筒径半径向外挑出10米，形成一个宫灯形的塔楼。塔最高处238.5米，站在最高处可以俯瞰北京城。

中央电视塔集广播电视发射和旅游观光、餐饮娱乐为一体，是北京现代化的一个重要标志。整个大楼共分20余层，一层和二层为东大厅登塔出入口、咖啡厅、贵宾厅和可举办展览的环廊。塔下设有广播陈列厅、影视陈列厅、音乐厅、录像厅、露天音乐茶座、音乐喷泉、穹幕电影、高档电子游戏、康乐中心等，同时还提供餐饮和旅游商品销售等服务。旋转餐厅和环形走廊都是俯瞰北京夜景的好去处。

电视塔的设计充分考虑到首都北京的特殊地理环境，想要突出塔的中国属性和北京特色。因此，它的夜景照明也是一绝，整座塔如同一个巨大的灯笼。

国贸三期

中国国际贸易中心第三期（China World Trade Center Tower 3）简称"国贸三期"，是北京的最高建筑。大楼位于北京中央商务区，2007年建成，高330米，共80层，由国贸中心和郭氏兄弟集团联合投资建设。国贸三期与国贸一期、国贸二期构成了110万平方米的建筑群，是全球最大的国际贸易中心。这里集豪华五星级酒店、现代办公楼和精品商场于一体，还能抵抗8级地震。

国贸大酒店与临近的中国大饭店、国贸饭店和嘉里中心大酒店通过空中走廊相互连通，因此，常常有客人会走晕，或者找不到酒店的入口。实际上，酒店入口最醒目的标志是那些身着红色中式礼服的酒店接待人员。

大堂给人的感觉金碧辉煌：地面及墙面上是黄色和金色的大理石，大堂顶上共有四组产自捷克的吊灯，由约600个人工吹制的彩色玻璃泡泡组成；而最引人注目的是前台背后高7米的壁画，那是画家黄国强专为酒店创作的主题壁画，神秘而浪漫。

乘坐这里的电梯也是一种难忘的体验。直通80层的直梯，仅需40秒就能抵达，是目前中国国内速度最快的电梯，每秒10米的速度让人产生像飞机起飞时一样的感觉。在与其他地方不同，这里的酒店套房中配备了望远镜。将镜头对准西面，你便能看紫禁城全貌。要知道，国贸大酒店可是北京唯一一家能看到紫禁城全貌的酒店。当然，这还得要天公作美才行。

除了一般的商贸功能外，这里最特别的是有一个面积为2 340平方米的北京最大的宴会厅，而在位于顶层的国贸大饭店酒吧和餐厅也可以一睹北京全貌，只是没有用望远镜看起来那么清晰而已。从第80层的云·酷酒吧望出去，北京的矩形城区结构清晰可见，长安街笔直地向天安门广场和故宫延伸。自从国贸大酒店开张以来，位于第80层的"京城最高酒吧"和第79层的"京城最高餐厅"就成了全北京最热门的约会场所，大家都想体验一下在这栋据说"能够抵御飞机撞击"的高楼中就餐的感觉。因此，来这里吃顿饭成了很多人的一个特殊愿望，这里也成了很多年轻人求婚的地方。

专题三

人文北京

第一单元
北京的辖区

热身任务：

热身任务1：我知道的北京辖区

你知道你住在哪个区吗？请在第144页的北京市地图上指出来，并在北京地区上标出你去过哪个区。以你现在的住所为中心划出你在北京的生活半径，并请说说你为什么选择住在这个区。

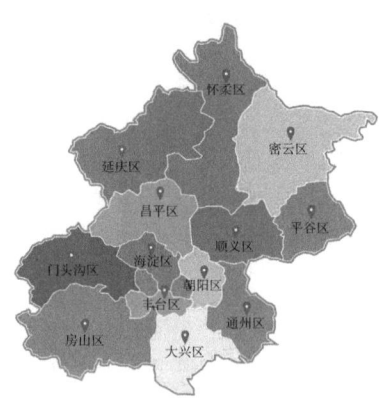

北京市地图

热身任务2：影视里的北京城区

请看电影《城南旧事》，再看看现在的北京南城，你觉得新旧北京有什么变化？

电影《城南旧事》海报

导语：

北京是中华人民共和国首都，是中国的政治中心、文化中心和第二大城市。北京是中国"四大古都"之一，拥有6项世界遗产，是世界上拥有文化遗产项目数最多的城市，是一座有3 000余年建城历史、860余年建都史的历史文化名城。北京的文物古迹和风景名胜众多，保留了老北京城格局中的一些主要特点，如庄严的城市南北中轴线、整齐的"棋盘式"道路系统、雄伟的宫殿建筑、优美的河湖水系、秀丽的皇家园林等。

北京市地图

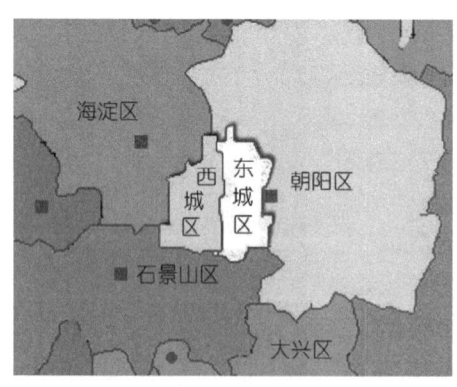

北京市城区图

北京位于华北平原的东北边缘，背靠燕山，有永定河流经城市西南。北京市共辖16个区，其中现在的东城区、西城区两个行政区是传统意义上的内城区，也是首都功能核心区。另外，朝阳区、海淀区、丰台区和石景山区四个城市功能拓展区也被认为是城内地区，与核心区一起，形成了"城八区"的概念。2010年北京市政府调整首都功能核心区行政区划，撤销北京市原东城区、崇文区，设立新的北京市东城区；撤销北京市原西城区、宣武区，设立新的北京市西城区。自此人们常挂在口头上的城八区，变成了城六区。北京的中心城区与周围城镇在功能、规模和现代化水平上相差较多，中心城区有 800 多万人，城市功能高度集中，聚集了全市工业和新建房屋的 80% 以上；而周围城镇城市化和工业化的水平程度较低，城乡差距比较突出。

1. 中心城区：古老和现代交汇

科教中心——海淀

海淀区是北京市重要的文化大区、教育大区、科技大区，位于北京城区西北部。全区面积 430.8 平方千米，约占北京市总面积的 2.53%，在城六区中排名第二。

海淀区

"海淀"又称"海甸"，在元朝以前是一片洼淀（沼泽地带），故称"海淀"。到清代中叶，"三山五园"的修建，带动了海淀文化和经济的繁荣。"三山五园"指北京西郊沿西山到万泉河一带皇家园林的总称，包括香山静宜园、玉泉山静明园、万寿山清漪园（今颐和园），以及畅春园和圆明园，是中国现存皇家园林的精华。如此集中的皇家园林世所罕见。如今这里已经成为北京历史文化名城的重要组成部分，是中国文化面向世界的重要窗口。

海淀是中国科教资源最密集的区域，全区集聚了北京大学、清华大学、中国人民大学、北京航空航天大学、北京理工大学、北京师范大学、中国农业大学等 26 所高等院校。区内有国有科研院所 144 家，其中中科院院所 26 所，占北京地区中科院所数的 60%。海淀区有超过 50 万在校大学生，科研技术人员有 37.5 万人。

海淀区是中国高新技术产业基地之一，在计算机、互联网等领域具有全球影响力，有百度、搜狗等知名搜索引擎企业，市场份额超过 80%；聚集了完美世界、金山软件、联众公司等大型网络游戏企业；2013 年年底，爱奇艺、优酷土豆、新浪视频、CCTV 央视网等国内最具影响力的互联网电视企业联合成立了中关村核心区互联网电视产业联盟，成员企业约覆盖了全国超 5 亿的用户，成为国内互联网电视最大的产业联盟。

海淀区有中关村软件园、清华科技园、中国人民大学文化科技园等一批产业集聚区。其中,中关村软件园是中国的"国家软件产业基地"和"国家软件出口基地",已集聚联想总部、百度等281家企业。清华科技园是中国最早建立的大学科技园之一,是A类大学科技园、北京文化创意产业集聚区,入驻企业550家左右。中国人民大学文化科技园是全国第一家文化创意特色的国家大学科技园,集聚各类企业130多家。

资料来源:

百度百科海淀区相关内容;

首都之窗——北京市政务门户网站各区相关内容;

北京各区人民政府网站。

外事中心——朝阳

位于朝阳区的美国大使馆

朝阳区位于北京市主城区的东部和东北部,因在朝阳门外而得名,是北京市中心城区中面积最大的一个区。

朝阳区是北京市重要的外事活动区,全区有100多家跨国公司地区总部,占全市比重的70%以上;汇集了北京70%的涉外资源、60%以上的外国商社和90%的外国驻京新闻机构;聚集了114家世界500强企业,法人金融机构151家,金融机构代表处146家,成为首都金融机构最多、门类最全的区域。

外国驻华使馆中除俄罗斯、卢森堡外,都在朝阳区境内。朝阳区已经形成建国门外、三里屯、亮马河三个使馆区,望京新区还将兴建第四个使馆区。区内各种涉外单位达1 300家,占全市涉外单位的一半以上。朝阳区高档饭店、宾馆云集,数量居全市之冠。国际会议中心、国际贸易中心、国际展览中心等涉外机构也都在朝阳区。

朝阳区内有许多历史古迹,有华北地区最大的道观东岳庙、北京五坛之一的日坛、北京地区三大古桥之一的八里桥、京杭大运河的入京门户通惠河、元大都现存遗址最长处北土城,等等。新景点也风格各异,有北京市十大人工湖之一的团结湖和依湖而建的公园、占地336万平方米的朝阳公园、大型民族文化展示基地中华民族园,以及亚运村等。这些景点每年都吸引数以十万计的中外游客前来观光、旅游。

朝阳区是北京的商业中心之一，有新光天地、贵友大厦、燕莎友谊商城、赛特购物中心等大型购物中心，也有被外国客人称为北京"小巴黎"的秀水市场、雅宝路市场，以及三里屯等特色购物场所。

三里屯

位于老皇城的政治中心——东城

东城区位于北京市城区东部，历史悠久，辽金时期已出现村落。2010年，东城区合并崇文区，成立新东城区。

如果将北京比作一个人的话，那么东城区和西城区就是北京的心脏，东城区是右心室，西城区是左心室。东城区政治、经济、文化、科教资源都很丰富，中华人民共和国的象征天安门城楼和天安门广场就坐落在东城区，全国重大政治活动和庆祝活动都在这里举行。辖区内还有中共中央、国务院部级机关20多个，厅局级机关100多个，北京市委、市政府所属单位200多个，以及一大批国家级科研机构。

天安门金水桥

东城区是北京城文物古迹最为集中的区域，以皇室文化为代表的中华民族文化精华在东城得以充分体现。区内有国家级文物保护单位16处，占全市的37%；市级文物保护单位60处，占全市的24%；区级文物保护单位57处。雍和宫、太庙、社稷坛、国子监、古观象台、钟鼓楼等早已

钟鼓楼

名扬海内外,此外还有毛泽东、茅盾、老舍等一批名人的故居,有南锣鼓巷、东交民巷,有钟鼓楼地区等文化街区以及许多保存完好的四合院。

博物馆和艺术中心——西城

大栅栏

西城区位于北京市中心城区西部,2010年7月1日,宣武区并入西城区,成立新西城区。西城区是首都功能核心区之一,面积50.70平方公里。

西城区历史悠久,文化资源丰富,在元、明、清三代都是都城的西半部。辖区内皇家宫苑、王府私邸、故居会馆、寺观坛庙等星罗棋布。北京市有43片历史文化保护区,其中18片位于西城区内。什刹海、大栅栏、东琉璃厂、西琉璃厂、法源寺等都位于西城区。

西城区有各级文物保护单位179处,其中国家级文物保护单位32处,包括北海及团城、恭王府及花园、景山、牛街礼拜寺、德胜门箭楼、法源寺、西什库教堂、白云观、天宁寺塔和先农坛等。

西城区有非物质文化遗产保护项目107项,其中国家级非物质文化遗产项目24项,包括昆曲、北京内画鼻烟壶、天桥中幡、天福号酱肉制作技艺和木版水印技艺等。这些非物质文化遗产保护项目都传承了百年以上,具有浓郁的民间民俗文化特色。

首都博物馆

西城区区域内遍布名人故居和各地会馆,目前对外开放的名人故居有6处,包括宋庆龄故居、鲁迅故居、梅兰芳故居和纪晓岚故居等。历史上北京有会馆491所,其中356所在西城境内,占全市会馆总数的70%以上。西城区南部地区是会馆的主要聚集地,其中,安徽会馆、湖广会馆、粤东新馆、中山会馆和杨椒山祠(河北会馆)等会馆见证了中国历史上许多重要的历史文化事件。近年来,这些会馆经过修缮和改造,成为传承历史记忆的重要场所。

西城区内聚集了大量的国家级和北京市级的现代文化设施,主要有四多:一是文化演出和文化娱乐场所多,以国家大剧院、梅兰芳大剧院、北京音乐厅、天桥剧场、老舍茶馆、德云社等为代表,国家京剧院、中央芭蕾舞团、中国广播艺术团等文艺表演团体也都在西城区。二是博物馆和展览馆多,以国家地质博物馆、首都博物馆、北京天文馆、宣南文化博物馆等为代表,有博物馆、纪念馆近 30 家。三是出版印刷企业多,以中国出版集团、中国图书发行集团、北京出版社出版集团、高等教育出版社、中国印刷集团和北京图书大厦等为代表,有出版物零售企业 453 家,音像制品零售单位 244 家,印刷企业 80 家。四是公共文化设施多,共有文化馆 2 个、图书馆 3 个、图书分馆 23 个、街道文化服务中心 15 个,还有中国儿童中心、北京青年宫、北京少年宫等青少年公共文化活动中心。

2. 远郊区:山水之间

最美郊区——密云

密云区位于北京市东北部,地处北京市东北部燕山山脉脚下,总面积 2 229.45 平方公里,是北京市面积最大的区。

密云历史悠久,有山有水,又大又美,是京城最美的郊区。密云全区林木生态覆盖率达 76.23%,湿润指数和水体密度居全市之首。2008 年,密云区成为北方第一个国家级生态区,宜居宜游。

密云水库

密云东西南北四面环山,潮白河水在区内川流不息,正中有华北地区最大的人工湖——密云水库,水域面积达 188 平方公里,被誉为"华北明珠"。密云山川壮丽,雾灵山是燕山主峰,海拔 2 118 米,被称为"华北物种基因库";云蒙山海拔 1 414 米,奇石林立、森林茂密、潭瀑众多,被誉为"北国黄山"。雾灵山、云蒙山分别坐落在密云的东西两端,其中分布着黑龙潭、桃源仙谷、京都第一瀑、云蒙山国家森林公园、雾灵山龙潭景区等一大批京郊著名景点。在白河流域湿地,一年四季水鸟不断,季季有景,各不相同。

司马台长城

密云历史悠久,古迹和人文景观众多。明长城在县域绵延 207 公里,占北京市的 1/3。这里不仅有明长城,还保留着古老的北齐长城。其中,司马台长城以"险、密、奇"著称,是中国少有的保留明代原貌的长城,被著名长城专家罗哲文教授誉为"中国长城之最",2011 年被英国路透社列为"全球十大最不容错过的风景"榜首。密云还有历史重镇古北口,坐落在卧虎山长城、蟠龙山长城之间,地势险峻,是联系华北、东北地区的重要通道,属历代兵家必争之地,有"京师锁钥"之称,形成独特的明长城军事防御体系,现存古御道、古戏楼、万寿行宫遗址等众多重要的文物古迹。

密云美丽的山水和大量的民俗旅游资源吸引了众多游客。2012 年,密云共有 67 个民俗村,2 110 户民俗户,农民旅游从业人员有 6 200 多人,可以满足游客各种档次的需求。其中,古北口镇河东村、石城镇石塘路村、新城子镇花园村、曹家路村、巨各庄镇蔡家洼村、溪翁庄镇黑山寺村 6 个村,荣获"北京市最美丽乡村"称号。密云优质的生态环境还吸引了很多现代化的企业项目,如张裕爱斐堡酒庄、汇源果汁、天福号农庄等,还培育出绿润、百年栗园、绿湖等优质的本土农产品品牌。

行政副中心——通州

通州区位于北京市东南部,近邻北京中央商务区(CBD),西距国贸中心 13 公里,北距首都机场 16 公里,东隔潮白河与河北省相连,南和天津市、河北省交界。通州历来在华北地区地位显赫,自古就有"一京(北京)、二卫(天津)、三通州"的说法。

通州境内拥有密集的公路路网、便捷的轨道交通和重要的铁路大动脉。京哈、京沈、京津塘高速等 5 条高速路穿境而过;拥有 5 条连接北京中心城的干线通道(分别为京通快速路、朝阳路、朝阳北路、京沈高速和和两广路延长线),1 条直接连接首都机场 3 号航站楼的快速路,4 条连接天津滨海新区的交通通道,3 条联通其他地方的高速路;已建成的六环路、地铁八通线和规划的八条轨道交通贯穿全境;新北京东站已确定落户通州,立体式交通网

通州区图

络将通州新城与环渤海多个财富中心紧密相连。

通州是大运河的北起点，曾是历史上盛极一时的皇家码头。京杭大运河全长2 000多公里，为世界上最长、最古老的运河。京杭大运河在通州境内流域长达42公里，运河两岸分布有燃灯佛舍利塔（简称燃灯塔）、大光楼、漕运码头、皇木厂等一批文物古迹。

2005年，通州成为三个重点发展的新城之一，随着李宁总部、苏宁总部、北京出版发行物流中心、蒙牛等一批重大产业项目的落户，通州已成为北京高端商务和总部聚集的重要发展区之一。通州区内有著名的宋庄文化创意产业区，规划面积14.6平方公里，是北京市面积最大的文化创意产业集聚区，拥有全国最大的原创艺术家群落。

通州京杭大运河

2015年7月11日，通州正式成为北京市行政副中心。未来通州将成为北京发展新磁极和首都功能新载体。通州新城的开发建设工作重点将突出"一核五区"，"一核"指新城核心区，"五区"指文化旅游区、宋庄文化创意产业集聚区、国际医疗服务区、环渤海高端总部基地、国际组织聚集区。这五个功能区以核心区为中心，彼此相辅相成，实现联动发展。

百里山水——延庆

延庆区古称夏阳川，也称妫川，地处北京市西北部，三面环山一面临水，是国家级生态示范区。

延庆旅游资源丰富，特色鲜明，是京郊旅游大区。延庆对外开放的景区景点30余处，包括著名的八达岭长城、龙庆峡、康西草原、国家自然保护区松山森林公园，经1亿4千万年进化形成的硅化木国家地质公园，国家级湿地保护区野鸭湖等景区。

八达岭长城

八达岭长城是明长城中保存最好、最具代表性的地段，是万里长城向游人开放最早的地段，也是联合国"世界文化遗产"之一。俗话说，"不到长城非好汉"，尼克松、里根、撒切尔、戈尔巴乔夫、伊丽莎白等372位外国首脑和众多世界知名人物都曾登上八达岭长城观光游览。

龙庆峡是国家4A级景区，共有近30处景观。夏天气候凉爽，空气清新。冬天结冰期较长，为冰灯艺术提供了条件。自1987年开始举办冰灯艺术节以来，龙庆峡冰灯艺术展已经成为北京冬季旅游的传统项目。春节期间每天约有2万多游客到龙庆峡观赏冰灯，迄今已接待了上千万中外游客。

龙庆峡

百里山水画廊景区，是中国4A级旅游景区。景区内生态环境优良，旅游资源丰富，有白河谷地、乌龙峡谷、朝阳寺、关帝庙等丰富的旅游资源。滦赤、花千、花沙公路穿镇而过自成环线，交通便利，2007年被评为北京市自驾游10条最佳线路之首。

延庆一年四季都有丰富的旅游活动，春天有杏花节，夏季有消夏避暑节，秋季有登高采摘节，冬季有冰雪旅游节。2012年延庆还举办了北京市规模最大的群众自行车骑游活动——八达岭长城杯第二届北京国际自行车骑游大会。

世外桃源——平谷

平谷区位于北京的东北部，地处北京、天津、河北三个省市的交界处，西距北京市区 70 公里，东距天津市区 90 公里。东、南、北三面环山，山区面积占全区的 59.7%。

平谷区是北京市主要的农副产品生产基地之一，以大桃为主的果树面积发展到 35 万亩，每年果品总产达到 1.6 亿公斤，其中大桃产量 1.2 亿公斤，荣获中国果品学会授予的"中国桃乡"称号。每年平谷区都有 150 多万公斤干鲜果品和近 6 000 吨的果品加工产品销往国外。平谷更是一个果品的王国，全区 15% 的面积是桃林，28% 的面积为果园覆盖。境内遍布着北方常见的各类干鲜果品，以大桃、大枣、红杏、红果、葡萄、核桃、樱桃、苹果、柿子、李子、栗子、梨等"平谷十二果"为代表，彰显了平谷果品王国的多样性和丰富性。

平谷桃林

平谷的风光也非常优美。京东大溶洞是"国家 AAAA 级"旅游区，因为在京东地区首次被发现，故名京东大溶洞，距今大约 15 亿年，由此号称"天下第一古洞"。

北京后花园——怀柔

怀柔位于北京市北部，地处燕山南麓。怀柔风光秀丽，气候宜人，有"京郊明珠"的美誉。

怀柔区的名称出自中国古代典籍《诗经·周颂·时迈》中的

京东大溶洞

"怀柔百神"，意思是招来安抚。在古代汉语中，"怀"是来的意思，"柔"是安抚的意思。"怀柔"这两个字放在一起，就是以德施政，民族团结，交融发展。怀柔有着悠久的历史，早在1 300多年前的唐朝就已经有了"怀柔"这个名称，公元1368年明朝设置的怀柔县与今天的怀柔区管辖范围基本相同。

怀柔雁栖湖

怀柔有雄伟的长城、茂密的原始次生林、洁净的空气和纯净的水，被誉为"北京最适合人类生存发展的地方"。怀柔的旅游以会议、休闲、度假型为主，除此之外还推出了以春季观景赏花怀柔游、夏季消夏避暑雁栖游、秋季采摘赏叶长城游、冬季岁寒三友红螺寺游为四季主要内容的旅游活动。怀柔景点众多，其中比较著名的有慕田峪长城、青龙峡旅游度假区、箭扣长城、红螺寺景区、雁栖湖等。2014年APEC会议在怀柔区雁栖湖举行。

怀柔的物产非常丰富，板栗的产量和出口量均占全市的70%，是全国最大的西洋参种植基地，当地特产虹鳟鱼肉质细、味道鲜，果脯、古钟御酒等特产在国内外都享有盛誉。

延伸阅读：北京各区基本资料（2017年）

首都功能核心区	面积	户籍人口	常住人口
东城区	42平方公里	97.4万	87.8万
西城区	51平方公里	146.5万	125.9万
城市功能拓展区	面积	户籍人口	常住人口
海淀区	431平方公里	240.2万	359.3万
朝阳区	465平方公里	210.9万	385.6万
丰台区	306平方公里	115.3万	225.6万
石景山区	86平方公里	38.7万	63.4万
城市发展新区	面积	户籍人口	常住人口
通州区	912平方公里	74.7万	142.8万
顺义区	1 021平方公里	62.7万	107.5万
房山区	1 994平方公里	81.3万	109.6万
大兴区	1 040平方公里	68.4万	169.4万
昌平区	1 352平方公里	61.1万	201万

续表

生态涵养发展区	面积	户籍人口	常住人口
怀柔区	2 128 平方公里	28.3 万	39.3 万
平谷区	1 075 平方公里	40.2 万	43.7 万
门头沟区	1 455 平方公里	25.1 万	31.1 万
密云区	2 227 平方公里	43.6 万	48.3 万
延庆区	1 993 平方公里	28.4 万	32.7 万

（统计数据来自北京统计局网站 http：//tjj.beijing.gov.cn/nj/qxnj/2017/zk/indexch.htm）

第二单元
产业园区

热身任务：

热身任务1：你知道吗？

你知道北京有哪些世界五百强企业的总部吗？你知道他们在哪儿吗？

你知道中国的"华尔街"叫什么吗？知道在北京的哪个区吗？

你知道中国的"硅谷"叫什么吗？知道在北京的哪个区吗？

你看过《赤壁》《一九四二》等电影吗？你知道它们是在哪儿拍摄或者制作完成的吗？

你在北京看过哪些演出，是在哪儿看的？你知道北京人常在哪儿看演出吗？

你喜欢古玩字画等艺术品吗？你知道北京人常在哪儿买卖这些艺术品吗？

热身活动2：离哪儿近？

（请看下面北京文化创意产业区的分布图，在图上标出你住的地方，看看离哪儿最近。）

热身活动3：你对以下哪类工作感兴趣，你以后或者现在正在从事哪个行业的工作？请选择并说明理由。

A：IT业

B：艺术品行业

C：金融业

D. 商贸

E. 文教行业

北京文化产业园区分布图

F. 其他行业

原因：_____。

导语：

近些年，随着经济的发展和国际化速度的加快，北京涌现出一些重要的产业园区，以金融产业和文化创意产业为主，是北京经济文化发展的重要平台。这些产业园区连接着历史和未来，承载着北京这座城市的梦想和希望，重新塑造着北京的气质和形象，成为北京的新坐标和新名片。

1. 全世界看这里——中央商务区（CBD）

CBD 商务中心区

中央商务区（Central Business District）简称CBD，最初起源于20世纪20年代的美国，意为商业会聚之地。纽约的曼哈顿、巴黎的拉德方斯、东京的新宿、香港的中环都是国际上发展得相当成熟的中央商务区。现代意义上的中央商务区是指集中了大量金融、商业、贸易、信息及中介服务机构，拥有大量商务办公、酒店、公寓等配套设施，具备完善的市政交通与通信条件，便于现代商务活动的场所。

北京商务中心区（CBD）位于北京市建国门至朝阳门一带，临近第一使馆区和第二使馆区。具体指西起东大桥路、东至东四环、南起通惠河、北至朝阳北路之间7平方公里的区域，目前还在不断东扩中。北京CBD面向亚太地区与全世界，重点是吸引跨国公司总部和地区总部，发展现代服务业，培育国际金融产业。

CBD 内集中了北京的国际性金融商务办公设施，交通便捷，通信设施完备，是北京市的繁华区域。很多著名的国际企业、金融机构在此处设立总部或分支机构，以便开展各种商务活动。这里是三星、德意志银行等众多世界500强企业中国总部所在地，也是中央电视台、北京电视台等传媒企业的新址，是国内众多金融、保险、地产、网络等高端企业的所在地。

这里是北京市金融机构数量最多、种类最全的区域。这里有北京市60%的外资银行分行、80%的外资金融公司入驻，包括纳斯达克、纽约、东证等证交所，苏黎世保险、安邦财产保险、德意志银行、渣打银行、汇丰银行、

VISA 等诸多金融机构。

这里分布着众多文化机构和传媒企业。中国传媒大学、北京第二外国语学院、首都经济贸易大学（东校区）均位于 CBD 周边。国内新闻媒体中国中央电视台、北京电视台、凤凰卫视等在此均有办公大厦。国外新闻媒体路透社、美联社、法新社、共同社、俄塔社、CNN、BBC、《时代》杂志社、《华尔街日报》社、维亚康姆、时代华纳、阿里巴巴、雅虎、《金融时报》社等诸多文化传媒企业也聚集于此。

这里还有很多世界顶尖的高端资讯服务企业集团，它们已经在北京 CBD 区域内形成了较为完整的产业链，其中包括普华永道、奥美、麦肯锡、盖洛普、道琼斯等。

CBD 的变迁是北京经济文化变迁的缩影。从 20 世纪五六十年代起，朝阳区就成为北京市主要工业基地，化工、汽车、机械等传统产业都集中在这里。CBD 更是汇集了众多当时的王牌企业，第一机床厂、第二印染厂、雪花冰箱厂、北京吉普车厂，很多北京人脱口叫得出名字的工厂，几乎都坐落在今天的 CBD 境内。那时，进入这个区域的主体人群是产业工人，进出这里的车辆主要是运货的大卡车。从 20 世纪 80 年代开始，涉外机构开始进入朝阳区，这里成为北京对外开放的第一站。此后，越来越多的大型跨国公司、国际驻华机构以及外商投资企业来朝阳区落户。北京 CBD 区域内除入驻 150 多家外资银行、保险公司、证券公司及办事机构外，还聚集了 800 余家外资企业、近 500 家跨国公司、570 家外国驻京代表机构，以及中外律师事务所、会计师事务所、投资咨询公司等中介服务机构近 200 家。在来京的 170 余家世界 500 强企业中，入驻 CBD 的企业达 130 余家，仅国贸中心就聚集了 50 多家世界 500 强企业。

小贴士：

北京商务中心区管理委员会办公地址：北京市朝阳区东大桥路 8 号 SOHO 尚都北塔 A 座

联系电话：58780000

园区网站：http：//www.bjcbd.gov.cn/

2. "黄金"流动的街区——金融街

金融街（北京市金融产业功能区）是对中国金融业最具影响力的金融中心区，聚集了众多金融监管部门及国内外大型金融机构和国企总部。金融街位于西二环路东侧，南起长安街的复兴门内大街，北至阜成门内大街，西自

金融街

二环路,东临太平桥大街。南北长约1 700米,东西宽约600米,规划区总占地面积103公顷。

金融街地区自元代起就被称为"金城坊",其意出《史记·秦本记》:"关中之固,金城千里,子孙万世帝王之业也。"《汉书·贾谊传》中言"圣人有金城",意指城市与人精神力量的坚固。

金城坊北面的白塔寺,曾是元大都最为繁华的商贸区。半个世纪前,这里是北京著名的文化景观区。明清两代的金城坊,更是遍布金坊、银号,商贾富豪和皇亲国戚常在这里出现。至清末,户部银行就设在这儿,不久改为大清银行,民国元年又改为中国银行。后来,大陆、金城、中国实业各银行,也先后设立于此。

金融街1993年由国务院批准规划,并于当年开始开发建设。目前,金融街已经发展成为对中国金融业最具影响力的金融中心区,成了中国知名的金融决策监管中心、资产管理中心、金融支付结算中心和金融信息中心。诸多企业总部及知名国际机构在金融街聚集,500强企业中有12家外资金融总部在金融街设立了分支机构。高盛集团、摩根大通银行、法国兴业银行、瑞银证券等70多家世界顶尖级外资金融机构和国际组织先后入驻金融街。

金融街

金融街是北京市资金、信息、技术、知识密集度最高的地区之一。目前汇集了中国三大金融监管机构、九大商业银行总部、四大全国性保险集团、四大全国性电信集团等重要金融机构,包括人民银行总行、中国证监会、中国银保监会、工商银行总行、建设银行总行等国家级金融机构,以及交通银行北京分行、平安保险北京分公司等市级金融机构共300余家。这里已成为中国金融的核心力量,控制着中国90%的信贷资金和

65%的保费资金,金融街内每天的资金结算量超过100亿元。

小贴士:

北京金融街商会网站:http://www.bfscc.com/BFSCC/BFSCC_default.shtml

3. 中国的"硅谷"区——中关村科技园

中关村的"村"现在并不是"农村""村里"的意思,而早已成为高科技园区的代名词。中关村是中国第一个国家级高新技术产业开发区、第一个国家自主创新示范区和第一个国家级人才特区,被誉为"中国硅谷"。

中关村科技园

中关村是中国科教智力和人才资源最为密集的区域,拥有以北京大学、清华大学为代表的众多知名高等院校,以及以中国科学院、中国工程院所属院所为代表的国家(市)重点科研院所206所;拥有国家级重点实验室67个,国家工程研究中心27个,国家工程技术研究中心28个;拥有大学科技园26家,留学人员创业园34家。中关村是首批被授予的"海外高层次人才创新创业基地"的地区,是国内留学归国人员创办企业数量最多的地区。在那里成长出了以联想的柳传志、百度的李彦宏、创新工场的李开复等为代表的一批国内外有影响的新老企业家。

中关村的前身是20世纪80年代初的"中关村电子一条街",主要零售批发各种电子产品。1988年5月经国务院批准建立为中国第一个国家级高新技术产业开发区以来,经过20多年的发展,中关村现已形成"一区多园"的发展格局,包括海淀园、丰台园、石景山园、昌平园等16个园区。园内有各类高新技术企业万余家,其中有联想、方正等国内知名的公司,还有以诺基亚、惠普、IBM、微软为代表的1 000多家外资企业。

中关村的经济贡献是巨大的。中关村每年的创业投资案例和投资金额均占全国的1/3左右;上市公司总数达到200多家,初步形成了创业板中的"中关村板块"。中关村科技园区取得了大量的关键技术突破和创新成果,拥有汉卡、汉字激光照排、超级计算机、非典和人用禽流感疫苗等一大批重大科技创新成果,为中国的航天、三峡工程和青藏铁路等国家重大建设项目提供了强有力的支撑;创制了 TD‐SCDMA、McWill、闪联等 86 项重要国际标准,798 项国家、地方和行业标准;技术交易额达到全国的 1/3 以上,其中 80% 以上输出到北京以外地区。

中关村标志物——金黄色的"DNA 双螺旋"雕塑

中关村科技园区主要包括三个部分:中心区、发展区、辐射区。中心区大体范围是南起西外大街,北至规划公路一环;西起京密引水渠,东至八达岭高速公路。中心区包括一个核心区和两条主要轴线。核心区包括中国科学院、北京大学、清华大学和中关村西区。白颐路是中心区的主要轴线,连接北大、清华、人民大学等高校与中科院、中关村西区和农科院等科研机构以及国家图书馆、首都体育馆、紫竹院公园等文体设施。以学院路为中心的是另一条轴线。发展区大体范围是规划公路一环以北,海淀区山后地区、清河地区以及昌平区的西三旗地区、回龙观地区。辐射区主要是"一环两线":"一环"是指环市区的高科技工业园区,包括电子城、北京经济技术开发区、丰台科技园区、昌平科技园区等;"两线"即沿八达岭高速公路向沙河、昌平、南口方向辐射和沿京密路向顺义、怀柔、密云方向辐射。

小贴士:

中关村网站:http://www.zgc.gov.cn/

4. 老厂房的新梦想——大山子艺术区

在北京的东北角,有一个以 20 世纪 50 年代建成的工厂命名的艺术区,这就是 798 艺术区。它位于北京朝阳区酒仙桥街道大山子地区,故又称大山子艺术区(英文简称 DAD‐Dashanzi Art District),原为国营 798 厂等电子工业的老厂区所在地,这也是它名字的由来。此区域西起酒仙桥路,东至京包铁路,北起酒仙桥北路,南至将台路,面积 60 多万平方米。

从 2001 年开始,来自北京周边和北京以外的艺术家开始集聚 798 厂,他们成规模地租用和改造空置厂房,充分利用原有厂房的风格(德国包豪斯建筑风格),稍做装修和修饰,就发展成了画廊、艺术中心、艺术家工作室、设计公司、餐饮酒吧等特色空间，形成了具有国际化色彩的"SOHO式艺术聚落"和"LOFT生活方式"。现今798已经引起了国内外媒体和大众的广泛关注，并已成为北京都市文化的新地标。

以798厂为主的厂区的建筑风格简练朴实，讲求功能性。巨大的现浇架构和明亮的天窗为其他建筑所少见。它们是50年代初由苏联援建、东德负责设计建造的重点工业项目，几十年来经历了无数的风雨沧桑。2000年12月，随着原有的工业外迁，旧厂房陆续出租。2002年2月，美国人罗伯特租下了这里120平方米的回民食堂，改造成前店后公司的模样。罗伯特是做中国艺术网站的，一些经常与他交往的人也先后看中了这里宽敞的空间和低廉的租金，纷纷租下一些厂房作为工作室或展示空间，"798"艺术家群体的"雪球"就这样"滚"了起来。由于整个厂区规划有序，建筑风格独特，吸引了许多艺术家前来工作、定居，慢慢形成了今天的798艺术区。

大山子艺术区

目前，已经有近200家涉及文化艺术的机构进入此区域。至少有300位以上的艺术家直接居住在798艺术区或者以798艺术区为自己的主要艺术创作空间，其中还有一些来自国外的艺术家，他们分别来自法国、美国、比利时、荷兰、澳大利亚、韩国、新加坡等。进驻798艺术区的既有大名鼎鼎的艺术家如刘索拉（作家、音乐人）、洪晃（出刊人、出版家）、李宗盛（音乐人）、李象群（雕塑家）等，也有名不见经传者。

798艺术区入口

艺术家及其公司租用798艺术区的面积，从几千平方米到几十平方米不等。其中，租用面积比较大的是世界知名的、全球最大艺术品收藏与展览公司之一的比利时尤伦斯艺术品公司（租用面积4 500平方米）和美国南加州建筑学院（租用面积4 000多平方米）。到目前为止，在原有718联合厂区，大约有10万平方米的厂房已出租给中外各类艺术文化机构,占整个厂房面积的 50% 以上。

2003 年,798 艺术区被美国《时代》周刊评为全球最有文化标志性的 22 个城市艺术中心之一。同年,北京首度入选《新闻周刊》年度 12 大世界城市,原因在于 798 艺术区把一个废旧厂区变成了时尚社区。2004 年,北京被列入美国《财富》杂志一年一度评选的世界有发展性的 20 个城市之一,入选理由仍然是 798。

小贴士:
北京 798 艺术区地址:朝阳区酒仙桥路 2 号
798 艺术区官网:http://www.798art.org/

5. "梵高"们的世界——宋庄文化创意产业园区

宋庄艺术工厂区

从北京天安门沿长安街往东 32 公里,坐落着当今世界上最大的艺术区——宋庄小堡村。宋庄文化创意产业园是目前国内建设规模最大的文化产业聚集区。位于北京通州东北部,距天安门 32 公里,总面积 115.929 平方公里。宋庄是中国最大的原创艺术家集聚地,已经成为世界著名的原创艺术集聚区,常与法国巴黎的巴比松、美国的 SOHO、德国的达豪、沃尔普斯韦德等知名艺术集聚区相提并论。

20 年前,小堡村还是一个普通的北方村庄,村民们祖祖辈辈过着平淡的农耕生活。20 年后,这里变成了享誉中外的艺术区,包括黄永玉、方力均等大腕在内的 5 000 多名艺术家聚居于此,16 家大型美术馆和 100 多家画廊星罗棋布。

宋庄地区村民住宅院落大,租金相对便宜。从 1993 年开始,陆续有艺术家到宋庄镇小堡村租房。这里比较安静,既没有城市的喧嚣,又离北京不太远。同时,这里的院落十分宽敞,多为传统的四合院格局,纯朴、传统。远处的潮白河流和近处的碧绿农田都让人感到心旷神怡,因此,这里十分适合居住以及安静地画画。后来,大批画家从其他地方陆续搬来宋庄定居,宋庄成为新老艺术家们的聚集地。

随着艺术家逐渐形成规模，宋庄开始被称为"画家村"，成为中国最大的一个原创艺术家的聚居群落。原来单纯的艺术家居住聚集形式，也逐步发展为原创艺术家、画廊、批评家和经纪人等共同形成的艺术集聚区。目前的宋庄是一个工业建筑和民居错落分布的村落，村落内拥有现代艺术风格的宋庄美术馆、东区艺术中心、上上美术馆和部分艺术

宋庄美术馆

家自建的特色工作室，近十家画廊沿小堡商业街一字排开。大部分艺术家租住的是闲置工业厂房和民居，建筑外观整体显示艺术村与众不同的文化风貌。据当地政府统计，截至2008年，居住宋庄的艺术家已达3 000多人，大大小小的民营美术馆、画廊等艺术机构已有了几十家之多。2006年，宋庄被评为"北京文化创意产业集聚区"。

20年前，宋庄还是一个很偏僻的村镇，破败荒凉，不少农民进城居住，村里有很多空院子，租住一个四合院价格非常低。但是从2004年起，中国当代艺术品价格在国际市场上开始一路飙升，以2006年为例，方力钧、刘炜等几位宋庄顶级画家的作品，拍卖总额达到了6 000万元，而当年宋庄艺术品成交总额达到2.5亿元。于是，宋庄小堡村火了，成了中国当代艺术从业者们心里的"圣地"。如今那里饭馆林立、街道宽阔，各个店铺风格各异，让人很难想象这里原来是地道的北京农村。宋庄经济的发展吸引了大量艺术从业者涌入。小堡村的外来人口，从20世纪90年代末期的不足百人，逐渐达到2008年的6 000人之多，甚至超过了当地村民人口的4倍。不过近些年，随着当代艺术发展进入低谷以及商业气息的迅速流入，再加上宋庄房租、物价疯狂上涨，越来越多的艺术家开始搬离宋庄。

资料来源

1. 宋庄：一个艺术村落的商业变迁［J］. 环球企业家，2014，1：1-19.

小贴士：

宋庄官网：http://www.chinasongzhuang.cn/

6. 跟着电影去旅行——怀柔影视基地

怀柔影视基地核心区位于北京市怀柔区杨宋镇，距北京城区45公里，以中国中影数字制作基地为核心，总面积5.6平方公里。

怀柔影视基地发端于十多年前的飞腾影视基地，当时主要用于古装电视剧拍摄。《大宅门》《京华烟云》《铁齿铜牙纪晓岚》等著名电视剧都拍摄于此。随着北京电影制片厂搬迁到怀柔，以北影厂为核心成立的中影集团也把大量的业务转移到怀柔影视基地，《南京！南京！》《赤壁》《梅兰芳》等著名电影均在此诞生。

怀柔影视基地是中国电影最大最强的生产制作基地之一。作为北京市唯一的影视产业集聚区，怀柔影视基地目前已初步形成了从剧本创作到拍摄、特效、制作、交易、旅游的"全链条"影视产业。基地目前入驻的各类影视企业有华谊、海润、金英马、小马奔腾等360余家。这里聚集了中国70%以上的后期制作单位，还拥有丰富的专业制作人才和一流的后期制作设备。这里的专业技术服务商占全国总量的1/4以上，积累了丰富的专业技术服务资源。

怀柔影视基地

怀柔还拥有面积最大、场景丰富的各种现代化摄影棚群，拥有以春秋战国城、明清古城、老北京城为代表的一批高水准的外景拍摄基地。影视基地南区包括街道、四合院、酒楼、茶楼、王府、庙宇、江南水乡、北方小镇和御花园。北区是摄影棚区和生活区。摄影棚区主要用于室内拍摄，这里有全国唯一的"太和殿"复制实景。一些好莱坞影片如《太极侠》《功夫梦》等影片的一些前期拍摄都是在这里进行的。以上种种，加之完善配套的后期制作服务和剧务服务，使怀柔成为世界影视拍摄制作的重要中心之一。

如今，怀柔影视基地不仅成为中国电影的重镇，也成为一个别具特色的旅游景点，被称为"中国影都"和"东方好莱坞"。这里聚集了以明清风格为主的飞腾影视城、以战国风格为主的春秋战国城、以《红楼梦》为主题的荣宁二府和以近现代风格为主的老北京城，成为集旅游观光、影视剧情体验、影视独立创作、影视文化主题教育等多种功能为一体的影视旅游体验观光中心。

当地的很多村民都在从事影视相关行业，有的是群众演员的经纪人，有的专门为剧组制作场景，有的制作道具，有的租赁服装，有的出租仓库。农村原来的泥瓦匠、油漆工也不再单靠给邻居盖房增加收入，主要精力都放在了为影视制作服务上。

怀柔影视基地内景

小贴士：

1. 怀柔影视基地官网：http://www.cmc.gov.cn/cn/
2. 怀柔影视基地参观主要景点

服装道具展厅：参观著名电影《孔子》《满城尽带黄金甲》《三枪拍案惊奇》《赤壁》《十月围城》等影片中中曾用过的服装、道具等。

参观6号、7号摄影棚：这里有王府、衙门建筑布景、道具场景展示，还有游客互动区，游客既可以坐在长凳上，仔细欣赏短片，也可以通过配音、道具模拟声音，亲身体验电影短片的声音混录，感受影片制作幕后的别样乐趣。

参观外景地：拍电影《梅兰芳》时搭建的仿明清、民国时期老北京大型街景建筑群、新版电视剧《红楼梦》中宁荣街、贾府等场景等。

7. 老百姓的文艺——天桥演艺文化区

天桥是北京民间艺术的发源地，中国历史上很多著名的民间艺术家孟小冬、侯宝林、新凤霞等都曾在此演出。天桥文化是平民百姓文化的代表。

北京的天桥最初是京城南面的水乡，明朝时这里修了先农坛和天坛，还修了一座汉白玉的石桥。民国时期为了扩建马路，这座桥被拆掉了，"天桥"这个地名却保留下来。清朝时天桥大街位于北京城的中心，每年皇帝祭天从此经过，

天桥

这个地区逐渐繁华起来，成为老北京的娱乐中心，杂耍、卖艺、说书、唱戏的各类艺人集聚于此，在天桥施展自己的艺术绝技。据统计，仅清朝末年至中华人民共和国成立初期半个多世纪的时间，在天桥卖艺的京剧、评剧、曲艺、武术、杂技等各种民间艺人就多达五六百位。天桥成为北京曲艺的发源地。

天桥剧场

天桥的特点是面向平民大众。当年老百姓逛天桥的时候有三件事：第一件事是买东西；第二件事是看民间艺术，相声、杂技什么的；第三件事就是品风味小吃。老北京的天桥，曾是一个热闹的去处，杂耍、相声、评书、戏园、小货摊等鳞次栉比。民间艺术家在天桥撂地表演，让人流连忘返。随着历史的变迁，老天桥的民俗技艺和老艺人们一起，淹没在城市发展的进程中。如今的天桥，只剩下天桥剧场、德云社、天桥杂技场等几家剧场，其余地方和北京其他街市别无二致。

近年来，北京市政府计划投资把天桥建成全国最大的演艺区。天桥演艺园区规划总面积2.07万平方公里，地处城市中心地带，北边距国家大剧院和天安门广场有1公里的距离，近邻大栅栏街区，园区的东侧和天坛公园仅一街之隔。整个园区地处二环以内，具有很大的地理位置优势。在天桥这个区域中，既有中央芭蕾舞团、北京昆曲剧院等演出机构，也有德云社、民俗艺术团这些民间表演团体，还有天桥剧场、万胜剧场、天桥杂技剧场、中华电影院等10多个剧场。目前天桥演艺区集演艺、旅游、商务休闲为一体，游客在这里既可以观看京剧、曲艺、杂技，也能欣赏高雅的歌剧、芭蕾舞、音乐剧和话剧，还可以品尝地道的老北京小吃。

小贴士：

北京天桥剧场官网：http://www.tianqiaojuyuan.com/

北京天桥剧场地址：北京市西城区北纬路30号

电话：010—83156338/39

8. 历史和文化的淘金地——潘家园古玩艺术品交易园区

北京有这样一个地方,在收藏家、淘宝爱好者中间很有名气,一切稀奇古怪或者价值难测的东西都能在这里找到,这个地方就是潘家园。早在1995年,潘家园旧货市场已经被标注在欧美一些国家的中国旅游手册上,"登长城、吃烤鸭、游故宫、逛潘家园"已成为外国游客到中国来的重要旅游项目。

潘家园古玩艺术品交易园区位于朝阳区潘家园地区,经营面积7万多平方米,包括潘家园旧货市场、北京古玩城、北京古玩城书画艺术世界等古玩艺术品交易市场。其中,潘家园旧货市场和北京古玩城等都是古玩艺术品交易园区极具影响力的龙头企业。

潘家园古玩市场

潘家园旧货市场占地4.85万平方米,建筑面积2.6万平方米,拥有4 000余家经营商户,是全国人气最旺的古旧物品市场,是全国品类最全的收藏品市场,也是全国最大的民间工艺品集散地。该市场主要经营古旧物品、工艺品、收藏品、装饰品,年成交额达数亿元,经商人员近万人,其中60%的经营者来自北京以外的28个省、市、自治区的汉、回、满、苗、侗、维、蒙、朝鲜等十几个民族。这里每天客流量达六七万人,其中外宾近万人。市场上这两年外国商品也逐渐增多,如德国、美国、日本的老式钟表、相机,韩国的瓷器,斯里兰卡的银器,瑞士的手表,西洋餐具等。这些收藏品、工艺品从全国各地汇聚潘家园,销往全国和世界各地。

每个周六、周日凌晨4点左右,古玩商人们就拉着货物赶到了这里。因为要早来占位置,晚来一步的商户则只能排队等候有人撤摊。这里寸土寸金,大概地面上10块砖的面积就要三五百元的租用费,但摊位仍然十分抢手。大约6点,基本上摊位已经比邻而设,过道也早已被挤得水泄不通了。古玩收藏家们一般是早晨6点来,10点左右回家。而古玩爱好者通常来得晚一些,他们中间有部分人专门下午来,因为此时"拣漏"的机会最多。不过真正明白潘家园的人很少大白天的来这里闲逛,因为真正的好东西全在凌晨刚开市的一两个小时里售卖。

　　关于在潘家园淘宝,流传着很多传奇故事:据说有人花15块钱买了把所谓的宝剑,结果转手卖了15万元;300块钱买的小碟子,专家鉴定结果竟然是元代青花,卖到37万元,等等。这里每一个看似不起眼的小摊,背后都凝聚着一段与历史文化密切相关的人和事。虽然有人说潘家园净是假货,不过也有人说古玩这个行业自有约定俗成的特殊的游戏规则,一个愿打一个愿挨。只有外行人才会去计较潘家园的真、假之事,对行内人而言,潘家园的东西永远只分新与旧。对于去潘家园淘宝的人们来说,不在乎谁花的钱多,比的是谁更识货。在潘家园,人们即使再有钱也不会为一个"不对"的东西花费太多。

潘家园古玩市场内

小贴士:

潘家园网:http://www.panjiayuan.com/

潘家园旧货市场地址:北京市朝阳区华威里18号电话:010-87772727-8888

延伸阅读:

北京市级文化创意产业集聚区(共30个)

批次	创立时间	包含园区
第一批(10个)	2006年12月14日	中关村创意产业先导基地 北京数字娱乐产业示范基地 国家新媒体产业基地 中关村科技园区雍和园 中国(怀柔)影视基地 北京798艺术区 北京DRC工业设计创意产业基地 北京潘家园古玩艺术品交易园区 宋庄原创艺术与卡通产业集聚区 中关村软件园

续表

批次	创立时间	包含园区
第二批（11个）	2008年4月15日	北京CBD国际传媒产业集聚区 顺义国展产业园 琉璃厂历史文化创意产业园区 清华科技园 惠通时代广场 北京时尚设计广场 前门传统文化产业集聚区、北京出版发行物流中心 北京欢乐谷生态文化园 北京大红门服装服饰创意产业集聚区 北京（房山）历史文化旅游集聚区
第三批（2个）	2011年1月	首钢二通厂中国动漫游戏城 北京奥林匹克公园
第四批（7个）	2011年11月19日	八达岭长城文化旅游产业集聚区 北京古北口国际旅游休闲谷产业集聚区 斋堂古村落古道文化旅游产业集聚区 中国乐谷——首都音乐文化创意产业集聚区 卢沟桥文化创意产业集聚区 北京音乐创意产业园 十三陵明文化创意产业集聚区

北京各区县重点产业细分类别

	重点支持产业	协同创新产业
东城区	艺术品展示交易，数字内容，文化产权交易，演艺演出，老字号品牌开发	特色剧场，时尚创意设计，版权交易，音乐制作
西城区	文化金融服务，创意设计服务，数字出版，演艺演出	会议展览，艺术品展示交易，老字号品牌开发
朝阳区	新闻服务，广播电视传输服务，广告服务，影视动画设计制作，影视节目制作发行，录音制作，艺术品展示交易	文化休闲娱乐，体育赛事与演艺，会议展览，数字内容创作生产，服装设计及展示
海淀区	数字内容研发生产，文化软件开发，互联网信息服务，影视节目创作与生产，影视动画设计制作，建筑及专业设计服务	文艺创作，演艺演出，文化生态休闲旅游

续表

	重点支持产业	协同创新产业
丰台区	戏曲文艺创作与表演、培训,数字出版	服装设计,动漫游戏及数字内容
石景山区	动漫游戏设计制作,文化软件服务,数字内容生产传播	创意设计服务,文化生态休闲旅游
门头沟区	艺术品展示交易,文化生态休闲旅游	
房山区	历史文化及生态旅游,特色会展,文化休闲娱乐	演艺演出,设计服务
通州区	艺术品创作展示交易,出版展示物流发行	音乐培训创作,文化休闲娱乐
顺义区	会议展览服务,艺术品和版权产品交易服务	高端印刷及精品印刷
昌平区	文化休闲娱乐,演艺演出,历史文化及生态旅游	
大兴区	新媒体,影视节目制作,视听设备制造,创新设计服务	高端印刷及精品印刷,数字出版,乐器研发制造
平谷区	乐器研发制造,演艺演出,音乐创作、教育与培训,音乐版权保护与交易	
怀柔区	影视制作及版权交易,数字内容生产,影视体验娱乐,会议会展	文化生态休闲旅游
密云区	历史文化及生态旅游,文化休闲娱乐	
延庆区	历史文化及生态旅游,文化休闲娱乐	

2. 请上网查询并阅读《北京市文化创意产业功能区建设发展规划(2014—2020年)》http://zhengwu.beijing.gov.cn/ghxx/qtgh/t1358290.htm

第三单元
城里的人们

热身任务：

热身任务1：听一听歌曲《前门情思大碗茶》，听后填空，看看说到的地方你去过没有？说到的小吃你吃过没有？

我爷爷小时候常在这里玩耍，
高高的_____仿佛挨着我的家。
一蓬衰草，几声蛐蛐叫。
伴随着它度过了那灰色的年华。
吃一串_____就算过节。
它一日三餐窝头咸菜就着_____。
世上的饮料有千百种，
也许它最廉价
可谁知道，谁知道，
谁知道它淳厚的香味含着泪花。

热身任务2：说一说：走在北京的大街上，你能分辨出来哪些是北京本地人，哪些是外地人吗？你是怎么分辨的？

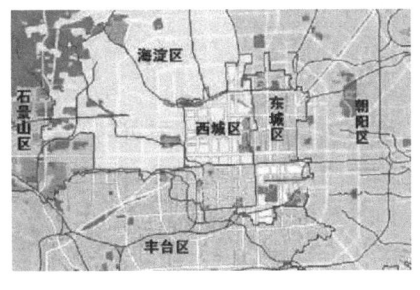

热身任务3：你知道北京的外国人喜欢住在哪里吗？请你在地图上标出北京的外国人聚居区。

热身任务4：你知道北京有多少个少数民族吗？你知道什么少数民族？

导语：

北京城自古就是一座包容的城，一座各种文化交汇的城，不同身份、不同背景、不同地域的人们来到这里，把这里变成了一座追梦之城。

这里有土生土长的老北京，这里有怀揣梦想的新移民，这里有保持着悠久民族传统的少数民族，还有金发碧眼的外国人。在北京住久了，已经分不清谁是北京人，谁是外地人了。你会发现你的邻居虽然来自五湖四海，但大多都已入乡随俗；就连那些高鼻梁蓝眼睛的"老外"们，也常让你吃惊地讲出一口京味儿的普通话"您吃了吗？"，他们与街坊们一起聊天、撮饭、玩麻将牌，自得其乐。

北京犹如一个巨大的调色盘，人们在这里描绘着一幅幅壮丽的人生画卷，描绘着希望、失望、成功、失败、欢笑、泪水，让人感叹，让人感动。

如果说北京是一个巨大的舞台，那么这里的所有人，都是台上独一无二的主角。

1. 北京城里北京人

走在北京的大街上，你若是要问路，可要有心理准备，因为十有八九你问的人会说"对不起，我也不知道这个地方怎么走"。这真有点儿糟糕，是他不想帮你吗？并不是。他接着就会有点儿不好意思地告诉你"我也不是本地人"。

北京站前的地铁站

是的，目前北京城里外地人的比例相当高，根据2010年的北京人口普查结果，在北京每三个人中就有一个来自外地，外来人口占常住人口中的比重为35.9%；在北京全市常住人口中，外省市来京人员为704.5万人。现在这个比例还在增加，而十几年前，北京人口比例还是每五个人中一个外地人。北京本地人常抱怨外地人抢占了他们的教育、医疗、公共福利等资源，造成看病难、上学难、坐车难；而外地人则常说"没有我们，就没有现在的北京"。很多外地人在北京的生存环境不容乐观，特别是在住房、医疗、教育等方面，还不能取得跟本地人一样的待遇。大多数外地人一谈到这些，就有着切肤之痛。

在过去的10年中，北京人口规模从1 382万迅速扩张至1 961万，人口调控的压力不言而喻。伦敦曾打造了11座新城，将市区人口和工业大量迁出；东京通过打造"双磁极"城市布局，使城区人口下降了60万。而北京人口规模经历了持续20年的平面式扩张，资源承载能力尤其是水资源短缺问题，使得北京的人口压力越来越大。

人口问题给北京的城市管理带来了挑战，北京本地人和外地人之间也因此产生了不少矛盾，但是北京经济社会的发展却也离不开大量涌入的高端人才和服务型人员。正是青壮年流动人口的进入，延缓了北京人口的老龄化进程，缓解了劳动力不足的压力。

2. 老北京人的北京范儿

人们常用一句话形容老北京人的生活，叫作："一口京腔，两句二黄，三餐佳肴，四季衣裳。"不管城市怎么变，老北京人的生活习俗从骨子里其实没有改变。

什么是"一口京腔儿"呢？北京这座千年古都里，融汇了多民族文化、习俗和语言的特点。大多数北京人说话，都有一个"儿化音"，例如，北京人会说"黄寺儿"，而不说"黄寺"；会说"砖塔儿胡同"，不说"砖塔胡同"，这就是"儿化音"在起作用。北京人开口说话，常尊称"您"；还有"借光了、您贵姓、劳驾了您那"等常用语，非常注重长幼尊卑的礼数。

"两句二黄"，说的是京剧。在北京的公园里、茶馆内、马路边，常能听到看到人们聚在一起唱京剧，连蹬三轮车的师傅、卖菜的大姐可能都会哼唱几句。经过京剧艺术对这座城市的长久熏陶，京剧已经完全融入了北京人的生活之中。

"三餐佳肴"说的是北京人对吃很讲究。一日三餐缺一不可。就以早餐的品种为例，干的有炸油饼、炸薄脆、炸焦圈、糖耳朵、烧饼果子、枣儿切糕、鸡蛋摊煎饼；稀的有豆浆、豆汁、面茶、炒肝、豆腐脑、炸豆腐、杏仁茶、紫米粥，等等，就是说也说不全。最初老北京人没有在家吃早饭的

老北京炸酱面

习惯,大多是去早点铺或茶馆解决。所以,老北京人称早饭为早点。在北京有一句经常挂在人们嘴边的俗话:"亏什么,也不能亏待了肚子。"这说明老北京人对一日三餐相当看重。因此,北京有很多有名的老字号饭庄,比如全聚德烤鸭、东来顺涮羊肉、都一处烧卖、烤肉宛烤(羊)肉等,生意都非常兴隆。即使是吃面,老北京人也有很多讲究,比如地道的炸酱面要求劲道的手擀面条、香喷喷的京味炸酱、六个小碟的菜码、青花瓷的大海碗,讲究色香味俱全。据说,许多老北京人居家过日子,每天必吃一顿炸酱面,怎么也吃不够。

最后是"四季衣裳"。北京一年四季非常分明。在没有空调电扇的时代,讲究的人们冬有狐皮大氅、里外三新的棉衣裤;夏有亚麻裤褂、纺绸短衫。现在的北京人也走在时尚的前沿,每到换季的时候,商场里总是挤满了顾客。

老北京胡同内生活场景

老北京人的生活习惯很乡土,爱吃硬面饽饽、水饺、荞麦饼,冰糖葫芦;爱喝大碗茶、二锅头;爱玩的是养鱼、养鸟、养蛐蛐、逮蜻蜓、粘知了、放风筝。养宠物既是老北京人的一种嗜好,也是老北京文化的重要组成部分。人们在玩赏宠物之中得到的是一份精神上的愉悦与享受,因此,老北京人把养宠物当作一大雅事,可以和弈棋、品茗、论画等雅事相提并论。

北京人很讲礼数和规矩。老北京家庭从小家规多,比如吃饭时不许吧嗒嘴;夹菜时要夹眼前的,不能在盘子里搅和;吃饭的筷子不能插在碗里,这样不吉利;坐着时不许叉着腿;见人要打招呼,但是不能不叫尊称或名字就说话;不能在大庭广众之下喧哗;不许说瞎话;等等。

拿拜年送礼来说,送的年礼,既有数字上的讲究,也得有谐音上的讲究。首先是送"双"不送"单",取好事成双之意,图一个吉利。装点心匣子和装果篮,种类要为双数:四样、六样、八样。因此北京人送礼很讲究送"京八件",即八样点心。如果送酒,要两瓶或四瓶。送干果,要四样或六样为一盒。买大个儿的水果,多为四个(四季平安)、六个(六六大顺)、八个(四平八稳)或十个(十全十美)。同时注重送礼的谐音,有些东西的谐音"犯忌",不宜送人。比如:送水果时不宜送梨,因为梨与"离"谐音,不吉利;也不送钟表,送钟与"送终"谐音;不送书,尤其是给生意人送礼,书与"输"谐音;拜年讲究送酒,因为酒与"久"谐音,有天长地久之意。

3. 新移民的梦想与困境

北京到底有多少外地人，到春节时就能看出来。因为"过年回家"是中国人的传统习俗，所以一到春节，在北京的外地人都纷纷回老家过年。随着诸多学生、外来务工人员及老家在外地的上班族纷纷返乡过年，平日里拥挤不堪的北京，人流大为减少，北京因此成了一座"空城"。

北京春节时的复兴门

俗话常说"故土难离"，为什么这些外地人纷纷来到北京？仅仅是因为北京的物质条件好吗？并不是。北京有着较多的就业机会应该是比较重要的一个方面，但随着越来越多的外地人留在北京学习、生活、工作，北京的人口、资源、环境矛盾日益突出，北京本地居民与外来人口的矛盾也日渐显现。外来人口尤其是外来务工人员的生存环境与本地居民有较大落差，特别是在就业、医疗、子女入学等问题上，不能享受与北京本地人的同等待遇。

目前很多外来父母遇到的教育困境是，自己的孩子跟随自己一直在北京上学生活，但是按照不能异地高考的规定，孩子必须回老家参加高考，其中有很多程序上的问题，常常要耽搁孩子一年甚至更多的时间。而且因为试卷的题型不同，即使孩子回到老家，也无法在短时间内适应当地的学习内容。

而对于北漂来说，他们面临着更大的困境，摆在他们面前的似乎是一个怎么走都会输的迷局。"北漂"特指来自非北京地区的、非北京户口（即传统上的北京人）的、在北京生活和工作的人们。因这类人在来京初期很少有固定的住所，经常搬来搬去，给人飘忽不定的感觉，其自身也因诸多原因而不能对于北京有更多的认同感，故此得名。

春节时的北京地铁

根据 2013 年的统计，在住房方面，北京本地城镇户籍居民的住房数量已超过一户一套，基本达到一人一间的水平。八成以上北京户籍居民家庭的居住条件在二居室以上。但绝大多数外来常住人口没有能力在京购房，只能选择租房居住。而且由于租金连年上涨，外来常住人口住房压力越来越大，住房状况日益恶化，甚至连租房子也租不起。据调查，2011年，北京首都功能核心区和城市功能拓展区住房平均每套月租金达3 100元。2011年北京年人均工资为56 061元，如果在东城区租一套房子，需要付年租金40 896元，是平均年工资的72.9%；在朝阳区租一套房子，要付年租金37 200元，是平均年工资的66.4%；即使在昌平区租一套房子，租金也要达到平均年工资的43%。因此能租赁成套住房的大多是外来人口中的"精英群体"，即其中的企业负责人和专业技术人员。但占外来常住人口比例84.4%的新移民工人，大多数只能选择租住"城中村"的农民住宅、地下室、工棚以及群租房等非正规住房来安身。流动人口人均住房不足6平方米。

因此，面对北京巨大的生活、工作压力，有人选择了逃回二、三线城市，但他们很快又发现二、三线城市的生活也并非想象中的那般惬意。固然，在北京，他们要面对户口问题以及高昂的房价，但往往回到家乡后却无法适应城市间的巨大落差。而且二、三线城市的物价没有比北京低多少，特别是二、三线城市更重人情而不是能力，发展的机会要少得多。在北京，自己身边多数是和自己身份地位一样的"北漂"，他们同自己一样，习惯了这个城市的节奏，习惯了这个城市低价的公共交通，习惯了这个城市优渥的生活条件，习惯了这个城市无尽的机会与可能。在北京，他们是"北漂"；在故乡，他们则更像是"异乡人"。

4. 蚁族：在失望中寻找希望

北漂中，有一个特殊的大学生群体，他们被称为"蚁族"。该群体的年龄主要集中在22岁~29岁，是以毕业5年内的大学生为主的"80后"高知识群体。之所以将该群体称为"蚁族"，是因为这个群体和蚂蚁有许多相似点：高智、弱小、群居。他们受过高等教育，虽有高学历，有一份白领工作，但依然在大都市里买不

楼区

起房子，面对高昂的房租，只能选择居住在城乡接合部的租房聚居村。

2010年发布的《中国人才蓝皮书》指出，仅北京地区，保守估计"蚁族"就有10万人以上，此外，上海、武汉、广州、西安、重庆、南京等大城市也都大规模存在这一群体。据初步分析，全国"蚁族"人数在百万以上。在北京，这些大学毕业生主要聚居在城乡接合部；在上海，大多聚居在被分成数个格子间的公寓里；而在广州，"蚁族"则主要聚居在城中村。"蚁族"以5年为分界线，其中毕业5年以上的，只占6.8%；5年后，对"蚁族"来说只有两种前途：混得好些的，搬出聚居村，搬进城市或城市边缘，如北京的北五环外回龙观、天通苑等地；混得不理想的可能选择回老家。

2010年一本叫作《蚁族》的书，引发了社会各界的巨大关注和持续讨论。书中提到的"唐家岭村"是一个大学毕业生"蚁族"聚居村。唐家岭是位于北京市海淀区边缘的一个村子，是典型的城乡接合部。本村居民只有约3 000人，却居住着4万~5万落脚在合法或违法建筑内的大学毕业生。那里的房间内通常只有一张硬板床，什么别的摆设都没有；屋里没有卫生间，每天都要去公共厕所，洗澡就更不用提了。即使这样的一间屋子也要几百块钱一个月。

之所以选择这样条件的房子，主要还是相对来说租金低廉。因为当时以大学毕业生为主的"蚁族"税前月平均收入主要集中在1 000~2 500元。同时，"蚁族"的基本生活消费相对较低，每月的房租平均为377元，饭费为529元，月均花费总计1 676元。多数被调查者都处于收支平衡或略有结余的状态。就工作单位来讲，"蚁族"大部分成员（89%）任职于私、民营企业，其中有16.5%的群体成员的工作单位性质为个体经营。有32.3%的调查对象并没有与工作单位签订正式劳动合同，36.4%没有"三险"的保障。

"蚁族"剧增的直接原因是大学数量的增加和金融危机的影响。1998年，中国的大学生还只有340万人。1999年，中国政府推出了扩大高等教育的政策。从那以后，不但高校扩招，民办大学也急剧增加。2008年中国的大学生数量达到了2 150万人。政府的初衷是为经济发展培养人才，但没有稳定工作的"蚁族"仅北京就有10万人之多，这些人的生活、前途都成了问题。

"蚁族"的蜗居

很多人为了梦想选择留在北京，但是"居长安大不易"，冰冷的现实每天都考验着他们的毅力。他们因为经济高速增长和自身所处状况之间的落差而烦恼,这类似于日本的"工作贫困族"和韩国的"88万韩元一代"。

曾有人做过一次问卷调查,问这些大学生们"你留在大城市的原因是什么"。"蚁族"们的选择包括:为了梦想,希望有更好的发展空间;为了父母,要把父母接来大城市一同生活;为了下一代,希望自己的孩子接受更好的教育;为了爱人,大城市机会多;等等。选择留下继续做蚁族的人们大概不出以下这三个原因:

一是"穷二代",寄托着家里的期望,而且为了面子再苦再难都要忍耐。据调查,"蚁族"中50%以上来自农村,20%来自县级市。也就是说,八成以上的"蚁族"来自农村和县城,来自省会和大城市的"蚁族"不足7%。他们是典型的"穷二代",很多家庭年收入不超过5万元。父母一辈拼死拼活送了儿女上学,不求出人头地,只盼着他们能过上比自己更好的日子。他们当年也曾不负众望,终于跳出了农门,成了让家人骄傲的大学生。然而,为了能在大城市中生活,房租、水费、电费、电话费、车费、应酬费等都代价不菲,尽管租最便宜的几平方米的房子,每个月的工资也花费得几近不剩。而家里还在期待和羡慕着他们,他们是父母全部的希望所在,是家庭振兴的顶梁柱。因此,他们一直在咬着牙苦撑,怎么能回去?

二是曾经沧海,没法再适应"安静"的小城市生活,而且小城市更看重背景和人情。"蚁族"们之所以不愿意回家,是因为二、三线城市和大城市各方面的差距太大,在二、三线城市,"人脉"更为重要,不少人即使回去了,也很难找到理想的工作。

三是不愿放弃,只为心底存留的一丝希望。为什么别人都可以,我不可以?一位连续5年报考注册会计师证书的女孩,如今终于如愿以偿地被一家瑞士企业录用,搬出了聚居村。这样的光明或许正是支撑着"蚁族"苦苦坚持下去的动力。

资料来源:

网易《蚁族生存现状调查》http://bj.house.163.com/special/000746FR/yizu0302.html

凤凰网《蚁族:在现实中寻找出路》http://finance.ifeng.com/money/special/yizufd/

5. 北京城里的"老外"

20年前,在北京遇到"老外"的概率还不太高。而现在,人们越来越习惯身边出现陌生的人种和不同的语言。在北京这样的外国人越来越多,他们来北京旅游、从事商务活动、留学……,很多老外居无房、出无车,"漂"在北京,和大多数生活在北京的人们一样,也是在为了理想和生活而忙碌。

6. 北京到底有多少外国人?

一份国际调查报告显示,在亚洲地区,外国人最喜欢居住和工作的城市中,北京排名第十,是中国大陆唯一进入前十位的城市。根据中国公安部出入境管理局的统计,2008年外国人来华的出入境次数为4 800多万人次,2009年为4 300多万人次,2010年也保持在4 000万人次以上,2011年外国人出入境共计5 412

机场安检处

万人次,相当于英国人口数的2/3,澳大利亚人口数的两倍以上。

据出入境管理机关的初步统计,目前在京常住外国人近11万人,加上各高校每年在校留学生63 000人,共17.3万人;再加上每天签证入境的短期旅游人员和商人,北京每天实有外国人约为20万人,这其中还不包括大量"三非"人员。

近年来华人数居前10位的国家是:韩国、日本、俄罗斯、美国、马来西亚、新加坡、越南、蒙古、菲律宾、加拿大。公安部出入境管理处的工作人员告诉记者,"外国人入境的事由,分会议、商务、访问、观光、休闲、探亲、访友、就业、学习、定居等很多种,这些工作具体由口岸签证大队、外国人签证管理处、基础工作大队等多个部门管理。而外国人入境后是否待在北京,待多长时间都不好统计"。

7. 北京的外国人一般住哪儿?

早在2003年,北京就取消了外国人定点住宿的限制,这样外国人来京后可以根据自己的情况自由选择住宿地点。

喜欢艺术的,可以住在朝阳区798艺术区附近;喜欢跟中国人交流的,

798 艺术区

可以选择住在一些大社区或者国际公寓。外国人选择住房时主要考虑的因素有三点：首先是环境，最好干净、人性化，有晒着太阳下棋的老年人，有放学背着书包玩耍的孩子，有素质修养很好的邻居，这样的环境会很舒服。其次是交通，要方便，离地铁近。最重要的就是安全，电梯什么的都要安全。

综合这些因素，在京外国人传统上形成四大聚居区域，即：朝阳区麦子店附近的高档国际社区，海淀区五道口附近的留学生聚居区域，望京附近的韩国人聚居区，顺义后沙峪地区，等等。具体来说，留学生大多愿意在五道口附近租房；韩国人大多聚居在五道口和望京；而日本人大多聚居在以长富宫、发展大厦为中心的两个地区；德国人则喜欢居住在燕莎友谊商城、凯宾斯基饭店附近。另外，相对来讲，经商或者驻华使领馆的"高端老外"更愿意在商圈内或与商圈相连的地方租房，像东三环一带集中了大约80%的外国公司和商社，因此国贸、燕莎、亮马、使馆区等也成了外国人租房的热门地段。

不过近几年，随着中国对外国人居住限制的放宽，以及北京房地产市场的快速发展，在京外国人的流动日益频繁，逐渐从涉外宾馆饭店走进了社区。在北京的外国人也开始从相对聚居向散居转变，中外混居的特点日益明显。

除了租房的那些普通外国人以外，还有很多在中国淘金成功的外国人士开始选择在北京买房。朝阳公园附近的景园大厦，与景园大厦一街之隔的博雅园，都有不少外国人在那里购置房产。而来自欧美的成功人士则喜欢购买紧邻首都国际机场的京顺路沿线、温榆河一带的别墅。也有些外国人在购房上更青睐北京中心的那些四合院，觉得只有住在那里，才能"闻到老北京的味道"。

在具体选择房屋时，韩国人租房讲求性价比，爱蜗居，一群人在一起，既热闹又经济，愿意形成自己独特的生活圈子；欧洲人对所租房屋的品质要求较高，特别是来自北欧国家或德国的外国人，对于所租房屋细节的品质要求特别明确，诸如地板、水龙头等"小"问题，如有可能他们甚至会趴到地上去——检查确认；而美国人对居所的生态环境和文化内涵都有一定要求，喜欢住环境好、有人气的地方。

8. 留学生聚居区——五道口

在北京五道口一带，很多商店的招牌都是用三种文字写成的：中文、英文、韩文。从五道口地铁站出来，你无论走向哪个方向，随时都会遇到一群金发碧眼或棕发黑颜的外国人。不管你去逛商场、书店还是到附近的餐馆用餐，里面的顾客差不多1/3甚至一半是外国人。

五道口

一个中国人走在五道口附近，如果想问路可能都会遇到一些麻烦，因为你误以为是同胞的黄皮肤的路人很可能是韩国人或日本人。街头比比皆是的跆拳道馆、韩国烧烤店，满眼的韩文招牌，让你怀疑自己是否身处"异域"。之所以会聚集这么多的外国人，是因为北大、清华、北语等多所高校都在五道口附近。仅北京语言大学目前就有外国留学生好几千人。留学生们身处异国，聚居一起便于相互照应。

五道口地区的外国人散居在富润家园等29个小区，这些社区都设有流动站，外国人想租房子，必须先签订租赁合同，出示护照或护照复印件，再签订一份治安责任书，然后由房主领着到社区流动服务站登记后，再于24小时内到附近派出所登记，办理外国人居住证。当地派出所里常有很多中外人士排队等候办理各种事宜。派出所办证大厅里的提示也是中英韩三种文字。办理外国人居住证的5项条件标得清清楚楚。

五道口的警官说，他们比一般的派出所要忙得多，而且对民警要求也高，专门配备有精通英语和韩语的外事民警。其实，这个地区发生的涉外案件一般并不复杂，常常是一些外国人之间的纠纷，或者外国人与中国人之间的纠纷，归根结底都是诸如扰民或因沟通不便而引起的鸡毛蒜皮的小事情。但涉外无小事，每次派出所领导都会及时让涉外民警去沟通处理。

9. 北京的"韩国城"——望京

位于北京市东部的朝阳区聚集了建外、三里屯和麦子店三个使馆区，共142个外国驻华使馆，16家驻京国际组织机构、159家驻京外国新闻媒体，6

家外交公寓、201家涉外饭店和102家涉外公寓。2006年朝阳区共办理散居外国人临时住宿登记56 560人次，仅望京地区登记在册的外国人就达10 781人，占当地实有人口的近1/6，号称"韩国城"。居住在望京的外国人来自韩国、美国、日本、俄罗斯、

韩国城

新加坡等30多个国家和地区，分布在望京西园、宝星园、圣馨大地、大西洋新城、夏都家园等社区，其中韩国人占85%以上，大部分是经商、上学、旅游的，还有相当一部分是家属。

在多元文化交融的混居社区内，有时因为语言、文化、生活习惯等方面的差异，也会令彼此感觉不适、出现矛盾。不少外国人觉得自己与所居住社区的融合度还有些问题。近期一项调查显示，望京地区的外国人认为其与中国住户融合度很好的占40%，一般的占40%，只有20%的人选择了"较差"一项。在回答"社区内哪些问题给自己生活带来不便"时，55%的人选择了"与社区居委会、物业等缺乏沟通渠道"，45%的人选择了"社区通告栏、银行、超市、路标等没有韩文说明"。在回答"导致难以与所在社区融合的最主要原因"时，45%的人认为是"没有时间和精力"，35%的人认为是"语言不通"，20%的人认为是"生活习惯差异"。

为了促进中韩居民间的沟通和融合，望京街道尝试了多种方式。最主要的就是在韩国居民较为集中的社区设立中、英、韩三语路牌、标牌和标识。三语标识如今已经覆盖相关社区的80%。

资料来源：http://www.legaldaily.com.cn/index/content/2012-05/18/content_3583544.htm? node=20908

10. 高档国际社区——朝阳区的麦子店

朝阳区的麦子店位于北京城的东部。近年来，这里逐渐形成了一个比较高档的国际社区，包括燕莎商圈和第三使馆区在内。这个地区高档公寓云集，其中有些公寓住的全是外国人。

朝阳公园附近的景园大厦，小区建筑以欧式为主，小区内清洁安静，业主全部是外籍人士。20世纪90年代中期入住，现在是业主自治，物业公司与

业主委员会签订合同提供服务。小区住户来自20多个国家，以使馆工作人员及其家属为主，也有大公司管理层人员，人员素质较高，非常配合地方政府的管理，遵守法律法规，因此社区管理比较容易，氛围也很好，几乎不与外界发生矛盾，也没有发生过刑事和治安案件。

外籍志愿者

与景园大厦一街之隔的博雅园属于中外居民混居，其中一半以上为外籍住户。物业和居委会经常组织周年庆典、圣诞联欢等中外文化交流活动，培养和谐气氛。社区内中外居民相处融洽，区内的外籍住户也都很遵守各项规定，积极参与社区交流活动。

但是由于中外文化差异及管理存在的问题，一些"外国村"并不像上述的"外国村"那样和谐，出现了一些亟待解决的问题。有的小区物业经常接到业主的投诉，反映有外国人在深夜里喝醉酒喊叫，或者聚会时喧闹扰民。一些人夏天还喜欢在小区里搞露天烧烤，或者在草坪上睡觉，这些都容易引起社区内中国居民的反感。中外住户若要和谐相处，还要做进一步的沟通工作。

11. 北京城里的"少数民族"

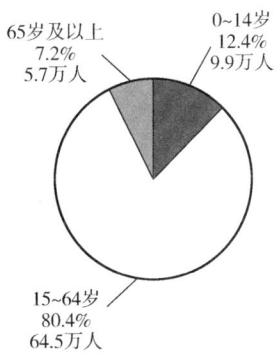

2010年北京市少数民族人口年龄构成示意图

北京少数民族概况：大分散、小聚居

在北京先后建都的5个朝代中，有4个是少数民族统治者所建立起来的。

北京是以汉族为主体的多民族城市，是中国各省市区中民族成分最为齐全的地区。

根据2000年中国第五次全国人口普查的结果，北京市目前有55个少数民族，在全市人口中，少数民族人口58.6万人，占4.3%。在京居住的少数民族人口中，人数较多的分别是：满族25万人，回族23.6万人，蒙古族3.7万人，朝鲜族2万人。以上4个民族的人口总量占在京少数民族人口总量的92.7%。

北京市少数民族人口呈现大分散、小聚居的特点。"大分散"是说在北京16个区县都有少数民族居住和生活，每一个区县都有30个以上的少数民族。其中，朝阳区和海淀区有55个少数民族，西城区、丰台区和昌平区的少数民族个数均超过50个，东城区、石景山区、房山区、通州区、顺义区和大兴区有40个以上的少数民族。而且每一个区县都至少有14个以上的少数民族。城近郊区是少数民族相对集中的地区，居住在城近郊区的少数民族人口为41.1万人，占在京居住少数民族人口总量的70.2%。"小聚居"指在一些区县有一些规模大小不等的少数民族聚居点，北京共有5个民族乡、109个民族村。

从各少数民族的分布看，54.2%的满族人口集中在海淀、朝阳、丰台、密云、怀柔五个区；67.2%的回族人口集中在朝阳、西城、海淀、丰台、通州五个区；51.5%的蒙古族人口集中在海淀、朝阳、昌平三个区；58.1%的朝鲜族人口集中朝阳区和海淀区。

因为北京在历史上就是一个多民族融合的都市，因此，北京与其他大都市相比多了很多民族色彩。就建筑而言，各种宗教建筑在北京并存，各具特色。就北京人的生活风俗习惯来看，很多习惯很难说是汉族人固有的习惯，而是兼容并包了其他民族的风俗习惯。至于语言方面，北京话的词汇里有的是来自满语，有的源于蒙古语，老北京的土话当中容纳得就更多一些。

在现有的少数民族中，在北京居住时间最长、人口最多的少数民族是回族。北京的回族居住点基本上是围绕清真寺而形成的。除了宗教上的需要外，回族人的婚姻、出生、死亡等许多方面都离不开清真寺。所以，每到回民的聚居区或村落，都能在其间看到一座清真寺，清真寺的规模一般也与居民的多少成正比。20世纪30年代末，北京约有清真寺50余座，这说明当时北京的回民除散居者外，还有50多个大小不等的聚居点。聚居点之一的牛街是北京回民最大和最古老的聚居区。其他如前门外和天桥一带，以及郊区的海淀、东八里庄、清河、安和桥等地，也都是北京回民较大的聚居区。北京市远郊区县还有回族聚居乡、村46个。

公元1644年10月，顺治皇帝从盛京（今沈阳）迁都北京，自此，满族就不断从东北迁入北京。北京居住的满族，绝大多数是清朝入关时的八旗兵的后裔。现在，满族人较多的地方，也就是他们先人驻防或支差的场所。

蒙古族在北京定居的历史，是从1260年忽必烈迁都北京以后逐渐形成的。目前北京所有区、县都有蒙古族居住；但是各区、县间蒙古族居住人数差异较大。东城、西城、海淀、朝阳区的蒙古族人口又占城近郊区蒙古族人数的18.3%，这是因为蒙古族中多数人信奉喇嘛教，出于礼佛和布施方便的需要，大部分蒙古族居住在喇嘛教寺院周围。例如，雍和宫和嵩祝寺周围居住着很多蒙古族同胞。其次，原清代八旗兵在京城和京郊驻防时，其中有很多蒙古族旗兵和家属。再次，新中国成立后，由于中央有关民族事务机构和民族院校大部分设置在北京城的近郊区，致使蒙古族同胞在这些机构附近相对集中。

在北京各少数民族中，还有一个汉、满、蒙、回、苗族聚居村，就是海淀区四季青乡门头村，这个村的苗族人在京居住的历史已近200年了。北京共有苗族600余人，其中就有100多人聚居在门头村。23户苗族有郎、杨、萨、龙、伊、阿、白、张等八个姓氏，据说他们的先辈是200年前由四川的大小金川迁徙来京居住的。如今，京郊苗族虽然在语言、生活习惯等方面和北京汉族相同，但他们仍保留着能歌善舞的传统习惯，民族意识和民族自尊心仍很强。

少数民族服饰

在城市拆迁改造及城市化进程中，特别是随着各民族间的交往交流，北京少数民族聚居情况发生了变化，少数民族聚居地区的聚居规模逐渐缩小，杂居状况日趋突出，民族成分多元化，各少数民族人口绝对数量上升，形成了四类少数民族聚居区：一是世居少数民族聚居区，如牛街；二是搬迁后的新聚居区，如昌平区天通苑小区；三是"农转居"聚居区，如朝阳区常营；四是流动少数民族聚居区。其中最有名的西城区牛街回民聚居区，据统计有回族人口12 938人，占牛街地区人口总数的26.1%，占全市回族人口的6.25%。

12. 北京最大的回民聚落——牛街聚居区

牛街是北京最大的回民聚集区，大约在宋元时代，许多来自中亚的穆斯林逐渐在此聚居，经历近千年的发展而形成了今天的牛街。位于地铁"长椿街"站南约2公里处，以"牛街"为中轴，包含两旁约60来条弯弯曲曲的小巷弄胡同，聚居着1万多回族居民，建筑和饮食等都具有鲜明的伊斯兰风格。

牛街清真寺

牛街地名来源于穆斯林先民喜种植枣树和石榴树，于是人们逐渐把东西走向的两条长街称枣林前街和枣林后街，把南北走向的街叫"榴街"。久而久之，人们说起"榴街"不如"牛街"顺口，又因回民多从事养牛、贩牛、屠牛和售牛肉行业，所以渐渐把"榴街"说成了牛街。在1902年慈禧太后封牛街为"太平街"，但没有被沿用，至今人们还称"牛街"。牛街从当初一个只有几十户回族群众居住的柳河村，发展成现在的回族群众聚居区。

牛街和北京其他街区最大的不同是许多建筑都带有伊斯兰风格的穹顶，颜色也以穆斯林喜爱的白色和绿色为主。牛街有一座著名的清真寺——牛街清真寺，它是北京历史最为悠久、最为恢宏的清真古寺，始建于辽代，已经有1 000余年历史了。经过不断地扩建与重修，这座清真寺现已成为中国北方穆斯林主要的宗教活动场所之一。回族人口约占牛街社区总人口的1/5。回族大多信仰伊斯兰教，他们有"围寺而居"的居住特点，牛街清真寺每天有5次礼拜，每次礼拜的人数大约在100～150人。

以前的牛街只是一条窄窄的小路，环境也差，老百姓住房拥挤破旧，当地俗话说"吃不愁，穿不愁，提起住房愁上愁"。从1997年开始，北京市政府对牛街地区进行了拆迁改造，牛街彻底变了样，街道宽了，环境好了，住房大了。截至目前，牛街地区1万多户居民改善了住房条件，人均住房面积由原来的不足5平方米增加到20多平方米。有了国内规模最大的清真超市，全国最大、北京唯一一家穆斯林特色的回民医院等，这些都给当地居民生活带来了许多便利。现在的牛街已经成了一个具有民族特色的新社区。

牛街也是北京市最大的多民族聚居区，牛街5.4万总人口中，共有汉、回、满、朝鲜、蒙古、维吾尔等28个民族，其中回族人口1.2万，占人口总数23%。各族居民在这里长期为邻，和谐相处。

如果你去北京牛街游玩，一定要了解回族的三大主要节日：开斋节、古尔邦节和圣纪节。如果你对牛街感兴趣，可以按照节日风俗逛牛街，会更有情趣。

牛街清真寺前

资料来源：

1. 北京统计信息网 http：//www.bjstats.gov.cn/lhzl/rkpc/201201/t20120109_218572.htm

2. 首都之窗　北京民族和宗教 http：//www.bjethnic.gov.cn/mzgk/mzrk.asp

3. 中国网《人口普查显示北京外来人口比重35.9%》http：//news.ifeng.com/gundong/detail_2011_05/05/6177830_0.shtml

4. 北京日报《北京人生活中的一二三四文化》http：//bjrb.bjd.com.cn/html/2012-05/15/content_84705.htm

5. 新京报《北京本地人住房超1户1套 外来人口4成工资交房租》（http：//news.qq.com/a/20130703/001132.htm）

6. 央视网《北漂：皆知此处伤心地，一句辛苦不愿离》http：//news.cntv.cn/special/thinkagain/beijingdream/

第四单元
教育与就业

热身任务：

热身任务1：我知道的北京著名大学

你知道北京有哪些著名的大学吗？你知道它们在哪儿吗？请你在《北京城区图》上标出它们的大概位置。其中你去过哪些大学？你最想去哪所大学学习？为什么？

热身任务2：问一问：

你身边的朋友有没有在中国工作的？了解一下他们都做什么工作。

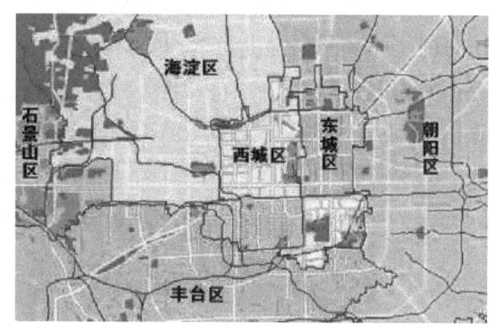

北京城区图

朋友1：	姓名	工作：
朋友2：	姓名	工作：
朋友3：	姓名	工作：

热身活动3：说一说：

你知道外国人在中国工作有哪些规定吗？你知道怎么申请中国的"绿卡"吗？

导语：

北京是国际化的教育中心，这里有中国最顶尖的高校，这里是无数学子心中渴望的求学殿堂，这里是梦开始的地方。追梦的人有中国学生，他们是来自中国各个省份的精英学子；也有留学生，来自世界各地，渴望学习汉语、了解中国文化；还有那些来北京打拼、渴望在职场成功的人。这里不分籍贯、国籍，每天都在上演着一幕幕的励志奇迹。

1. 教育在北京：高校众多，人才济济

北京的高等教育：高校多，国际化

北京是国际化的教育中心，是中国高校最集中的地区，拥有全国1/4的重点高校和1/3的研究生院。北京现有普通高校83所，包括北京大学、清华大学等著名高校。这些高校实力雄厚，又有丰富的师资力量，名师多，学者多，教授多，学生数量多，高层次人才密集。北京的高校分为几类，教育部和其他部委所属高校占1/3左右；市属市管高校也占1/3左右，民办高校约占1/10。根据中国大学排名，北京进入前15所一流大学的有6所，占全国的40%。

世界汉语大会

北京的人才资本和科技发展程度吸引了很多外国人才。北京的高校还带动了许多国际学术交流、国际科技合作项目，数量也是全国最多的。因为北京是中国的政治文化中心，每年都会举办大量国际性的学术会议，很多知名学者愿意到北京来做交流。比如，中国人民大学每年7月份的暑期学校，就会有七八十位甚至上百位世界顶尖名校的知名学者集中到这里授课，仅哲学院一年至少要请50位国外学者来讲学。而且北京保留的文化遗产非常丰富，文化遗产数量可能是世界上最多的城市之一。很多外国人说，如果希望到中国来学习中国文化、了解中国传统，中国有两个"必到"的地方，一个是西安，另一个就是北京。这些人文教育特点吸引了来自全世界渴望学习

交流、体会东方文明的人们。

北京高校的留学生：人数最多，层次广泛

新中国成立以来，北京一直是全国接受来华留学生最多的城市。根据教育部最近的统计，北京地区高校接受的来华留学生人数占全国总数的1/3以上。近十几年来，除2003年由于受SARS的影响，来京留学人数略有回落外，留学人员的绝对数基本上每年都在稳步增长。据北京市教委统计，截至2014年，北京市高校外国留学生人数达到了近十万人次。

留学生汉语之星大赛

北京的留学生来自美国、日本、英国、澳大利亚、韩国、新加坡等100多个国家和地区，主要分布在北大、清华等北京数十所高校。留学生在京学习有短期班、长期班、学历教育班等，攻读硕士和博士学位的人数也在逐年增加。在北京语言大学、北京师范大学、北京大学等学校，都设立了国家级的对外汉语教学基地。

2017年共有48.92万名外国留学生在中国高校学习。中国已是亚洲最大留学目的国。来华留学生主要分为自费生和获得奖学金学生两大部分。目前，自费生是来京外国留学生的主要群体，这部分留学生的比例一直很高，并且还在逐年稳步增长。而中国政府奖学金的吸引力也在不断提升，2017年共有来自180个国家的5.86万名留学生获得了中国政府奖学金，占来华留学生总数的11.97%。

前些年来华留学生绝大部分是进修生，以短期生和语言生为主，学历生和非学历生的比例目前大致为1∶2。近年来，学历生比例不断提高，据2009年的统计，约69%的留学生选择长期学习（两年或者两年以上）。进入中国高校接受专业、系统学习的留学生逐步构成主流人群，其中，2008年来华留学生中约有8万人为攻读本科、硕士的学历生，学历留学生人数增幅明显。

来华留学生接受高等教育的学科分布呈现出不断扩展的态势。据调查，留学生留学的主要目的有两个：一是对中国语言文化感兴趣，二是希望通过留学获得汉语技能，增加就业机会。近年来，留学生也正从单纯的汉语学习转向学生交流、科研合作等领域。外国学生钟情的专业，也从中文、中医、京剧等传统学科，向科技、经济、管理、法律等应用学科扩展。2017年在专业分布上，学习人文与社会科学的比例要多于理工科，占总人数的48.45%，不过学习工科、管理、理科、艺术、农学的学生数量也在不断增长。留学生喜爱的专业课程依次是汉语、艺术、医科、经济、管理、工科学科、法学、教育、理科学科。大多数人既学会了汉语，也具备了一门专业。

在来华留学生中，来自亚洲国家的留学生占中国来华留学生总数的近3/4，韩国和日本两国的来华留学生之和超过50%。2017年来华留学生人数前10位的国家依次为：韩国、泰国、巴基斯坦、美国、印度、俄罗斯、日本、印度尼西亚、哈萨克斯坦和老挝。

2. 北京知名高校：历史、梦想与辉煌

（一）北京大学：思想自由，兼容并包

北京大学是亿万中国人梦想进入的大学之一，也是中国大陆高考竞争最激烈的大学之一，一般来说每年只有各省市高考成绩最优秀的高中毕业生才有机会被北大录取。北京大学历年录取的各省市"高考状元"人数以及国际数学、物理、化学、生物"奥赛"金银牌得主人数均高居榜首。

北京大学（Peking University），简称北大，创建于1898年，初名京师大学堂，是中国近代第一所国立综合性大学，是中国中央政府设立的第一所大学，标志着中国近现代高等教育的开端，由此开创了中国的现代学制。

北京大学

北京大学不仅是中国最早的综合性大学，更是中国实力最强的综合性大学之一，文理学科门类齐全、分布比较平衡。北京大学设有人文、理学、社

会科学、信息与工程、医学5个学部，53个直属院系，学科专业涵盖了除军事、农业以外的所有学科门类。

北京大学从历史上就有"思想自由、兼容并包"的鲜明特色，被称为"中国最具精神魅力的学府"之一。百余年来，这里成长出了中国几代最优秀的学者。北京大学是新文化运动的发祥地，也是白话文运动的中心，鲁迅、周作人、郁达夫、沈从文、梁实秋、林语堂等现代文学大师都曾在北大任教。当代的北京大学也以雄厚的师资力量和先进的研究条件著称。北大为中国社会的发展、思想的进步做出了不少贡献，培养了许多杰出的政治家、思想家、文学家。

北京大学未名湖畔

北京大学校园占地总面积约7 000亩（约467万平方米），分为燕园校区、医学部校区、昌平校区、大兴校区、无锡校区和深圳研究生院校区6个部分。其中燕园校区是北京大学本部，又称燕园，在明清两代是著名的皇家园林，数百年来，其基本格局与神韵依然存在。北大校园北邻圆明园，西与颐和园相望，校内有著名的"一塔湖图"（博雅塔、未名湖、图书馆），如诗如画。尤其是图书馆，更体现了北大厚重的底蕴。北京大学图书馆的前身是始建于1898年的京师大学堂藏书楼，是中国近代第一所新型的国立图书馆，现为亚洲高校最大的图书馆，藏书901.95万册，藏书量居中国高等学校之首。

资料来源：百度百科 http：//baike. baidu. com/view/1471. htm？fr = aladdin

（二）清华大学：理工之首，精英辈出

清华大学在中国与北京大学齐名，是无数学子梦想中的学校。清华大学诞生于 1911 年，因北京西北郊的清华园而得名。最初被称为清华学堂，是清政府设立的留美预备学校，后来几经变迁，成为中国最负盛名的高等学府之一。

清华大学设有 16 个学院、56 个系。学科涵盖理学、工学、文学、艺术学、历史学、哲学、经济学、管理学、法学、教育学和医学等。有博士学位授权点 214 个，硕士学位授权点 257 个，本科专业 66 个。

清华大学在理工科专业方面的优势位列中国高校之首，在物理学、化学、材料科学、工程、计算机、社会科学领域发表的论

清华大学

文进入美国科技信息研究所（ISI）ESI 数据库全球前 1% 排名。清华大学经管学院被《财富》评为"中国最好的商学院"，并且通过了国际商学院联合会（AACSB）和欧洲管理发展基金会 EQUIS 认证。

清华老校长梅贻琦有一句名言："大学者，非谓有大楼之谓，乃有大师之谓也。"意思是"大学"的"大"，不是因为有"大楼"，而是因为有"大师"。清华大学拥有很多中国乃至世界知名的学者，也诞生了很多对世界科技产生过重大影响的科学家。中国科学院院士和中国工程院院士是国家设立的科学技术和工程技术方面的最高学术称号，为终身荣誉。约有 1/4 的中国科学院院士、1/5 的中国工程院院士是清华校友。清华现任全职教授中，有中国科学院院士 34 人，中国工程院院士 26 人，两院院士总数位居全国高校首位。

清华大学建校 100 余年来，培养毕业生 18 万余人，涌现出许多著名的科学家、工程技术专家、教育家、艺术家、企业家及政府部门领导人。因此清华大学享誉中外，近年来，清华大学每年都要接待不少海外来宾，其中包括诺贝尔奖获得者、外国政要或前政要、外国政府部长级官员、外国驻华大使、世界知名大学校长、跨国公司董事长或总裁、国际学术组织和科研机构负责人等。

1950 年 12 月，清华大学接收首批外国留学生 14 名，这也是新中国接收的第一批外国留学生。60 多年来，清华大学累计招收培养外国留学生 2 万余

清华大学礼堂

人。在清华攻读研究生学位的外国留学生规模和质量居中国高校之首。有来自100多个国家的外国留学生在清华学习,其中72%的留学生攻读学士、硕士或博士学位,28%作为访问学者进修专业课程、从事合作研究或进修汉语言文化。其中,来自韩国、美国、德国、日本、法国、加拿大、马来西亚、新加坡、印度尼西亚、澳大利亚、英国、泰国、意大利、越南和俄罗斯的留学生人数居前15位。

清华校园按照南门主路分为东区、西区。西区校园为老校区,以美式和西洋风格的历史建筑为特色;东区则以1950年兴建的苏式主楼为主体,还包括一些具有现代风格的建筑物。清华大学曾被《福布斯》杂志评为全球最美的14所大学校园之一。

(三)中国人民大学:人文社科突出,注重对外交流

中国人民大学

中国人民大学是中国人文社科科学领域最著名的大学之一,创办于1950年,是新中国创办的第一所新型正规大学。自建校后,始终注重发挥"思想库""智囊团"的作用,曾多次为中央领导和中央国家机关提供决策咨询。

中国人民大学拥有8个国家重点一级学科,8个国家重点二级学科,在人文社会科学领域均居全国第一;其中理论经济学、应用经济学、法学、社会学、政治学、新闻传播学、统计学、工商管理学、公共管理学等学科在国内名列前茅。

中国人民大学是中国和海外进行学术文化交流的重要平台,学校先后同美国哈佛大学、耶鲁大学、哥伦比亚大学、密歇根大学、英国剑桥大学、日本早稻田大学、丹麦哥本哈根大学、瑞典斯德哥尔摩大学、奥地利维也纳大学、法国巴黎第一大学等56个国家和地区的200多所大学建立了学术交流关系,与港澳台地区的数十所高校(研究机构)签订了合作协议;还聘请了很多诺贝尔奖获得者、世界著名的经济学家、思想家等为名誉教授。

(四)北京语言大学:小联合国

北京语言大学是中国教育部直属高等学校,创办于1962年。起初定名为北京语言学院,1974年毛泽东为学校题写了校名,1996年6月更名为北京语言文化大学,2002年校名简化为北京语言大学。

北京语言大学是中国唯一一所以对来华留学生进行汉语、中华文化教育为主要任务的国际型大学,有"小联合国"之称;学校对中国学生进行外语、中文、信息科学、金融等专业教育,同时承担着培养汉语师资、出国留学预备人员出国前的外语培训工作等任务。

语言大学的各国留学生

北京语言大学是目前中国大陆地区从事汉语国际教育历史最长、规模最大、师资力量最雄厚的学校。迄今为止,学校已经为世界上176个国家和地区培养了15万余名懂汉语、熟悉中华文化的外国留学生,其中很多校友已经成为学界、政界、商界的知名人士。此外,它还为中国培养了数以十万计的优秀人才,其中包括大批在出国留学人员培训部接受过专门外语培训的公派留学人员,现在他们多已成为各个领域的栋梁。

北京语言大学学科设置涵盖文学、经济学、法学、工学、历史学、教育学和管理学等七个门类,现有博士后流动站1个、博士专业15个、硕士专业30个、本科专业25个。其中国家重点学科1个,北京市重点学科10个。

北京语言大学目前与世界上51个国家和地区的301所大学及教育机构建立了合作交流关系;与哈佛大学合作设立了哈佛北京书院;在泰国设立了曼谷学院。学校采取多种形式开展中外联合办学,与美国韦伯斯特大学、美国乔治梅森大学、德国康斯坦茨应用科学大学、英国曼彻斯特大学等10余所国外大学开展了联合培养本科生或研究生项目。

3. 高校聚集区：学院路和大学城

专业与综合：从"八大学院"到"学院路"

学院路周边院校位置图

"学院路"指高校聚集地段，在北京、上海、江苏等地都有"学院路"。北京的"学院路"位于北京海淀区，是北京西北部一条不足3公里长的道路，却因为两侧相邻地坐落着国内10多所著名高校而闻名中外。

说到北京的"学院路"，不得不提到"八大学院"。20世纪50年代初，中国的高校学习苏联模式进行了调整，当时的中央政府选定在北京西北郊建设"学院区"，统一集中建立了新中国的第一批八所高校，"八大学院"之名就此产生。

随着八大学院的兴建，在学院区从南到北修建了一条主干路，被命名为学院路。"八大学院"分别是：学院路西侧（4所），从南到北依次是：北京航空学院（今北京航空航天大学）、北京地质学院（今中国地质大学）、北京矿业学院（今中国矿业大学）、北京林学院（今北京林业大学）。学院路东侧（4所）依次是：北京医学院（北京医科大学，现北京大学医学部）、北京钢铁学院（今北京科技大学）、北京石油学院（今中国石油大学）、北京农业机械化学院（今中国农业大学东校区）。

如今"八大学院"先后升格成了大学，而学院路两侧也增加了不少教育、科研单位，成了北京市教育、科研的中心地区之一。而原有的八大院校虽然是新中国成立后建立的行业性高水平大学，其特色学科在国内处于先进水平，但是就单个学校而言，学科门类不够齐全。为了解决这个问题，1999年在北京市教委的大力支持下，北京航空航天大学、北京科技大学等13所高校联合成立北京学院路地区高校教学共同体，2002年发展到包括北京师范大学在内的16所高校的教学共同体，直至2012年扩展到了21所高校。学院路共同体以资源共享为途径，加强学生的综合素质培养，形成一个有机的教育整体。

学院路共同体采用了"一校式"办学模式，组建了一个虚拟的单一学校，从校际公选课入手，各校选取各自有特色的优质课程提供给所有成员校的学生，让他们跨校选修，互认学分。目前已发展成包括11个学科、分布合理的265门跨校选修课程体系。共同体还开设了34个"跨校辅修专业"。10年来，共同体开课1 200多门次，参加学习的学生超过10万人次，学生选修共同体校际选修课已平均达到其整个选修课的40%，占总学分的8%。

小贴士：

北京学院路地区高校共同体网站：http：//www.xueyuanlu.cn/

高校的外迁之路：良乡、昌平等地的大学城

说起大学城，大家都能说出几个名字，比如英国的牛津、剑桥，美国的哈佛等，都是名副其实的世界著名的大学城。这些大学城都经历了长达百年的积累，是几代教育人辛勤努力的成果。

北京的许多高校因近年来招生规模在不断扩大，普遍存在着校园面积、教学设施、活动场所、交通住宿等方面的困难和问题，但是城里的土地有限，所以众多高校自然把目光投向了北京的远郊区县。通过多方努力，2001年10月，北京市委、市政府批准在昌平沙河地区和房山良乡地区建设两个高教园区，拉开了这两个地区大学城建设的序幕。

北京良乡高教园区位于北京市房山区良乡，临近南六环，距市区广安门23公里。良乡大学城园区规划占地6.49平方公里，总建筑面积为299.17万平方米，总投资约70亿元人民币。目前中国社会科学院研究生院、北京理工大学、北京工商大学、首都师范大学、北京中医药大学均已与房山区政府签订了合作协议。园区内包括教学科研区、中央景观及公共设施区、学生生活区等功能区域。

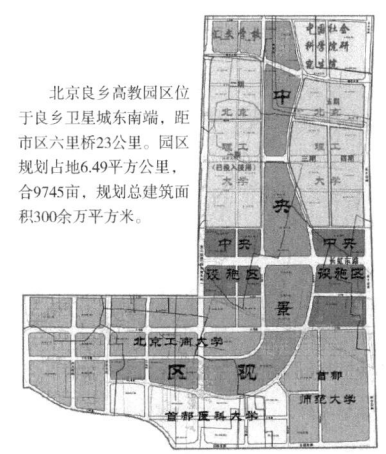

北京良乡高教园区位于良乡卫星城东南端，距市区六里桥23公里。园区规划占地6.49平方公里，合9745亩，规划总建筑面积300余万平方米。

北京良乡高教园区平面示意图

北京市昌平区是北京高教科研院所聚集地之一，汇集了中国政法大学、北京大学分校、北京化工大学、华北电力大学、中国石油大学、北京农学院、清华大学分校等28所全国重点高等院校以及清华大学核能技术设计研究院等113所科研机构，北京航空航天大学、北京师范大学、北京邮电大学、外交学院、中央财经大学、中国矿业大学（北京）等六所大学也将进驻昌平。民营大学如卓达大学、吉利大学、东方大学也在昌平设立了教学点。目前，昌平已成为京郊大专院校数量和大学生数量最多的区县，成为继海淀区之后的第二个大学教育聚集区。

除了这两个大学城之外，在北京邻省河北的东方大学城中也有很多北京高校，而且北京高校的外迁之路仍在继续。2014年5月，根据中央部委与北京市教委等的安排，北京大批的高校将继续向北京郊区转移。目前暂时拟定中央民族大学将搬往丰台区，中国人民大学将搬迁到通州区，北京交通大学二校区落户平谷区。另外北京城市学院、北京信息科技大学将搬往昌平。但是搬迁并不意味着原先校区不再使用，只是在郊区设立一个新校区。因为很多学者指出，如果在学校搬迁之后把老校区置换掉，那么这个学校原本的文化就将逐渐消失。所以不少已经搬迁的学校仍将原校区用作研究生院。

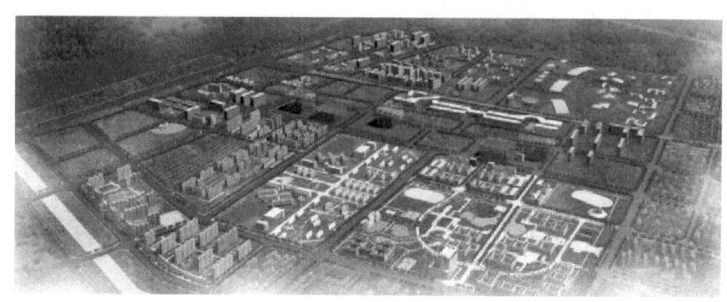

4. 就业在北京：机会多，竞争激烈

为什么来北京工作：机会多，生活成本低

BBC曾报道说，对大多数外国人来说，一旦他们来到中国，似乎都会喜欢上这个充满生机的国度。汇丰银行的一项调查也发现，"基于薪酬待遇和在国外抚养孩子等方面的反馈，中国被列为总体表现最佳的工作目的地，领先于德国和新加坡"。很多外国人在北京就业之后越来越喜欢中国，因为在这里工作很舒心，虽然工资与本国比并不高，但在中国生活成本较低，可以攒下不少钱。另外，他们与中国同事也相处得很融洽。

来自俄罗斯叶卡捷琳堡的莉莉娅在莫斯科大学学习中国历史和语言，后来到北京大学留学。由于北京气候比俄罗斯温暖，中国人对外国人的态度也非常友好，2009年毕业后，莉莉娅决定留在北京找工作。莉莉娅选择在中国工作的一个重要原因就是自己在中国比在俄罗斯更有竞争力。"当然和个人能力也有关系，但是总体上还是因为中国提供了很好的就业环境。"另外，由于俄罗斯物价水平较高，在同样收入的情况下，在北京工作能保证更高的生活质量。

三星集团中国总部副总裁姜俊暎在京工作多年，他很珍惜在中国工作、生活的每一天。他说："北京的治安好，给我印象最深，即使很晚回家也没有太多担心。"望京是在华韩国人生活比较集中的一个区域，姜俊暎对那里的社区环境很满意。他说，不少商家都使用韩文招牌，超市里常能看到产自韩国的商品。"更重要的是，中国朋友对我们韩国人特别热情，购物、问路都能得到热心帮助。我时刻能感受到北京作为国际大都市的包容性。"

望京 SOHO

除了物价的因素以外，不少外国人之所以来北京找工作，主要还是希望在中国增长才干、积累一些工作经验，从而获得更好的发展和上升空间。在中国工作一两年，有助于他们获得去公司总部工作或者去商学院进修的机会。一位来自美国加利福尼亚州的年轻女大学生成功地在北京获得了一份工作，她说："与西方相比，中国企业提供的入门薪酬比较低，但低工资可以换取在中国积累工作经验的机会，然后在未来的职业生涯中获得令人满意的高薪职位。"一位 28 岁的伦敦银行家在金融危机爆发后来到中国，尽管他不会说中文，但他发现自己的经验和业务关系让他在中国成了"香饽饽"。他说："我在这里工作时间短、挣得多，可以更快地进入高层。"27 岁的德国人康斯坦丁放弃了在本国的工作机会，来到北京在一家律师事务所任职，成为这家事务所唯一的外籍员工。他说："我认为中国现在就像 20 世纪 30 年代的美国，吸引着大批希望寻找就业机会或者挣钱的人。"亚洲其他国家的求职者也盯着中国，30 岁的韩国摄影师安光真来到青岛担任自由摄影师已经 1 年了。他说，中国与韩国相比有更多的机会。

外国人在京就业情况：中高层管理者多，人员分布广泛

在京工作的大部分外国人就业岗位和层级较高。因为根据中国政府的规定，进入中国劳动力市场的外国人必须具有大学本科以上学历。统计数据也表明，外国劳动者的职务为管理类的占总人数的 60.6%。其中，管理类中层占 35.7%，管理类高层占 21.1%，管理类基层占 3.8%；从事技术类工作的劳动者相对较少，占总人数的 9.2%，这部分人群也集中在技术类高层和中层职位；23.1% 的外籍劳动者从事代表职务；另外还有 4.3% 的法人。不过也有

国外在京就业人员

一些大学学历之下的外国人在中国找到了工作，这类人群大部分属于亚洲国籍。

调查显示，来京就业的外国人年龄层次和国籍分布比较广泛。在京就业的外国劳动者中，男性比例远远高于女性，占总人数的78.2%。外国劳动者的大部分年龄在31～45岁，占总人数的45.4%，年轻劳动者（18～30岁）增加的速度要高于中年劳动者（56～87岁）的增加速度，老年劳动者的数量在逐渐减少。

从行业分布来看，从业人数最多的行业是社会服务业，占总人数的14.9%；其次是制造业，比重为9.2%，另外比较集中的行业还有信息、计算机邮电通信业、咨询业、科学研究和综合技术服务业。在文化上比较接近中国的亚洲国家（如日本和韩国）的就业者集中在制造业，这可能是因为制造业是韩国和日本最具代表性的行业，拥有世界上知名的跨国公司，而这些公司在重要的技术和管理岗位上更愿意雇用本国的公民。

外国人在京求职情况：竞争激烈，不熟悉中国式招聘

外国人在京求职

以前一些西方国家的求职者只要会说英语、法语等通用语种，就会比较容易在北京找到工作岗位，比如"外教"等岗位，尽管那和很多外国人的职业发展规划不符。熟知外教市场的爱尔兰人查里说，他在中国的外国朋友80%都当过外教，火爆的中国市场使他们早在来中国之前就将当外教纳入谋生的重要计划了。尽管其中有的外国人带有浓重地方口音，有的母语不是英语，然而他们凭金发碧眼就能够走上讲台，以外籍专家、教授等名义给中国人讲课，月收入高达数万。

然而现在，这些西方国家的求职者越来越感到，在中国可以轻松找到工作的时光已经一去不复返了。据中国新华社报道，近年来每年有近700万毕业生进入就业市场。随着中国高等院校的扩招，这个数字在未来也将不断上升，对于想在华求职的外国人而言，竞争与挑战也日趋激烈。"中国劳动力市场上，底层及低端求职者差不多过剩了""外国人的新鲜感已然消失，"猎头公司 Hays 的上海区总监西蒙·兰斯（Simon Lance）说，"雇主们只看你的价值，这包括语言技能和愿意在中国工作更长的时间，而不仅仅只是 1 年或两年""对外国人而言，不会说普通话或当地方言，我想说几乎不可能有竞争优势了。"

英国媒体报道说，由于在中国应聘就职的外国人太多，以致中国的雇主们目前正在采取更加谨慎的招聘策略。因此，中国招聘方最想要的理想员工是"海归"，也就是有多年海外求学或工作经验的员工，他们拥有"不同的文化联系及语言技能"，因此很受招聘方青睐。这些人一旦进入工作岗位，往往与中国同事相处愉快，同时也能很好地理解西方的经营管理实践，相当于在两个世界之间搭建了沟通的桥梁。而雇外国人费用很高，更重要的是他们与中国人之间还存在着语言和文化方面的障碍。

与此同时，据业内人士透露，现在中国雇主们更多聘用来自亚洲而非西方的外国经理人，因为亚洲人同样具备必要的专业技能和较高的工作资质，但支付给他们的薪酬却要低得多；相比而言，来自西方国家的经理人的薪酬通常要高出 50%。同时，语言优势已经不再重要，中国雇主喜欢在生产技术、生产工艺等方面具备特殊技能和独特学识的专业人才，如油气领域的工程师和专家，会在中国找到更多更好的就业机会。

尼克·库斯利拉（Nick Cucinella）是中国凯业必达公司（CareerBuilder）的执行总裁，他建议毕业生哪怕一点中文都不会说，也要同时准备中英文简历，这样会在应聘中获得主动。他说："很多人不这样做，但如果你这样做了，就会有极佳的效果。太多人只是使用求职网站和搜索引擎寻找工作。"另外，许多西方人对中国应聘流程也感到相当陌生。库斯利拉说，在中国市场，你要会讨价还价，这也同样适用于入职协商。

至于求职途径，除了看招聘广告以外，主要有两个途径：一是积极参加大型招聘会。中国政府每年会举行几场年度招聘会，在那里外国人可以有机会同潜在雇主会面。二是"关系"也非常重要。德国人麦克斯·史托斯说，他靠中国女友的一个关系找到了一份销售工作，"大体而言，这对你找工作和办事情都极有帮助"。BBC 曾报道说，"对大多数希望在华立足的外国人而言，仍难以在纯粹的中国企业里谋到职位，更多就业机会是由在华外企提供的"。根据调查，大约 85% 的"老外"为跨国公司工作，且以营销为主，其次是银行、金融服务和工程领域。

外国人在华工作、生活的证件:《外国人就业证》和"绿卡"

外国人就业证

外国人在华工作、生活,应该了解《外国人就业证》和"绿卡"。根据中国政府的规定,对外国人在华就业实行先有工作再批准的原则。按照《外国人在中国就业管理规定》,外国人在华就业需要具备几个基本条件:一是年满18周岁,身体健康;二是具有从事其工作所必需的专业技能和相应的工作经历;三是无犯罪记录;四是有确定的聘用单位;五是持有有效护照或能代替护照的其他国际旅行证件。

在中国就业的外国人应持职业签证入境(有互免签证协议的,按协议办理),入境后取得《外国人就业证》和外国人居留证件,方可在中国境内就业。未取得居留证件的外国人(即持F、L、C、G字签证者),在中国留学、实习的外国人及持职业签证外国人的随行家属不得在中国就业。特殊情况,应由用人单位按规定的审批程序申领许可证书,被聘用的外国人凭许可证书到公安机关改变身份,办理就业证、居留证后方可就业。不过,有了《外国人就业证》,也不意味着万事大吉。外国人的劳动合同期限一般被限制在5年以内,并且合同期限届满就意味着就业证自动失效。要想继续工作,必须重新申请。

对没有经过批准私自谋职的外国人,按照法律规定,在终止其任职或者就业的同时,可以处1 000元以下的罚款;情节严重的,并处限期出境。对私自雇用外国人的单位和个人,在终止其雇用行为的同时,可以处5 000元以上、50 000元以下的罚款,并责令其承担遣送私自雇用的外国人的全部费用。

而所谓"绿卡",是指"外国人永久居留证"。出入境管理局的最新统计数字表明,迄今公安机关已经为来自美国、加拿大、澳大利亚、法国等国家的2 000名左右的外国人颁发了"绿卡"。这些获得"绿卡"的外国人,绝大多数是在华"成家立业"者,是来华外国人中的极少数。近年来,每年出入境中国的外国人达到几千万人次。据教育部统计,目前来华留学生的数量也有十几万人。而在华登记就业的外国人也有十余万,包括了日本、韩国、美国和欧洲等近百个国家的人士。据北京市公安部门统计,目前持访问、旅游(包括探亲)短期签证来京人数每年增速在10%~15%,这种签证一次3个月，可延期1年。虽然没有算入常住人口中，但其中许多人来华频繁，事实上已经形成了在华常住的事实。

小贴士：

1. 外国专家如何申请来华职业（Z）签证？

根据规定，拟来华工作6个月以上的外国专家应凭邀请函电及有效护照/证件和《聘请外国专家确认件》（原件），向中国驻外外交代表机关、领事机关或外交部授权的其他驻外机关申请办理职业签证（Z）。

2. 外国人在京就业办理手续流程

获准来中国就业的外国人，

外国人永久居留证

应凭劳动部签发的许可证书、被授权单位的通知函电及本国有效护照或能代替护照的证件，到中国驻外使、领馆、处申请职业签证。也可以凭其他有效签证进京后再变更签证。用人单位应在被聘用的外国人入境后15日内，持许可证书、与被聘用的外国人签订的劳动合同及其有效护照或能代替护照的证件到原发证机关为外国人办理就业证，并填写《外国人就业登记表》。

具体而言共分成6个步骤：第一步：体检；第二步：申请许可证书；第三步：发工作邀请函；第四步：中国驻外使领馆申请工作签证；第五步：办理就业证登记；第六步：签证处五处办理一年多次工作签证及居留证。

3. 外国人在中国就业必须具备的条件

聘用岗位为企业高级技术、管理岗位；有特殊需要、国内暂缺的适当人选，且不违反国家规定的岗位。

需大学本科以上学历及2年以上相关工作经验，具有从事其工作所必需的专业技能和相应的工作经历；

无犯罪记录；

有确定的聘用单位；

持有有效护照或能代替护照的其他国际旅行证件；

年满18周岁，身体健康。

专题四

文化北京

第一单元
京腔京韵

热身任务：

1. 读儿歌，体会感情色彩。

关门儿 guānménr 开门儿 kāiménr，里边儿 lǐbianr 坐 zuò 着 zhe 个 ge 小人儿 xiǎorénr，吃 chī 面包 miànbāo 喝 hē 汽水儿 qìshuǐr，掰 bāi 着 zhe 指头 zhítou 数 shǔ 小 xiǎo 鱼儿 yúr

2. 量词名词搭配比赛，3~4人一组，老师限定时间，说出名词数量多的组获胜。

一块儿 一瓶儿 一串儿 一根儿

3. 你听过北京公交车上的售票员报站吗？听得懂吗？登陆"百度贴吧——北京话吧"，听一听"北京第一届公交售票员语音大赛"的录音，猜一猜说的是什么。

4. 试着说一下儿"您真牛！""我都三张儿了。""大老爷们儿，怎么还掉金豆儿了？""咱俩谁跟谁呀？"猜猜什么意思？

5. 说说你知道的、听过的或者会唱的中国歌儿，给大家唱唱或者请大家听听。

6. 推荐一部你看过的中国电影或电视剧，并谈谈你的想法。

7. 聊聊你喜欢的中国歌手、电影或者电视剧演员和他们的作品。

导语

广义的北京话即北京官话,覆盖了北京市、河北北部、内蒙古部分地区。1421年明成祖迁都北京后仍以南京官话为国语正音,直至1728年清朝雍正皇帝设正音馆,以北京官话为国语正音,北京官话的地位才迅速提升,逐渐取代南京官话,成为中国官方的主流语言。狭义的北京话不包括北京郊区县的方言,是指北京市区口音,大约有400年的历史。

1955年10月26日的《人民日报》社论中提出"普通话"是汉民族共同语。1956年2月6日,国务院把普通话的定义增补为"以北京语音为标准音,以北方话为基础方言、以典范的现代白话文著作为语法规范的现代汉民族共同语"。"普通话"三字的含义是"普遍"和"共通"的意思。

很多人都认为学会普通话就等于掌握了北京话,其实并不是这样。北京话是最接近普通话的方言,带有明显的儿化尾音,听起来轻松、随意,而且还有大量地方性词汇。老北京地区保留了很多的方言土语,有人把北京话的浓重口音称为"京片子""京腔"。

1. 北京话的特点

(1)儿化现象比较多。北京话,大到地名,小到生活用品,都常常见到儿化的身影,例如"红庙儿""照片儿""唱歌儿"。再如,一个人打电话给朋友:"昨儿我到你家找你,你媳妇儿说你出门儿啦。今儿个我没空儿。赶明儿晚不晌儿,我请你吃饭,咱哥儿俩好好儿聊聊。"

(2)存在丰富的方言词。北京话中的方言词虽然不被视为普通话词汇,却在非北京地区广泛使用。有些北京话的方言词很容易理解,例如"打这儿起"(从这里、这时候开始)、"末了儿"(最后);有些则不易理解,如"棒槌"(门外汉)、"发小儿"(从小一起长大的朋友)。再如,夸东西"好",能分出几个档次来:"盖了、震了、没治了"是一顶一的好;"顶好、忒好",为第二档;"挺好、差不离儿",从感觉上就差点了;"不赖、还行",就相当于"过得去";"凑合、将就、对付",就只能放在最后了。

(3)会话中用词更为简练。相声《北京话》中车夫与顾客之间的一段有关讨价还价的对话就生动地体现了这一点。

顾客:三轮儿!

车夫:哪儿去啊?

顾客：东四。

车夫：五毛。

顾客：三毛。

车夫：四毛吧，多了不要。

顾客：站住，拉吧。

车夫：得。

（4）存在吞音等语流音变的现象。例如："不知道"/pu tʂɻ tɑʊ/在北京话中变为/puɻ tɑʊ/，"多少钱"听起来是"多儿钱"。一些韵母的实际发音与普通话有区别，尤其是在快速的语流中。

（5）北京话的语速比普通话更快，并且含混不清的情况更多。北京公交售票员的报站、维持秩序、提醒乘客刷卡让座是最典型的一个例子。百度贴吧"北京话吧"里的网友们还组织了一个模仿北京公交售票员的语音大赛，听了那些录音你就理解北京话多么快、多么含混不清了。

北京公交售票员语音大赛 http://tieba.baidu.com/p/2683545700

（6）存在一些不被普通话承认的字音异读。例如："和"用作"与、及"一意时，北京话也读 hàn，这和台湾国语"和"的发音一样。再如"忒热了"，"忒"读 tēi，但这些读音普通话基本不用。

北京话的这些特点使得不少外地人在刚来北京时听不清楚或者听不明白。

2. 儿化

北京人爱用儿化音，至于什么时候用"儿"根本不用想，张口就来，肯定没有错。这就是"语感"吧。但外国人、外地人尤其是南方人到了北京，最难听懂的就是"儿化音"，最难学说的也是"儿化音"。而要弄明白"儿化"的规律——什么地方可以儿化，什么地方不能儿化，那可是难上加难！

儿化的作用大致可以分为以下几类。

（1）具有区别词义的作用。儿化绝不仅仅是一种单纯的发音习惯，更不是好不好听的问题。例如："头"读正音时通常专指脑袋，而"头儿"则代表领导。另外，"头"也可以表示头发及发型（梳头、平头、光头），还可以表示次序居先或在前的（头车、头一天、头两年）。而"头儿"又表示物体的顶端或末梢（这头儿、山头儿、绳子头儿）、事情的起点或终点（开头儿、进电影院晚了没看见头儿、好日子到头儿了），还能当立场或倾向性讲（你跟他是一头儿的）。如果把"头"和"头儿"倒过来用，不光是听着别扭，很多情况下根本无法表义。

这样的例子随手就可以找到很多。

早点：早饭。　　　　　　　　　　早点儿：提前一些。

火了：发达了，事业兴旺起来了。　　火儿了：生气了。

小人：品格低下的人。　　　　　　小人儿：小孩子。

还有"事儿妈""事儿事儿的""劲儿劲儿的"，不加儿化都无法表明意思。

（2）可以区别词性。在多数情况下，加了儿化音的都是名词。还有种很典型的现象：北京话里有很多词是同音叠字，从词性上讲，前面一个字作动词，后面一个相同的字加上儿化作名词，放在一起就是一个动宾结构，用来表示一个动作。例如：画画儿、数数儿、盖盖儿，等等。

（3）表示细小、喜欢、亲昵等情绪。儿化常用来表示"小"，只要是相对细、小、轻、薄、少的，往往加儿化。而且多数情况下处于这种"小"状态的也更可爱些、更让人喜欢，比如说小动物：小猫儿、小狗儿；比如说食物：水果儿、羊肉串儿，还有北京人最爱吃的主食面条儿。

有首儿歌"小小子儿坐门墩儿，哭着喊着要媳妇儿。要媳妇儿干吗？点灯，说话儿；吹灯，做伴儿，早上起来梳小辫儿。"听着就可爱，去掉儿化音后感觉完全不一样。再看看"开花儿""宝贝儿""美人儿"这些例子，加了儿化后都有一种喜爱之情在里面。

不过，这些情况基本都属于口语时要儿化，书面语则不必。而像汤圆和汤圆儿、果汁和果汁儿等，不写"儿"字也不会有任何歧义。

（4）表示幽默、随意、亲切等风格。人名儿化一般仅对熟人，对陌生人为表示尊敬不儿化。儿化后叫起来随意轻松，比如，导演姜文、主持人刘纯燕一般都读成"姜文儿""刘纯燕儿"。

同样情况在对人的称呼里也很常见，家里排行老三的一般被称为"三儿"，大婶都会读成"大婶儿"。还有小王、小张、小刘，多数姓氏在使用这种加"小"的简称时基本上都会读成儿化音，显得很亲切。但姓氏前加"老"时不儿化，因为加"老"本身就有尊重的意思。但小李一般不儿化，是为了避免跟"礼儿""里儿"发生误解，姓李的一般昵称为小李子。

（5）可以区分事物的泛指特指、层次级别。公园为泛指，要加上儿化；而颐和园、圆明园是皇家园林，要是加上儿化说成圆明园儿，会让人笑掉大牙的。

以北京内城九门、外城七门、皇城四门为例，宣武门、德胜门、崇文门、安定门、东直门、西直门都是北京城的正门，是绝对不加儿化音的，更不要说正阳门和天安门了；而东便门和西便门，由于是老城的角门，规模建制要低于各个正门，所以一般会加上儿化。除了这些城门，各大公园、建筑、小区的对外的门都要有儿化音，例如颐和园的北宫门儿、天坛南门儿、清华西门儿。

单说"胡同"两个字的时候必须儿化成"胡同儿",包括同样作为概念泛指的"小胡同儿""死胡同儿""胡同儿文化"等,都要儿化。但只要这两个字前面加上了具体的胡同名称,则不管大小宽窄一律读成"某某胡同"。类似的例子还有:

馆:	宾馆	图书馆	展览馆	博物馆
馆儿:	酒馆儿	茶馆儿	拉面馆儿	饺子馆儿
院:	医院	学院	研究院	疗养院
院儿:	大院儿	小院儿	家属院儿	大杂院儿

(6)可以把事物变大。北京地名里的"桥"有两种,一种只是桥名,另一种还兼作地标。作为桥名,大的如卢沟桥、十七孔桥,新的如立交桥,读的都是正音;作为地名,如立水桥、六里桥读的是儿化"桥儿"。这些本来也是真正的桥,但时过境迁,有的河没水了,有的被拆了,而作为曾经的地标,桥的名字被保留下来,成了地名。类似的例子还有北新桥儿、白石桥儿、天桥儿。

东三环上的"呼家楼"以前是一片民居,但都是作苦力人住的贫民窟。只有呼家有一座小楼,算是个比较显眼的标志,于是就以"呼家楼"为地名,但要读儿化音。"呼家楼"早就没有了,可"呼家楼儿"还在。

最后需要提醒的是:一般情况下,儿化常常出现在词尾,但有时也可以在中间。北京人常说的"哥们儿""爷们儿"都是词尾儿化。但是"鸭儿梨""腊八儿粥",儿化音则在中间的那个字上。还有个典型的例子,"油饼儿"是词尾儿化,"馅儿饼"则不然。儿化的地方念错了,肯定不知道说的是什么。当然了,多数情况下儿化音都出现在词尾,但少数的、有变化的地方才最容易让人露馅儿。

以上这些确实可视为规律,但北京话里的儿化又早已不受限于这些规律。夸张一点儿说,北京话里几乎是无字不能儿化的。只不过相当多的儿化音只是口语中一种习惯性的后缀,并没有任何实际意义。比如:电影儿、上班儿、菜单儿、抽空儿、拐弯儿、亏本儿、手印儿、台阶儿、眼镜儿,等等,很多词在说的时候都是习惯于儿化甚至必须儿化的,但都不用写出来,因为不写也没人会误解其含义。

延伸阅读《北京地名里的儿化》

"口"一般都儿化:菜市口儿、珠市口儿、灯市口儿、闹市口儿、新街口儿、甘家口儿、磁器口儿、豁口儿、交道口儿、蒋宅口儿、五道口儿,以及所有大小街道的东口儿、西口儿、南口儿、北口儿,城区地名里的"口"基本上都儿化。不过到了郊区却有变化,比如"南口",在昌平居庸关附近;

"汤河口"，已经快出北京了，这两例无须儿化。

顺便说一句，实际上不单地名，"口"字凡当"进出通过处"及"容器与外部相通处"讲的时候也都儿化，如袖口儿、领口儿、瓶口儿、碗口儿、杯口儿及各种缺口儿。

"街"的情况则是只要冠以"大街"或加了"东、西、南、北"，一般读"街"的正音，当然也包括最"大"、最著名的长安街。而"街"前面是别的字时则经常读成"街儿"，如宽街儿、小街儿、南长街儿、北长街儿、煤市街儿、南横街儿、横盘街儿、兴隆街儿、福长街儿，等等，不过牛街及北京有数儿的几条"斜街"读正音。

"楼"字的儿化音，也容易搞混。钟楼、鼓楼没有儿化音，但"东便门儿角楼儿、故宫角楼儿"就有。说到各个城门时，比如正阳门城楼儿、德胜门城楼儿、永定门城楼儿乃至天安门城楼儿就都有儿化音；另外前门箭楼儿、德胜门箭楼儿也有儿化音。但是如果说"前门楼子"就没有儿化音了。"门楼儿"应该是有儿化音的。另外，北京原来叫牌楼的地方很多，西四、东四、西单、东单原来的地名后面都有"牌楼"，这里楼是轻声，但是没有儿化音。

"庙"，北京寺多，庙也多。如果单纯指寺庙，庙名就读正音，如护国寺、白塔寺、隆福寺。如果以庙名为地名，便该读儿化音，以表示"我不是住在庙里，而是住在庙附近的地方"，如黄寺儿、马神庙儿、红庙儿等。

"园"一般都儿化，官园儿、西罗园儿、郎家园儿、姚家园儿、潘家园儿、牡丹园儿、苹果园儿。

"庄"一般都儿化，小庄儿、车公庄儿、百万庄儿、左家庄儿、八里庄儿、黄庄儿、方庄儿、管庄儿、太平庄儿（不止一个）。

"屯"一般都儿化，三里屯儿、六里屯儿、海户屯儿、大屯儿。

"村"却很少儿化，中关村、魏公村、明光村、上园村，都读正音，而且连别的字都受影响。比如"花园"，放在村前面就读正音"花园村"，不放在村前面就要儿化，读"花园儿桥"或"花园儿路"。

"营"一般都儿化，玉泉营儿、菜户营儿、来广营儿、蓝旗营儿、火器营儿、小营儿、霍营儿、东铁匠营儿。

"店"除了周口店，一般也都儿化，麦子店儿、半壁店儿、羊坊店儿、十八里店儿，包括同音的马甸儿、厂甸儿。

"坟"也要儿化，公主坟儿、八王坟儿、六公坟儿、索家坟儿，凡指"人的坟"都儿化，但北太平庄往南的铁狮子坟一般不儿化。

"房"也多儿化，三间房儿、东官房儿、蒋养房儿、西八间房儿。

"井"，王府井儿、双井儿、沙井儿。

"河"，三里河儿、十里河儿、西坝河儿。

3. 方言俗语

北京是千年古都，融合了多民族的文化、习俗和语言。方言俗语不少来自少数民族语言。比如，表示垂下来的"奔拉"来自女真语，小街小巷的"胡同"来自蒙古语，食品"萨其马"是典型的满语。还有，请人谅解、饶恕的"央个"，说人的穿着不整洁、不利落的"邋遢"，表示性格怪异的"葛色"，都来自满语。北京话中的常用字"您"和非常用字"怹"也出于满语。

下面按照音序列举100个常用的方言俗语。

A

1. 碍事儿：不方便。

B

2. 棒槌：外行。
3. 甭：不用。
4. 变着法儿：想尽各种办法。
5. 不得（děi）劲儿：不是滋味。
6. 掰：断交。
7. 暴：过量。
8. 不吝：不在乎。
9. 八竿子打不着：关系疏远。
10. 白话：说话不着边际。

C

11. 搓火儿：生气，憋气。
12. 成心：存心，故意。
13. 残：残废。
14. 蹭：不花钱的享受。
15. 抄：碰巧买到了。
16. 趁：拥有。
17. 攒：编写。
18. 撮：吃饭。
19. 车轱辘话：总是说重复的话。
20. 抽抽儿：缩短及收缩变小。

D

21. 段子：一段故事或笑话的简称。
22. 点儿背：运气不好的意思。

23. 打嗑呗儿：说话含糊、结巴。
24. 断了念想儿：别再想了。
25. 大概其：差不多。
26. 逗闷子：开玩笑。
27. 抖搂（轻声）：一般叠用。（1）摆弄、抖动。（2）说一说，亮出来之意。
28. 兜圈子：有话不直说，顾左右而言他。
29. 打这儿：从此之后。
30. 打住：到此为止，别再说了。
31. 大老爷儿们儿：大男人。
32. 底儿掉：彻底。
33. 捯饬：打扮。
34. 大发：过分，过度。
35. 点补：正餐之前，吃些小食品使肚子不会太饿。
36. 掉金豆子：小孩儿哭。

E

37. 二把刀：技术不过关，不熟练。相对的是"两把刷子"。
38. 二百五：说话不当，行为不符合常规的人。

F

39. 发小儿：也作"发孩儿"，从小一起长大的朋友。

G

40. 葛色：怪癖，不好相处。
41. 跟：在。多用在"哪儿""那儿"之前。
42. 哥们儿：男性朋友之间亲近的称呼。
43. 得：行了，好了的意思。有时也做语气词。
44. 过：过分。
45. 隔三岔五：断断续续。
46. 膈应：厌恶，厌烦，恶心。
47. 过节：小的矛盾。
48. 裹乱：添乱，从中插入干扰的意思。

H

49. 哈喇味：一般指食品受潮发霉或过期后的味儿。
50. 回头：以后，有机会。
51. 齁（一声）：用于吃到嘴里时的味道。"很"的意思，有时也指过甜或过咸的腻。
52. 话密：话多。

53. 毁：污蔑，损坏。

J

54. 挤兑：排挤，排斥，逼迫。有时说"挤得"。

55. 叫板：挑战。

56. 急赤白脸：心急而脸色改变。

57. 筋道：东西有咬劲。

K

58. 抠门儿：小气，吝啬。

59. 裉节儿：关键时刻。

60. 块儿：身上的肌肉。

61. 侃、侃爷：吹牛。能吹牛的人，能说的人。

L

62. 溜溜儿：从始至终。

63. 遛弯儿：散步。

64. 劳驾：请别人帮忙时候的客套话，意思是"麻烦您！"

65. 老：总或很的意思，如同南方人说"好"代替"很"。

66. 撂挑子：扔下事情不管了。

67. 老家儿：老辈的人，多指父母。

M

68. 门儿清：由麻将术语演变而来，意为明白、清楚。

69. 末了儿：最后。

70. 门脸儿：（1）沿街可做商铺的房子。（2）指人的脸面五官等。

71. 吗：干什么，用在句前"吗呢？""吗去？"

72. 满世界（轻声）：到处。

73. 明镜儿：心里很明白。

74. 牛：非常厉害的意思。

75. 蔫儿坏：表面上没什么，心里特别坏。

76. 腻味：厌烦，烦躁。

P

77. 贫嘴：油嘴滑舌。

Q

78. 且：长时间，很长时间。

79. 怯勺：不懂事理，露怯。

R

80. 肉：木讷、迟钝、慢性子，办事不利落。

S

81. 涮：骗、耍的意思。

82. 旮旯儿：角落。

83. 死心眼儿：实心，老实。

84. 事儿：麻烦、啰唆的意思。

85. 谁跟谁呀：表示关系特别好。

86. 折（shé）：事情坏了。

87. 臊：害臊。

T

88. 添堵：找麻烦，让对方腻歪的意思。

89. 套瓷：拉近乎，搞好关系。

W

90. 味儿：臭味道大。

X

91. 歇：休息，完。

92. 瞎：没戏，不行。

93. 下套儿：下圈套的意思。

94. 消停：踏实，安静。

Y

95. 眼毒：过去买卖人的术语，眼光独到的意思。也作"眼独"。

96. 悠着点儿：适当地。

Z

97. 挣脸：争气，争光。

98. 嘴皮子：说话的功夫。

99. 走嘴：本来不想说，没留神说出来了。

100. 张儿：由一张"大团结"这个词引申来的。"大团结"即 10 元人民币，一张是 10 元。由此又引申到人的年龄，一张儿为 10 岁。

4. 北京话 PK 普通话

北京话：哥们儿您这（zhèi）忒过了啊，别玩儿大发（轻声）了！
普通话：你做得太过分了，事情可别弄到无法收拾。

北京话：你又跟我翻小账儿，陈芝麻烂谷子的你累不累啊？
普通话：你不要和我再提那些旧事，过去的就让它过去吧。

北京话：我整个儿一后娘养的，姥姥不疼舅舅不爱。
普通话：这里没有人关心我。

北京话：您还甭跟我甩片儿汤话，惹急了，爷谁也不吝！
普通话：你不要说废话，我会翻脸不认人的。

北京话：这儿念书忒贵了，我们（mǔ men）家老家儿挑费不起！
普通话：这里上学太贵了，我父母经济上承受不起。

北京话：胳膊（bēi）拧不过大腿，服个软儿就完事儿了。
普通话：你要识时务，跟人家道个歉吧。

北京话：他下了一带把儿的，恨不得见天儿嘿儿喽着。
普通话：他生了个男孩，非常疼爱，整天让小孩骑在自己的脖子上。

北京话：你甭抖机灵儿，弄那猫儿腻干吗啊？跟兄弟少耍点儿鸡贼，忒不局气！
普通话：你不要耍小聪明，对朋友要仗义。

北京话：你没搞过对象啊！三条腿儿的蛤蟆不好找，两条腿儿的人满大街都是！
普通话：不就是失恋么，别折磨自己，赶紧再找一个！

北京话：搞对象哪儿有姑娘上赶着的！
普通话：谈恋爱没有女孩主动的。

北京话：歇菜吧你，消停儿的，没个正形儿！
普通话：别说了，踏实一点，正经一点。

北京话：发昏当不了死儿，老天爷饿不死那（nèi）瞎家雀儿（qiǎor）！
普通话：不要绝望，天无绝人之路。

北京话：怯勺了吧！
普通话：不懂了吧？

北京话：你们俩不发小儿吗？又说翻扯（轻声）啦？
普通话：你们不是从小一起长大的么？又打架了？

北京话：别跟我这儿吊腰子裹乱，一点儿眼力见儿没有！
普通话：不要捣乱，我很忙，你要懂事。

北京话：您给喽喽（lōu）这玩意儿，我怕走了眼。
普通话：您帮我看看这东西，我不懂行。

北京话：合着我跟您这儿逗闷子呐？昨儿搓麻干我一底儿掉！
普通话：我不和你开玩笑，昨天玩麻将，我的钱全输干净了。

北京话：甭不言语，就您那点儿花活儿，蒙谁呢！
普通话：你不要以为不说话事情就可以瞒过去。

北京话：那（nèi）天末了儿（liǎor）他喝大了，高低儿全抖搂出来了！
普通话：他那天到最后还是喝多了，全说出来了。

北京话：你甭跟我装，磨磨唧唧，有事儿说事儿！
普通话：你不要绕弯子，说话啰啰唆唆的，到底想怎么样？

北京话：我跟那（nèi）主儿就是个半熟脸儿，听说他特事儿！
普通话：我跟他不是很熟悉，听别人说他这个人比较不好相处。

北京话：这小孩儿聪明！前奔儿喽，后勺子。
普通话：这个孩子看起来很聪明，脑门儿大，后脑勺儿也突出。

北京话：你不就是跟我拿糖吗？
普通话：你怎么能乘机要挟我？

5. 京味儿文艺作品

北京是中国的首都，也是文化中心，这里集中了全国高水平的音乐制作公司和影视集团，许多歌手、演员和幕后人才及相关产业的高手也都来到北京寻找机会。在这样的创作氛围和条件下，产生了大量的反映北京历史、地理、社会、人文和北京人的情感、工作、生活的文艺作品，下面我们就介绍三首"京歌"、三部电视连续剧和三部电影。

京歌

关于"京歌"，说法不一。专家们在一次电视节目的座谈中提过京歌应分为以下几种类型。一、京剧京歌，京剧元素较重的，如《唱脸谱》。二、京韵京歌，带有大鼓、评书等曲艺韵律的，如《前门情思大碗茶》。三、京味儿京歌，多是京籍歌手演唱的、反映北京生活的流行歌曲，如《胡同的故事》。除了以上三种，还有一首传唱度很高的关于北京的歌曲——2008 年奥运会歌曲之一《北京欢迎你》，也被大家所喜爱。

《前门情思大碗茶》

作曲：姚明

作词：阎肃

演唱：杭天琪（原唱）、李谷一、刘晓庆

《前门情思大碗茶》是一首流传很广的京味歌曲，浓郁的京味儿来自京韵大鼓的旋律，歌曲和曲艺的巧妙结合，让整首歌听起来亲切自然、富有韵味，深受人们喜爱。

歌词

我爷爷小的时候

常在这里玩耍

高高的前门

仿佛挨着我的家

一蓬衰草

几声蛐蛐儿叫

伴随他度过了那灰色的年华

吃一串儿冰糖葫芦就算过节

他一日那三餐

窝头咸菜就着一口大碗儿茶 来……

世上的饮料有千百种

也许它最廉价

可谁知道 谁知道谁知道它醇厚的香味儿

饱含着泪花

它饱含着泪花
如今我海外归来
又见红墙碧瓦
高高的前门
几回梦里想着它
岁月风雨
无情任吹打
却见它更显得那英姿挺拔
叫一声杏仁儿豆腐
京味儿真美
我带着那童心
带着思念再来一口大碗儿茶 来……
世上的饮料有千百种
也许它最廉价
可为什么 为什么 为什么它醇厚的香味儿
直传到天涯
它直传到天涯

《胡同的故事》

词曲：石洋

演唱：石洋

石洋，北京人，在胡同里长大，从小喜爱音乐。他的音乐作品词、曲、编曲、配器、演唱都由他本人完成，从中你会感受到来自北京人的最真实、最纯朴的情感。

这首歌曲是一个胡同里的孩子的真实生活——胡同口的大槐树、摇蒲扇的大爷大妈、小伙伴们拍洋画跳皮筋儿的欢乐、那让人流口水的小吃吆喝声。消失的胡同越来越多，它们的名字慢慢从地图上转移到历史书中。让我们从他的歌声中，听听北京人记忆中胡同的前世今生。

歌词

（画外音）：臭豆腐酱豆腐，小皮球香蕉梨，马兰开花二十一，二八二五六，二八二五七……二子，回家吃饭啦！京剧：咦——啊——

我是一个生活在胡同里的孩子，四合院里住着炸酱面我吃着，（画外音）：倍儿香。

每天大家为口嚼谷拼了命地忙着，只想好日子能够天天过着，

傻小子放学了小洋画儿拍着，小姑娘写完作业小皮筋儿在跳着，
老爷子没事了鸟笼子您溜着，老太太高了兴了秧歌小曲扭着。
（画外音）：呦，三大爷！呦，怎么着？爷们儿在这喝呢，这晚不晌儿，您这嘛去了？
在胡同口上看你三大妈那扭秧歌呢，嘿！没跟着扭会儿？我不行了，老了，腰不行。
您跟我们这喝点啊，喝点儿，喝点儿。拿一杯，拿一杯。不用，我拿瓶儿吹！
我一大清早起床就听见外边嚷嚷，什么你大爷呀你祖宗啊脏话满天飞扬，
两口子日子过着有事好好商量，甭管大事小事不要整天骂爹骂娘。（画外音）：就是。
结婚之前老爷们儿乖得像只绵羊，不管多苦多累也要讨好他那位姑娘；
结婚之后老爷们儿像个秦始皇啊，有着老婆孩子他还小秘伴身旁。
想起曾经初恋的姑娘，夕阳之下纯真的脸庞我醉了，我的心它醉了。
如今这个美丽的姑娘，穿着一件华丽的衣裳，她变了，她的心已变了。
东屋有个大哥他为人非常善良，有文化有素质他还是个热心肠。（画外音）：活雷锋。
街坊邻居有事他主动上去帮忙，他在大家的心目中像雷锋一个样。
西屋有个大姐她年轻也很漂亮，找了一个外国男友成天喊着留洋，
男友说是俄罗斯的其实老家新疆，天天装个大尾巴鸟他院里院外晃荡。
（画外音）：卖羊肉串的吧。
我说我说姑娘，你不要不要崇洋，外国没有烤鸭，只有面包香肠，
我说我说姑娘，你不要不要崇洋，外国没有豆汁，和天安门广场，
我说我说姑娘，你不要不要崇洋，外国就是再好，可亲人不在身旁，
我说我说姑娘，你不要不要崇洋，外国就是再好，可咱北京是故乡。
南院有个老娘儿们没事就闲的，天天站在胡同口上跟这个跟那个扯着，
舔个大脸一分二分麻将天天搓着，东家长西家短天天嘴里说着。（画外音）：讨人嫌。
胡同口里口外头总有几个混子，成天喝点猫尿那德行相就大了。（画外音）：撒酒疯。
外贸烟给别人发着天坛自己抽着，甭管下不下岗那二咄（dēi）子得喝着。（画外音）：天天喝喇嘛喽。
（画外音）：嗞喽一口酒啊，吧嗒一口菜啊，什么菜啊？喝成这样，手里攥着那二锅头，我啃着大白菜啊。（划拳声）

胡同里的麻将桌

胡同里玩耍的孩子

四条有个小伙子名字叫作二子，学也不念班也不上天天在家泡着，留个大长头发还天天抱把吉他，甭管寒冬还是立夏大军靴子蹬着。（画外音）：玩摇滚的，不怕热。

街坊邻居问他你天天为了什么？弹琴又不能当饭吃你将来怎么活着？

二子非常气愤在路灯底下喊着：音乐家！总有一天我的歌会唱遍全国的！

他活得自我，他的理想是一团火，燃烧着生活！

让别人去说，让他的生活像一团火，燃烧着你我！

胡同里的日子是千姿百态的，家家有本难念的经可大家都在念着，

无论是老还是少，也无论哭着笑着，大家盼望着幸福的生活能够一起过着。（画外音）：没错！

这里就是我曾经住过的胡同，这里就是打小生长的胡同！

这里就是我心中最热爱的胡同，这里就是北京千姿百态的胡同啊！

这里就是我曾经住过的胡同，这里就是我现在想念的胡同！

这里就是我心中最美丽的胡同，这里就是北京千姿百态的胡同啊！

《北京欢迎你》《Welcome to Beijing》

作词：林夕（中国香港）

作曲：小柯

原唱：华语群星（100人）

2008年北京奥运会倒计时100天主题歌《北京欢迎你》用音乐的方式向全世界发出邀请，为奥运加油。《北京欢迎你》以"同一个世界，同一个梦想"为主题，以北京普通人家的视角，采用民谣的旋律，表达北京对奥运客人的欢迎之意。

歌词

（陈天佳）迎接另一个晨曦 带来全新空气
（刘欢）气息改变情味不变 茶香飘满情谊
（那英）我家大门常打开 开放怀抱等你
（孙燕姿）拥抱过就有了默契 你会爱上这里
（孙悦）不管远近都是客人 请不用客气
（王力宏）相约好了在一起 我们欢迎你
（韩红）我家种着万年青 开放每段传奇
（周华健）为传统的土壤播种 为你留下回忆
（梁咏琪）陌生熟悉都是客人 请不用拘礼
（羽泉）第几次来没关系 有太多话题
（成龙）北京欢迎你 为你开天辟地
（任贤齐）流动中的魅力充满着朝气
（蔡依林）北京欢迎你 在太阳下分享呼吸
（孙楠）在黄土地刷新成绩
（周笔畅）我家大门常打开 开怀容纳天地
（韦唯）岁月绽放青春笑容 迎接这个日期
（黄晓明）天大地大都是朋友 请不用客气
（韩庚）画意诗情带笑意 只为等待你
（汪峰）北京欢迎你 像音乐感动你
（莫文蔚）让我们都加油去超越自己
（谭晶）北京欢迎你 有梦想谁都了不起
（陈奕迅）有勇气就会有奇迹
（阎维文）北京欢迎你 为你开天辟地
（戴玉强）流动中的魅力充满着朝气
（王霞 李双松）北京欢迎你 在太阳下分享呼吸
（廖昌永）在黄土地刷新成绩
（林依轮）北京欢迎你 像音乐感动你
（张娜拉）让我们都加油去超越自己
（林俊杰）北京欢迎你 有梦想谁都了不起
（阿杜）有勇气就会有奇迹
（京剧）北京欢迎你呀
（全体）北京欢迎你 有梦想谁都了不起
（全体）有勇气就会有奇迹

一百名歌手共同演唱《北京欢迎你》

电视剧

《奋斗》

  出品时间：2007 年

  导演：赵宝刚、王迎

  编剧：石康

  主演：佟大为、马伊俐、李小璐、文章、王珞丹、朱雨辰

  集数：32 集

  精彩剧集推荐：

  第 1 集 陆涛、夏琳一见钟情　第 13 集 杨晓芸、向南商场吵架

  第 27 集 华子、猪头哥们争执　第 32 集 众人找到真爱与归宿

  《奋斗》是 2007 年上映的一部爱情励志电视剧，既有青春偶像，又有现实生活，描写了六个北京刚毕业的 80 后大学生的情感生活和事业奋斗。

电视剧《奋斗》剧照

经典对白

陆涛：你会怎么做？

米莱：我绝对不会让你去有发展的公司，干什么事业。我要让你去找挣钱少、但是清闲的工作，天天跟你泡在一起。看电影、去迪厅、看展览、接着过学校的生活；把这种生活能延长多久就延长多久。我们俩还可以攒钱买奇瑞QQ，还是那个分期付款的那种。周末跟华子、向南去吃AA制的小饭馆、大餐；晚上去打台球，或者回家看DVD。我靠在你的肩膀上，把每个月挣到的钱花到剩最后一块，然后分头回家蹭饭吃。没有公司，没有什么事儿需要解决；没有应酬，没有别人，只为自己活着。我为你，你为我。

《贫嘴张大民的幸福生活》《Whatever Zhang Damin's Happy Life》

出品时间：1998年

导演：沈好放

原著/编剧：刘恒

主演：梁冠华、朱媛媛、霍思燕、赵倩、徐秀林

集数：20集

精彩剧集推荐：

第1集云芳被甩

第6集围树建屋

第13集妈妈走失

第18集大民下岗

《贫嘴张大民的幸福生活》讲述的是一群生活在社会底层的北京平民老百姓的故事。它用显微镜去观察普通人的生活困境，以淡淡的喜剧效果展现了张大民一家人追求幸福的过程。幸福的定义各有不同，而张大民的幸福就是知足常乐。

张大民这个爱耍贫嘴的角色正是北京普通市民的代表。他家里只有两间房，却要容下两对儿新婚夫

电视剧《贫嘴张大民的幸福生活》剧照

妇、两个妹妹、一个弟弟和寡母。为了每月多挣38块钱不得不去油漆车间工作……无论生活多么艰难，他都脚踏实地去面对。这部电视剧描述了很多人经历过的20世纪80年代的生活状态，观众看到张大民和他的一家，就从中找到了自己。

《大宅门》（一、二）

出品时间：2000年

导演/编剧：郭宝昌

主演：斯琴高娃、陈宝国

集数：第一部40集 第二部32集

精彩剧集推荐：

第10集　二奶奶设计赢回匾额

第19集　白手起家黑七泷胶庄

第40集　丫头香秀作正妻

第62集　杨九红悄然离世

电视剧《大宅门》共两部，以中华老字号"同仁堂"为原型，以导演郭宝昌在大宅门中的亲身经历，讲述了医药世家白府随着国家、民族的历史发展而经历的兴衰荣辱。这部电视剧跨越近百年历史，唱的是父母子孙、妻妾仆妓、至爱亲朋的悲欢命运之歌，演的是官场恩怨、情场爱恨、商场输赢的社会生活画卷。

观众称此剧为"五好电视剧"——故事好、演员好、导演好、后勤好、意

电视剧《大宅门》剧照

蕴好。据权威调查显示，《大宅门》开播首日的收视率即达15%，获得了

2001年中央电视台的收视冠军，在港台地区乃至国际上也获得了极佳的口碑。

电影

《霸王别姬》《Farewell，My Concubine》

出品时间：1993年

导演：陈凯歌

编剧：李碧华、芦苇

主演：张国荣、张丰毅、巩俐、葛优、英达

片长：171分钟

获得奖项：戛纳电影节金棕榈大奖

电影节：Cannes Film Festival Golden Palm Award

电影《霸王别姬》剧照

《霸王别姬》改编自香港女作家李碧华的小说。程蝶衣自幼被卖到京戏班学唱青衣，扮演女角使她对自己的性别是男是女产生了混淆，师兄段小楼跟他自幼感情很好，两人因合演京剧《霸王别姬》而成为名角。不料，段小楼却不顾程蝶衣的情感娶了妓女菊仙为妻。"文革"时期兄弟俩不得已互相出卖，程蝶衣对毕生的艺术追求感到失落，终于在再次跟小楼排演时自刎于台上。

影片涉及战争、同性恋、吸毒、自杀等话题，将两个京剧名角的悲欢故事，融进了半个世纪以来的中国历史发展，有史诗般的气质。

《阳光灿烂的日子》《In the Heat of the Sun》

导演：姜文

原著：王朔

编剧：姜文

主演：夏雨、耿乐、宁静

片长：134分钟

上映时间：1995年

获得奖项：威尼斯国际电影节最佳男演员奖
Venice International Film Festival

Best Actor Award

电影《阳光灿烂的日子》剧照

"文革"中的北京,大人们忙着"闹革命",工厂停产,学校停课。一群生活在部队大院里的十五六岁的男孩子,在耀眼的阳光与遍地的红旗中间,过着"灿烂"的青春岁月,有冲动、有幼稚、有冒险、也有成长。

马小军的父亲常年在外,没人管教的他结交了一帮"哥们儿",逃课、打架、抽烟、泡妞、刷夜成了他们这伙人的生活主题。影片以他的视角,来观察和感受时代环境,描写他的喜怒哀乐、胡作非为、友情爱情、梦想追求、性的幻想和幻灭。

本片根据王朔的小说《动物凶猛》改编,是著名演员姜文的导演处女作。作品真实地描绘了"文革"时期青少年的生活状态和青春期的困惑,反映了那个年代的暴力冲动和朦胧爱情。更有深意的是,用对青少年故事的描画,展示了一个时代和一个国家的无知、混乱和成长。影片以真实与想象相结合的回忆手法,引起了许多人对自己青春岁月的回忆,让无数观众产生共鸣。

《洗澡》《Shower》

导演:张扬
编剧:蔡尚君、刁亦男、霍昕、刘奋斗、张扬
演员:姜武、濮存昕、何冰、朱旭、李丁、封顺
片长:92 分钟
获奖:西班牙第 47 届圣塞巴斯蒂安国际电影节最佳导演银贝壳奖
电影节:San Sebastian International Film Festival
获得奖项:The Silver Shell of Best Director Award

电影《洗澡》剧照

一辈子经营澡堂的老刘是搓澡行业的一把好手，早年丧偶，膝下有二子。长子刘大明因不满现状离家南下多年，只有智商低下的小儿子刘二明守在身边，晚景凄凉。多亏有一群离不开澡堂子的老伙计们，老刘的平淡生活中才有了些喜悦。

　　二明的一张明信片让大明误认为父亲病逝，他匆忙从深圳赶回来。面对老迈的父亲、不懂人事的傻弟弟和这个破败的澡堂子，刘大明只能选择留下。从这时起大明才开始真正接触澡堂业，才试图去了解父亲，而此前近40年里，对父亲、对这个家，大明缺少的是理解和关心。

　　城市发展很快，到处都是拆迁和做发财梦的人，老澡堂子也受到某些人"热心的"关注。老刘立场坚定、态度坚决，决不和澡堂子分开，大明也心有所悟。可就在这时候，老刘静静地离开了人间。二明以他的方式慢慢消化着父亲的离去，大明则开始勇敢地面对生活的真实。

小结

　　随着北京城市的改造和扩展，老北京人已经成了"少数民族"，特别是"土著"北京人被疏散到四、五环以外，方言俗语已经被人淡忘，京腔京韵正渐行渐远，普通话正在慢慢替代老北京话。随着外来人口的增多，地道的北京话已经很难听到了。此消彼长，现在远离北京的港台语言、广泛传播的网络语言已经成为新的时尚。

　　老北京话应该倍加保护，它的逐渐消失令人惋惜。真不希望不久的将来，人们了解北京话得要通过看有名的京味儿话剧、读京味儿作家的名著，甚至去查相关的地方词典才行了。

附录

更多京味儿文艺作品推荐

京歌：

故乡是北京（词：闫肃 曲：姚明）

冰糖葫芦（词曲：冯晓泉）

北京土著（词曲：张伯宏）

有个老外在北京（词曲：肖亦平）

穷开心（词曲：花儿乐队）

电视剧：

家有儿女

我爱我家

人虫
五月槐花香
梦开始的地方

电影：
城南旧事
十七岁的单车
甲方乙方
我们俩
本命年

资料来源
聊聊北京话里的儿化音 路德的博客
http：//blog.sina.com.cn/s/blog_ 5ffd186f0100e263.html
渐行渐远的北京话
http：//bbs.bato.cn/forum.php？mod=viewthread&tid=4991891

第二单元
传统艺术

热身任务：

1. 集体讨论。你看过京剧吗？如果看过，谈谈你对京剧的了解。如果没看过，请上百度视频搜索《三岔口》，观看片段，说说故事发生的时间、地点，以及人物之间的关系。再看看延伸阅读中的介绍，看看说得对不对。

2. 听听鲍元恺的《京剧交响乐》（Bao Yuankai Symphony No. 3, Peking Opera），谈谈你对京剧和交响乐结合的看法。

3. 集体讨论。你听过相声吗？如果没听过，请上网搜索马三立的单口相声《逗你玩》、姜昆、唐杰忠的对口相声《省略语》听听，体会一下相声的感觉。然后，和你们国家的幽默语言艺术形式进行比较。

4. 观看电视剧85版《四世同堂》片头部分，欣赏主题曲《重整河山待后生》，谈谈对这首歌及演唱者的第一感觉，猜猜她的年纪。

5. 谈谈你从电影里看到的、书上介绍的、朋友那儿了解和商店里看到的老北京的传统玩具。

6. 说说你在北京看到的有特色的锻炼身体的方式。

7. 你去过前门附近的天桥吗？知道"天桥的把式——光说不练"这个歇后语吗？天桥都有哪些把式？为什么说他们是光说不练？

8. 巴西的圆圈桑巴舞（samba）、哥伦比亚的狂欢节（carnival）和日本的歌舞伎（kabuki）都是世界非物质文化遗产（world intangible cultural heritage）。说说你们国家有哪些非物质文化遗产，查查中国北京有哪些非物质文化遗产。

1. 京剧

京剧（Beijing Opera）又称京戏，至今已有200多年的历史。它的行当全面、表演成熟、气势宏美，是对近代中国影响最大的戏曲曲种之一，分布地以北京为中心，遍及全国。自1790年（清乾隆五十五年）起，"四大徽班"陆续进入北京，他们与来自湖北的汉调艺人合作，接受了昆曲、秦腔和一些地方戏曲的部分剧目、曲调和表演方法，通过不断地交流、融合，最终形成京剧。京剧的腔调以西皮和二黄为主，主要用胡琴和锣鼓等伴奏，被视为中国国粹。2010年11月京剧成功入选"人类非物质文化遗产代表作名录"。

（1）发展历史

1790年秋，为庆祝清朝乾隆皇帝八十寿辰，扬州盐商组织了一个名叫"三庆班"的徽戏戏班进京参加祝寿演出。这次祝寿演出规模盛大，从西华门到西直门外，每隔数十步设一戏台，南腔北调，四方之乐，让人大饱耳福。三庆班进京获得成功后，又有四喜班、和春班、春台班等徽班进入北京，并逐渐唱响京华剧坛，这就是所谓的"四大徽班进京"。从此，京剧开始慢慢形成。

1883年到1918年，京剧由形成期步入成熟期，代表人物为时称"老生后三杰"的谭鑫培、汪桂芬、孙菊仙。其中谭鑫培借鉴昆曲、梆子、大鼓等艺术门类的音调及京剧青衣、花脸、老旦等行当的唱法，将其融于老生的演唱之中，创造出独具风格的"谭派"，被称为"伶界大王"，形成了"无腔不学谭"的局面。

1918年后，京剧优秀演员大量涌现，流派纷呈，由成熟期发展到鼎盛期。1927年，北京《顺天府报》举办京剧旦角名伶评选。读者投票选举结果：梅兰芳以《太真外传》、尚小云以《摩登伽女》、程砚秋以《红拂传》、荀慧生以《丹青引》荣获"四大名旦"。"四大名旦"脱颖而出，是京剧走向鼎盛的重要标志。

四大名旦：前：程砚秋；后左：尚小云；后中：梅兰芳；后右：荀慧生

京剧的诞生与发展，与满清宫廷的喜爱是分不开的，特别是西太后慈禧频繁邀请名家在宫中献艺，京剧声势日强。"上有所好，下必甚焉"，很快京剧就打破了社会分层，在京城各个阶层里迅速流行起来，红遍了大江南北。

(2) 虚拟的舞台艺术

京剧创造了虚拟的表现手法，时间、空间、物品、动作都没有以原有的形式再现于舞台，所以有"一举杯一次宴会，一转身行程万里，六七步走遍天下，三五人百万雄兵""桨是船，鞭是马，边锣是水，更鼓是夜"的说法。京剧舞台上的一桌二椅，可以是绣床、帅位、牢房，也可以是山坡、桥梁、楼阁，演员用虚拟的动作来表示登山、涉水、跑马、行舟、开关门、上下楼、赏花观景、穿针引线等。这种虚拟的表演不是生活真实，而是经过加工的艺术真实，动作是舞蹈化、节奏化的，语言是音乐化的。

京剧演出时，大幕拉开，舞台上除一张桌子和两把椅子外，什么都没有。只有等演员出场，通过演员的表演我们才能知道舞台上表现的是什么时间什么地方什么故事，这就给演员的表演提供了自由的空间。

(3) 生旦净丑四大行当

京剧角色的行当划分为生、旦、净、丑四大行，每一种行当内又有进一步分工。

"生"是除了花脸以及丑角以外的男性正面角色的统称，又分老生（须生）、小生、武生、娃娃生。

"旦"是女性正面角色的统称，内部又分为正旦（青衣）、花旦、闺门旦、武旦、老旦、彩旦（摇旦）、刀马旦。

"净"俗称花脸，大多是性格、品质或相貌上有些特异的男性人物，化妆用脸谱，音色洪亮，风格粗犷。"净"又分为以唱功为主的大花脸和以做功为主的二花脸。

"丑"是喜剧角色，语言幽默、动作滑稽、惹人发笑。因在鼻梁上抹一小块白粉，俗称小花脸或者三花脸，又分为文丑与武丑。

生　　　　　旦　　　　　净　　　　　丑

(4) 程式化的表演

京剧表演将生活加以提炼、夸张、美化，表演手法分为唱、念、做、打四个方面，这也是京剧演员的四项基本功。

"唱"指歌唱，"念"指音乐性的念白，"做"指表情、手势和身段，"打"指武打。京剧有唱，有舞，有对白，有武打，有各种象征性的动作，是一种高度综合性的艺术。

戏曲演员从小就要从这四个方面进行训练，虽然有的以唱功为主，如老生；有的以做功为主，如花旦；有的以武打为主，如武净。但是要求每一个演员必须有过硬的唱、念、做、打四种基本功，只有这样才能充分地发挥京剧的艺术特色，更好地表现戏中的各种人物形象。

京剧的表演程式是在长期舞台实践中形成的，嬉笑、哭怒、乘车、坐轿、开打、水斗等都有一套完整的、相对固定的表现方式。比如扇扇子的动作，就有"文扇胸，武扇腹，丑扇脐，旦扇口，媒扇肩，僧扇手心，道扇袖"的说法。

(5) 伴奏乐器

如果说"唱""念""做""打"是京剧的血肉，那么"锣鼓经"就是它的骨骼。一阵锣鼓一段管弦，既可渲染磅礴的气势，又能烘托演员的表演。京剧的"唱""念""做""打"完全按照规定的节奏进行，"唱"要有板有眼，"念"要抑扬顿挫，"做"和"打"必须表现出鲜明的韵律。管弦乐表现唱腔的旋律，打击乐则是乐器中的灵魂。打击乐器有单皮鼓、板、小锣、铙钹、大锣等，称为"武场"；管弦乐器有京胡、月琴、三弦、唢呐等，称为"文场"。

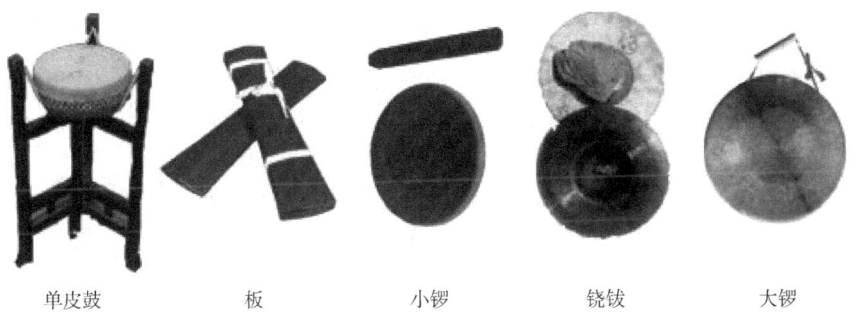

单皮鼓　　　板　　　小锣　　　铙钹　　　大锣

京剧打击乐器（从左到右）：单皮鼓、板、小锣、铙钹、大锣

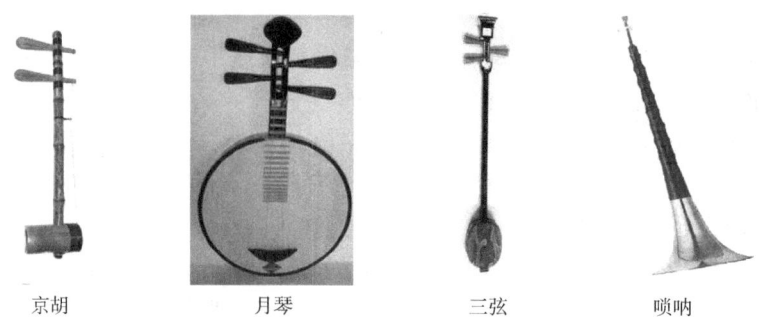

京剧管弦乐器（从左到右）：京胡、月琴、三弦、唢呐

（6）京剧的化妆与脸谱

"生""旦"面部妆容简单，略施脂粉，叫"俊扮""素面"。而"净"与"丑"则比较复杂，重施油彩，因此称"花脸"。"净"以各种色彩勾勒的图案化的脸谱为突出标志，表现的是性格气质粗犷、奇伟、豪迈的人物。"丑"在鼻梁眼窝间勾画脸谱，多为滑稽搞笑式的人物。

"净""丑"角色的勾脸是因人设谱，一人一谱，尽管它是由程式化的各种谱式组成，但却是一种性格妆，直接表现人物个性，有多少"净""丑"角色就有多少谱样，绝不相同。它具有"寓褒贬、别善恶"的作用，使观众能通过外表，看其心胸。因而，脸谱被称为角色"心灵的画面"。

脸谱颜色象征角色的性格、品质，这是京剧的一大特点，也是理解剧情的关键。简单地讲，红脸含有褒义，代表忠贞英勇，如关羽；黑脸为中性，代表正直无私，如包公；蓝脸和绿脸也为中性，代表骁勇顽强，如窦尔敦、武天虬；黄脸和白脸含贬义，代表阴险狡诈，如宇文成都、曹操；金脸和银脸，代表威严的神仙和有法力的妖怪，如孙悟空。

脸谱的作用，除表示性格外，还可暗示角色的命运，如项羽的双眼画成哭相，暗示他的悲剧性结局；包公皱眉暗示他苦思操心。脸谱的另一作用是"距离化"，拉开戏与观众的心理距离。脸谱好像一副面具，使观众无法分辨演员的本来面目，专心于京剧本身的审美和欣赏。此外，"素面"与"花脸"形成鲜明对比，更突出了生旦的俊美之相和净丑的怪诞之容。同时，脸谱浓重鲜明的油彩和多样的图案，再配上净行"吼叫式"的粗犷声腔，形成强烈的艺术刺激，有振奋精神和宣泄情绪的作用。

 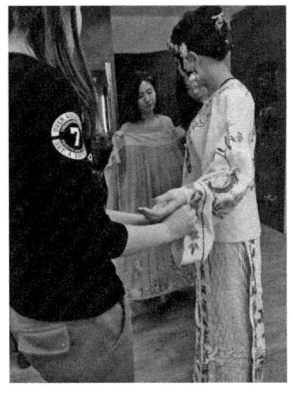 

化妆　　　　　　　　　穿衣　　　　　　　　　定妆照

《霸王别姬》中的项羽　　《竹林计》中的余洪　　《走麦城》中的徐晃
京剧脸谱

（7）京剧大师梅兰芳

京剧形成以来，涌现出了大量的优秀演员，他们为京剧的唱腔、表演、剧目和人物造型等方面的革新和发展做出了贡献。梅兰芳是其中的杰出代表。

梅兰芳（1894—1961年），名澜，字畹华，艺名兰芳。祖籍江苏泰州，1894年（清光绪二十年）出生于北京的一个梨园世家。他8岁学艺，11岁登台。梅兰芳是近代杰出的旦行演员，"四大名旦"之首。经过长期的舞台实践，他对京剧旦角的唱腔、念白、舞蹈、音乐、服装、化妆等各方面都有所创造发展，形成了自己的艺术风格，世称"梅派"。他的代表作有京剧《贵妃醉酒》《霸王别姬》等，昆曲《游园惊梦》《断桥》等。

1927年时的梅兰芳已经如日中天，却仍在为中国戏剧的发展上下求索。梅兰芳拜访音乐家刘天华，请他用五线谱记录自己的演唱，使中国戏剧的曲谱与国际接轨。两年后，在中国戏剧史上具有里程碑意义的《梅兰芳戏曲集》

正式出版。

梅兰芳是中国第一位获得戏剧博士的演员，在促进中国与其他国家间的文化交流做出了卓越的贡献。他是中国向海外传播京剧艺术的先驱，曾于1919年、1924年和1956年三次访问日本，1930年访问美国，1935年和1952年两次访问苏联，获得盛誉，并结识了众多国际著名的艺术家、戏剧家、歌唱家、舞蹈家、作家和画家，如印度诗人泰戈尔（Rabindranath Tagore）、美国好莱坞（Hollywood）影帝范朋克（Douglas Fairbanks）、默片大师查理·卓别林（Charles Spencer Chaplin）、意大利女歌唱家嘉丽·古契（Amelita Galli–Curci）、日本著名歌舞伎表演艺术家守田勘弥（もりた かんや），同他们建立了诚挚的友谊。他的这些活动不仅增进了各国人民对中国文化的了解，也使中国京剧艺术跻身了世界戏剧之林。梅兰芳的表演艺术与俄国的斯坦尼斯拉夫斯基（Konstantin Stanislavsky）、德国的布莱希特（Bertolt Brecht）的表演体系并称为世界三大表演体系。在西方人眼中，梅兰芳就是京剧的代名词。

中年梅兰芳

梅兰芳《生死恨》剧照

梅兰芳与卓别林

小贴士:

如果你想体验一下京剧演员的服装、化妆和身段并留下永久的纪念,可以去拍一套京剧角色艺术照。

"大众点评网"推荐京剧艺术摄影商家:

粉墨浓妆京剧摄影

地址:北京市朝阳区北土城东路樱花东桥元大都公园内摄影街

延伸阅读

梅兰芳故居纪念馆

梅兰芳故居纪念馆于 1986 年 10 月正式建成并对外开放。纪念馆坐落在北京西城区护国寺街 9 号,是一座典型的北京四合院,占地 1 000 余平方米。朱漆大门上挂着邓小平亲笔书写的馆名匾额,一进大门,迎面是青砖灰瓦的大影壁,影壁前安放着梅兰芳先生的汉白玉半身塑像。院内种有两棵柿子树,两棵海棠树,寓有"事事平安"之意。梅兰芳先生逝世前,曾在这幽静的庭院内度过了他生命的最后 10 年。

纪念馆收藏有梅兰芳夫人福芝芳及子女在 1962 年捐献给国家的大量珍贵文物、文献资料。馆内辟有 4 个展览室:正院北房为"故居陈列室",客厅、书房、卧室、起居室的各项陈设均保持梅兰芳先生生前原貌。外院南房为"第一陈列室",展出了精选的图片和资料,简单介绍了梅兰芳一生的主要艺术生活和社会活动;内院东房为"第二陈列室"存放着梅兰芳使用过的部分戏装、道具及一些馆藏资料;另一内室为专题展览,不定期更换内容。西房为"第三陈列室",展示国内外友人赠送梅兰芳的书法、绘画和其他纪念品。

经典剧目介绍

《十八罗汉斗悟空》取材于中国神话小说《西游记》第五至七回,讲述孙悟空大闹天宫后,玉帝派十万神兵跟踪捉拿,均不敌悟空。太上老君用金刚琢打倒悟空,将悟空抓到天界,刀砍斧凿俱不能伤,后投入老君炉中烧炼。悟空被炼成火眼金睛,跳出炉后戏弄老君。最后如来佛不得不派十八罗汉将悟空收服。

《虹桥赠珠》讲述的是一座神秘水城中美丽的女神碧波仙子与人间公子白咏由相互爱慕到结成姻缘的故事。他们的定情地点是在彩虹搭成的桥上,而定情的信物则是一颗宝珠。以二郎神为首的天兵天将,对他们的自主婚姻选择不能容忍,以武力兴师问罪。女神带领着众多虾兵蟹将奋力抗争,经过一番搏斗，宝珠发挥出无敌的魔力，女神取得最后的胜利。

《三岔口》又名《焦赞发配》，取材于《杨家将演义》第二十七至二十八回。解差押解焦赞行至三岔口，住在刘利华的旅店中。任堂惠奉命暗中保护，也赶到刘的店中宿下。夜深人静时，任、焦因误会引起搏斗，打斗间任被焦赞认出，任说明身份，二人解除误会。

京剧交响曲

鲍元恺《第三交响曲——京剧》（Bao Yuankai Symphony No.3, Peking Opera），通称"京剧交响曲"，2006年5月在北京试演，2006年9月2日由谭利华指挥北京交响乐团在北京中山音乐堂首演，2007年3月英国唱片公司EMI（百代）发行唱片。

全曲四个乐章：

第一乐章净，昆曲，悲壮的行板 Ⅰ – Jing – "The Painted face" a Solemn Andante using Kun – Qu music 12：01

第二乐章丑，曲牌，诙谐的急板 Ⅱ – Chou – "The Comedian" a Humorous Presto using Qu – Pai music 5：06

第三乐章旦，二黄，深沉的慢板 Ⅲ – Dan – "The Lady" a Profound Largo using Er – Huang music 12：00

第四乐章生，西皮，辉煌的快板 Ⅳ – Sheng – "The Man" a Splendour Allegro using Xi – Pi Music 12：37

这部交响曲以京剧中不同行当不同性格的音乐为基础，以西方交响乐的艺术手段，展现了中华民族深刻、丰富的精神世界。

资料来源

京剧艺术欣赏与知识 http：//blog.sina.com.cn/s/blog_ 4dd810090100u9lv.html

2. 民间曲艺

相声

相声（comic cross talk 或者 talk show）是以说笑话或滑稽问答引得观众发笑的一种民间曲艺形式。中国相声有三大发源地：北京天桥、天津劝业场和南京夫子庙。相声艺术源于华北，流行于京津冀，普及于全国及海内外。主要用北京话讲，各地也有以当地方言说的"方言相声"。相声始于明清，盛于当代。主要采用口头方式表演，形式有单口相声、对口相声、群口相声等。相声鼻祖为张三禄，著名流派有"侯派""马派""常派""苏派"等，著名表演大师有侯宝林、马三立、常宝堃、苏文茂等多人，后起之秀有郭德纲等人。

(1) 相声的艺术手段

相声一词，古作"象声"，原指模拟别人。在形成过程中，相声广泛吸取口技、说书等艺术之长，以"说、学、逗、唱"为主要艺术手段。

"说"是讲故事、说笑话和绕口令等。

"学"是模仿各种人物、各地方言和鸟兽叫声、叫卖声等其他声音。

"逗"是制造笑料，甲、乙二人，一宾一主，一智一愚，以滑稽口吻互相捧逗，褒贬评论，讽刺嘲谑。

"唱"经常被认为是唱戏，唱歌。实际上"唱"是指演唱"太平歌词"。太平歌词是相声的本功唱。有人把所有的歌唱类归于唱中，这是不对的。只有太平歌词是唱，其他的都为"学"。

(2) 相声的表演形式

相声的表演形式有单口、对口、群口三种。

单口相声由一个演员表演，讲述长短笑话。长篇单口相声，通常分为数次表演，类似于评书。

对口相声由甲、乙两个演员表演，不断说出笑料的甲为"逗哏"，是相声的"主角"；在旁边插话、帮腔的乙为"捧哏"，起配合作用。

群口相声由3个以上的演员共同表演，甲为"逗哏"，乙为"捧哏"，丙等为"腻缝"，穿插在"捧逗"之间，传递笑料。

(3) 相声的发展

清末民初时期，传统相声以揭露各种丑恶现象、娱乐大众为主，曲目有《关公战秦琼》《贾行家》《扒马褂》等，总数在200个以上。

新中国成立之后，相声借助收音机传播，迅速成为全国性、全民性的曲艺形式，以相声大师侯宝林（1917—1993）和马三立（1914—2003）为代表的大批演员逐渐转型，重新整理了传统相声，去掉了大量色情、挖苦别人生理缺陷之类的段子，创作了很多讽刺型的相声，讽刺旧社会或者新时代思想落后的人，如侯宝林讽刺不遵守交通规则的作品《夜行记》。

1958年后，相声创作开始配合政府方针政策的宣传，赞扬社会主义建设，歌颂型相声开始大量出现，以马季等为代表人物。侯耀文、石富宽表演的歌颂京九铁路建设者的《京九演义》，马季表演的歌颂社会主义农村新面貌的《新〈桃花源记〉》就是其中的典型。

进入20世纪八九十年代，随着电视的普及和小品的冲击，表演形式简单的相声不再受到观众欢迎而逐渐衰落，新段子越来越少，好段子更少。相声的地位逐渐为繁荣的小品所取代，相声的发展前途不被多数人看好。

相声大师侯宝林、郭启儒　　　　　　相声大师马季

郭德纲　　　　　　"80后"相声团体"嘻哈包袱铺"成员

　　关键时刻,"非著名相声演员"郭德纲提出"相声艺术要生存、要发展必须回归剧场!"1995年,郭德纲来到北京,与张文顺、李菁开始在京味茶馆、广德楼等地演出,并整理了600多段濒于失传的曲艺节目。在一批老艺术家的支持下,1998演出场馆从茶楼扩展到戏楼,并取名为"北京相声大会"。2003年,演出队伍达到了十几人,更名为"德云社",每周在天桥乐茶园演出五六场。"面向百姓,服务工薪"的票价策略使德云社的演出往往一票难求。

　　随后,以"80后"为主要成员的"嘻哈包袱铺"等相声团体兴起,网络语、流行语、新闻事件被他们巧妙穿插在传统相声里,其广告语也别出心裁:"不卖火柴,不卖香烟,不卖车子,也不卖房子,卖的是'乐子'",有强烈的时代感和喜剧感。

相声回归剧场，采取直接面向观众的方式，是对传统的致敬，也是其走出低谷的根本原因。在剧场演出时，相声演员直接向观众提问，或解答观众提出的问题，满足了观众的娱乐要求。在欣赏过程中，观众通过笑声表达自己的观点和态度。相声与观众成了"无话不谈"的朋友。如今，在很多小剧场、茶馆、剧院都能听到相当精彩的相声，在后面的剧场目录里找一家去感受一下轻松愉快的"笑的艺术"吧！

北京琴书

北京琴书艺术家关学曾

北京琴书源于河北廊坊及北京郊区的五音大鼓，形成于20世纪40年代，是流行于北京、天津、河北等地的大鼓曲种之一。表演形式是一人站唱，左手敲击铁片，右手执鼓槌击扁鼓，伴奏乐器为扬琴和四胡。"说似唱、唱似说"，唱腔中夹用说白，突出表现北京方言俗语，演唱效果奇佳，深受观众喜爱。

琴书的早期曲目以长篇大书为主，有《七国演义》《回龙传》等十余部；后来大师关学曾与琴师吴长宝多年合作，对它进行了改进，创作出了不少脍炙人口的新段子、短段子，其中最著名的是关学曾为导演张艺谋的同名电影写的《有话好好说》。

《有话好好说》（唱词片段）
　　我从小在北京
　　土生土长
　　没招过谁
　　没惹过谁
　　总想要点强
　　省吃俭用好不容易
　　我买了一个电脑
　　爱如珍宝小心翼翼
　　在书包里装
　　回归路上有人打架
　　我去把热闹看

真倒霉 一看打架可就遭了殃
过来他们就抢 我一点也没提防
万没想到抢去书包当了武器
抢起来乒乒乒 砸下去乓乓乓
这电脑算完了 我心里像挨了一枪
（下略）

快板

"快板"早年叫作"数来宝"，是从10世纪末宋代贫民乞丐要饭时演唱的"莲花落"演变发展而来的。演员边用竹板击打节拍边说词。一般短篇节目比较多，快板艺术形成后，也开始着重创作并表演长篇书目。

以前北京天桥就有"数来宝"场子，快板艺人们见哪里有空地就在哪里说，看见什么就说什么，随编随唱，抒发见解感情。

相声演员李菁在表演快板

从编、演到传唱，比什么形式都迅速，因此受到急性子的北京人的追捧。

下面我们听一段节选的《说唱老北京》。

跟着我的来，跟着我的看，
跟着我的走啊，跟着我的转。
这个您逛北京我陪伴，
咱们走了一个走啊转了一个转，
说着说着笑着笑着走了一个遍！
打永定门，往鼓楼看，
这本是老北京的中轴线。
东西城门由它分，四六九城依它建。
什么永定门，正阳门，紫禁城，三大殿，
万寿山，钟鼓楼中间全过这条线！
这条线叫卧龙线，想当年皇帝威坐太和殿，
就这条线您可别小看，他敢把皇帝的屁股分两半！
这条线似脊梁骨，您再逛北京心有谱。

跟着我的来，跟着我的看，
跟着我的走啊，跟着我的转。

（下略）

单弦

单弦产生于北京，起初是18世纪中叶清乾隆年间在满族子弟中流行的一种自娱娱人的演唱形式。演唱时用弦子和八角鼓伴奏，八角鼓由表演者自己摇或弹。清末民初许多单弦票友下海卖艺，出现了不少著名唱家，很受欢迎，成就了单弦艺术发展的全盛时期。目前所知的单弦曲牌共有100余支。出身世家的单弦表演艺术家马增蕙对单弦艺术发展做出了很大的贡献，她唱腔委婉动听，风格幽默风趣，作品《一盆饭》曾入选中小学教材。下面是单弦儿《北京风味儿小吃》的部分唱词：

单弦艺术家马增蕙

话说北京城有各种小吃
万紫千红各有各的味儿
有凉有热有块儿也有丝儿
您进了小吃店，先来碗豆汁儿
哎！那豆汁儿可是咱北京的风味儿呀
那外地人怕一时半会儿的喝不习惯
要想喝出点儿滋味儿来，那还有窍门儿呢
喝豆汁儿离不开那咸菜丝儿。

（下略）

京韵大鼓

京韵大鼓由河北省沧州、河间一带流行的木板大鼓发展而来，形成于京津两地。艺人们后来改用北京话的语音声调来吐字发音、创制新腔，专唱短篇曲目，称京韵大鼓。京韵大鼓具有半说半唱的特色，韵白在演唱中也占重要的位置，与唱腔衔接自然。主要伴奏乐器为大三弦与四胡，有时佐以琵琶，演员自击鼓板，掌握节奏。传统曲目有《单刀会》《战长沙》等数十段。中国人最熟悉的是85版《四世同堂》电视剧摄制组邀请年过七十的京韵大鼓艺术家骆玉笙录制的片头曲《重整河山待后生》，一经播出，大获成功，从此骆玉笙的名字响遍华夏大地。下面是部分唱词：

> 千里刀光影
> 仇恨燃九城
> 月圆之夜人不归
> 花香之地无和平
> 一腔无声血
> 万缕慈母情
> 为雪国耻身先去
> 重整河山待后生

北京的民间曲艺还远远不止这几种，不过随着一个个老艺人的相继离世，使得一些曲种濒临灭亡或者已经失传。如何在新时代、新环境中抓住观众，让大众喜欢曲艺应该是艺术家们面临的机遇和挑战。

京韵大鼓艺术家骆玉笙

资料来源

单弦儿《北京风味儿小吃》http：//tieba.baidu.com/p/1497929397

3. 手工技艺

手里揉的核桃，要纹理近似的"狮子头"；养只画眉鸟，笼子要黄花梨的……"北京玩意儿"很小，很有讲究，很有品位。景泰蓝、雕漆、兔爷、绢人、绒花、风筝、泥人……这些老北京传统手工技艺，是北京人的骄傲，透过它们，我们可以看到原汁原味的北京。现在，让我们一起重拾回忆，找到那些藏于闹市之中的手工艺人们，领略他们用十指造就的传奇吧。

景泰蓝

景泰蓝又称"铜胎掐丝珐琅"，距今已有600多年的历史。制作时先要用紫铜制胎，接着工艺师在铜胎上作画，再用铜丝根据所画的图案粘出相应的花纹，然后用色彩不同的珐琅釉料镶嵌在图案中，最后再经反复烧结、磨光镀金而成。刚从火中取出的景泰蓝颜色基本呈黑色，待其冷却后才显现出晶莹润泽、鲜艳夺目、五彩缤纷的样貌。因其在15世纪中叶明朝景泰年间盛行，制作技艺比较成熟，使用的珐琅釉多以蓝色为主，故而得名"景泰蓝"。

现代景泰蓝已变成了一种工艺品名称，而不是颜色了。

景泰蓝

景泰蓝是最具汉族文化特色的北京手工艺品之一，它采用金、银、铜及多种天然矿物质为原材料，不仅运用了青铜工艺，又吸收了瓷器工艺，同时大量引进传统绘画、雕刻、镶嵌技艺，是集冶金、铸造、绘画、窑业、雕、錾、锤等多种工艺为一体的复合性工艺过程，堪称集中国传统工艺之大成，因而自古便有"一件景泰蓝，十箱官窑器"之说。

景泰蓝诞生于皇宫，也是皇家宫殿的镇殿之宝。紫禁城太和殿、国子监辟雍宫、颐和园排云殿等这些帝王尊属的殿堂中，景泰蓝的光芒总是令人赞叹。据说，1779 年（乾隆四十四年）除夕年夜饭，只有乾隆皇帝的餐具是景泰蓝，而其他人全部用瓷器，可见景泰蓝在中国历史中扮演着怎样的角色。

明清时期的景泰蓝制品，大都供皇宫御用，直到清朝后期才作为商品出现在市场上。据有关史料记载，景泰蓝从 19 世纪 20 到 50 年代道光年间开始出口。1904 年，在美国芝加哥世界博览会上，景泰蓝"宝鼎炉"获得一等奖，后又在 1915 年巴拿马万国博览会上再获一等奖。由此景泰蓝在五洲四海名声大震，受到了各国人民的喜爱和称赞。2006 年，景泰蓝入选首批国家级非物质文化遗产名录。

现在景泰蓝多用于鉴赏收藏、商务礼品、室内外建筑工程装饰等。

面塑

面塑

面塑，俗称捏面人，是一种制作简单但艺术性很高的汉族传统手工艺品。它先是用面粉、糯米粉为主要原料，再加上颜料、石蜡、蜂蜜等成分，经过防裂防霉处理，制成柔软的各色面团，再捏出各种人物、花鸟鱼虫等。

说起面塑的起源，其实很平常。我国古代民间流传着逢年过节时用面粉做"馎馎""月糕""面鱼"的风俗,这些面食一般是作为祝福意义的食品或者祭祀的供品。这些用面做的"果实花样"既好吃又好看,还蕴含着求吉纳福的祝愿,深受人们喜爱。慢慢地,也就出现了专门捏面人的师傅,用模子或手捏成各种人物、动物摆到集市上,或者沿街售卖,那些彩色的面人儿逐渐就成了专供欣赏的民间工艺。

明清时期,面塑已经具有很高的艺术价值和经济价值,在发展过程中出现了一批著名的面塑艺人。19世纪末20世纪初的光绪年间,天津出了一位"面人张",艺术精湛,可惜其技艺后来失传。近现代面塑名家,以"面人汤"汤子博(1881—1971)、"面人郎"郎绍安(1909—1993)最著名。汤子博的作品多为历史人物和神佛塑像,代表作是"托塔李天王""郑板桥";郎绍安的作品多反映北京民间风俗,如"七十二行""坐洋车的女人""大娶亲"等。面塑不光受到民间喜爱,就是皇室贵族也喜欢把玩收藏。现今存放在故宫博物院的各式各样的面塑,就是清朝末代皇帝溥仪玩过的,出自著名的艺人汤子博三兄弟之手,至今仍然色彩鲜艳,完好如新。

自从《西游记》《三国演义》《水浒》《红楼梦》四大名著相继问世,其中的人物形象就成了面塑中常见的造型,尤其是美猴王孙悟空的形象,更为北京人所喜爱。此外,传统戏曲、民间传说、神话故事、漫画书、卡通片中的人物以及十二生肖和动物,均可作为面塑的素材。如今,面塑也刻上了时代印记,葫芦娃、蜡笔小新、奥特曼、2008年北京奥运会的吉祥物"福娃"等也被面塑艺人们捏制出来,销路很好。

活灵活现的面人放在精致的玻璃框内,成为人们喜爱的工艺美术品。它体积小,便于携带,又经久不霉、不裂、不变形、不褪色,因此为旅游者所喜爱,也成为馈赠亲友的佳品。外国旅游者在参观面人制作时,都为艺人娴熟的技艺、千姿百态的人物形象所倾倒,称北京面人为"中国的雕塑艺术"。

鬃人

北京鬃人是受皮影戏和京剧影响而产生的,形象来自京剧,形体则受到皮影戏的影响,整体呈锥形,胳膊扁平能摆动。人物造型的身高一般约9~16厘米,头和底座采用胶泥脱胎,用秫秸杆做身架,外绷彩纸或丝绸外衣,里边絮点儿棉花,然后依据人物故事勾画脸谱,描绘服饰。底座

鬃人

粘一圈约二三厘米长的猪鬃，便制作成了一个生动的鬃人。

数个鬃人组成一组戏剧人物，放置于铜盘中，"铛铛铛"，用小木槌轻轻敲打铜盘的边沿，靠猪鬃的弹力，盘中的人物便会舞动起来，再配上京剧的唱腔，一场武戏对打的"京剧"就这样开始了。因此，鬃人又称"盘中戏"。

这一独特的绝活结合了京剧文化和力学原理，窍门就在下面的底盘上：鬃人的底部都粘有一圈具有弹性的鬃毛，敲打的时候运用铜盘的振动作用，带动鬃人有规律地转动，它是所有中国民间艺术品中唯一呈现动态的。

北京鬃人在清末曾盛行一时，著名艺人是王春佩、王汉卿父子。1915 年，北京鬃人曾在巴拿马万国博览会上获得银质奖章。王春佩是个戏迷，所以他制作的鬃人穿戴扮相以及脸谱身段，都和京剧演出时一样，让赏玩者有在舞台前观戏的感觉。第三代传人白大成、白广成兄弟为了赋予鬃人灵气，始终坚持十几道工序全由一人完成。如今，鬃人已经获得北京市级非物质文化遗产认证保护。

泥人、面塑等只能静止欣赏，鬃人则既可以静观又可以拿来作玩具玩，所以就有了"登长城，吃烤鸭，看京剧，带回盘中戏"一说。

毛猴

毛猴是一种北京独有的民间艺术品，只有三四厘米高，浑身布满密密麻麻的棕色或白色的细绒毛，通体透明。乍看像是真毛猴儿的标本，其实只是一种供人们玩赏的手工艺品，最早出现在清朝末年。

相传在 19 世纪六七十年代的清朝同治年间，京城有一家"南庆仁堂"药店。一天，抓药的小伙计在摆弄药材之际，偶然发现蝉蜕（知了壳）、辛夷（玉兰花凋谢后留下的毛绒状物）、木通（木质茎）、白及（兰科）四味中药放在一起很有意思，便趁掌柜不在，做出了一个神似掌柜的小毛猴。之后，掌柜觉得小伙计的创作很有趣，便把这四味中药包在一起，作为"猴料"出售。慢慢地，毛猴就成为一种民间手工艺流传开来。

毛猴

毛猴的制作很简单。以长约 1 厘米、宽约 0.5 厘米、上尖下圆的辛夷作毛猴的身体，然后取下蝉蜕的鼻子为毛猴的头，大腿作毛猴的下肢，细腿作毛猴的上肢，再用木通作毛猴的斗笠，最后用白及（现为乳胶代替）把各部分黏合即可。毛猴的拟人生活场景和相关道具，多用纸和纸板剪裁、拼贴、黏合而成。

毛猴儿的形体完全拟人化，能生动地表现人的各种动作，由此组成种种社会生活的情景百态，尤其擅长反映老北京的市井生活，如剃头挑子、馄饨担子、推车卖水、洋车拉人、麻将竹战、对弈笔谈、脚行搬运、街头铜碗，等等。那种诙谐生动，用"沐猴而冠"比喻是再贴切不过了。随着时代的发展，很多生活中的新事物也成了"毛猴儿"的创作源泉，像"毛猴儿玩电脑""毛猴儿唱卡拉OK"等，成了毛猴儿的新形象。

延伸阅读

北京百工博物馆

北京百工博物馆又叫百工坊，位于东城区龙潭湖路，2005年对外开放，有近百个艺术门类、百余位工艺美术大师在此设立特色工坊及大师工作室。博物馆的陈列有核心主展区、综合陈列区，还配有电化教育区、学术交流研讨区、鉴定区和综合服务区，可以举办学术研讨、藏品拍卖、大师讲座、宝石鉴定、设计大赛等多种活动。

百工博物馆也是北京第一个"活"的博物馆，其中一大亮点是大师。已经入坊的有：景泰蓝大师张同禄、玉雕大师李博生和郭石林、泥人张传人张昌、料器大师邢兰香、工艺美术大师李邦秀、剪纸大师徐阳，等等。与其他博物馆不同的是，前来参观的人不仅能够欣赏手工艺制品，了解其发展史，还可以与来自全国各地的手工艺大师零距离接触，和他们一起创作、探讨。

中国百工博物馆经行业特准，可以边制作边展示边销售，这里是另一个独具特色的收藏天地，每天都吸引着慕名前来的人们。

营业时间：9：00～17：00

地址：东城区光明路乙212号

公交车：乘坐北京公交116路、34路、35路、36路、41路、6路、60路、684路、707路、743路、8路、807路、957路、957路快车、958路在"北京体育馆"下车。

自驾车：光明桥向西300米或天坛东门向东两站，大宝饭店对面。

胡同张老北京民间艺术馆

胡同张老北京民间艺术馆位于丰台区宛平古城内，是目前北京唯一一座全面立体展示北京民间文化的博物馆。展览由北平味道、民间玩具收藏、精品手工艺品收藏、重温传统游戏、手工艺制作体验和京味票房茶馆六大部分组成。胡同张老北京民间艺术馆留人赏、留人品、留人听、留人尝、留人玩，让参观者全身心地体验老北京的民间文化以及老北京人与人之间那种和谐、亲切、质朴的情感。

地道京味讲解是胡同张的又一大特色。操着纯正京腔的讲解员会向您讲述老北京的故事，和您一起交流对北京文化的理解和认识，让您体会老北京人的和气、热情、尊爱、礼仪。可以说，不论对于土生土长的北京人还是来到北京的外地人、外国人，走进胡同张老北京民间艺术馆，便开始了一次令人心驰神往的老北京文化之旅。

"胡同张老北京民间艺术馆"创始人张毓隽指出，他十分怀念儿时胡同里那种亲切、质朴的生活，而这种纯粹的老北京的生活方式应该作为一种文化遗产被保护起来，于是便有了这个将老北京吃、喝、玩、乐浓缩到一个馆中，全方位再现老北京生活的创意。

这里展现了老北京捏泥人、塑兔爷、吹糖人等传统手艺，以及小时候在胡同中玩的跳房子、弹弓子、拍洋画等游戏。游客可以参与彩绘脸谱、彩绘兔爷、扎风筝、捏泥人、陶艺、剪纸、折纸、做鬃人、做毛猴、做风车等手工艺品制作，作品留做纪念。

地址：北京市丰台区卢沟桥宛平古城内街西门82号（近卢沟桥）

时间：9：00～17：00 无休息日

票价：成人10元，学生、现役军人、老年人、残疾人凭有效证件半价优惠

4. 体育竞技

天桥在北京城南的前门和永定门之间，这个地方曾有一座石桥，是明、清两代皇帝到天坛祭天时的必经之地，故称"天桥"。

天桥是旧日北京最大的"露天娱乐场"，这里的民间艺人很多，各有各的固定表演场所，最著名的有"八大怪"。据老北京人讲，天桥"八大怪"在不同时期各有所指，活动于20世纪三四十年代的有绰号为云里飞（滑稽京剧）、大金牙（拉洋片）、焦德海（相声）、大兵黄（卖药糖）、宝善林（摔跤）、蹭油的（卖去污油肥皂）、拐子顶砖、赛活驴与其妻（唱莲花落）八个人。著名的京剧女须生孟小冬、评剧皇后新凤霞、相声大师侯宝林等都在天桥卖过艺。

时过境迁，20世纪60年代天桥把式场各类演出大部分停业，但是这些老北京传统体育竞技的后人把它们完整地传承下来，在节庆庙会、杂技表演和全民健身项目中仍然能看到举石锁、顶缸、耍中幡、摔跤、抖空竹等项目。

耍中幡

幡是旗的一种，尺寸有大小之别。幡按大小分为硕幡、中幡和小幡三类。硕幡比较重比较高，一般要在12米以上；中幡一般在9米左右，多数表演者选用的都是中幡；而小幡则只有3～4米，一般是在小型场地表演，比如剧场、茶馆等。中幡净重30多斤，它下粗上细，由两根竹竿拼成；中幡的竿顶悬挂一面0.5为宽、5.5米长的锦旗，旗的正面绣有祝福语句和吉祥图案，反面绣着表演团体的名称。有的竿顶上还有几层由锦缎、响玲、小旗、流苏组成的圆形装饰物，称为璎珞宝盖，舞起来不仅五彩缤纷，而且能发出悦耳的声音。

耍中幡1

据史料记载，幡起源于7至13世纪的唐宋年间，原来用作军队仪仗指挥、打猎时王旗的旗杆等。在行军或打猎休息时，旗手们为给皇上解闷，挥舞耍动大旗以博皇上欢心，鼓舞三军斗志。清乾隆年间，将原龙旗杆上加上伞，耍起来更是好看。后来加伞的大旗杆因形制壮丽、威武庄重，被用作迎接外交使者的仪仗活动。

旗手耍弄幡旗，尽显威武与智慧，因此中幡曾是清代朝佛、庆典活动的必备项目，备受回族、满族和蒙古族群众的喜爱。中幡演练的特点是惊险紧张、轻松幽默。惊险的动作往往使观众目瞪口呆，幽默的表演又使人捧腹大笑。在农村，常以精彩的中幡表演庆祝丰收。每年的北京年节庙会上，耍中幡都是"走会"的表演活动之一。它是一种历史悠久的传统民间艺术，又是一种体育与娱乐、力量与技巧相结合的传统体育项目。

从技艺角度来说，中幡包括手法和腿法，不仅练的是人的胆量、力量和技巧，还需要文武兼备、手眼一致，以扔得高、立得稳为准则。表演者或顶幡上额，或伸臂托塔，惊险动作连连不断，但始终幡不离身，竿不落地。十余米高、几十斤重的中幡在表演者的手掌、手背、肩膀、额头、下颚、脑门、下巴、后颈等处不断晃动、抛起、落下、上下飞舞、交替腾挪。

对中幡的发展起重要作用的要数王小辫。清朝末年，天桥老艺人王小辫

专题三 人文北京

耍中幡 2

从宫中的哥哥处学得此艺,改造成卖艺性质的表演。后来他又收宝善林为徒,将一身绝技传与他。由于宝善林之前练过摔跤,可以说是集摔跤、中幡两种绝活于一身,他率众表演的中幡、摔跤是天桥把式场最红火、最火爆、最受欢迎的项目。

20 世纪 50 年代,天桥中幡由宝善林先生执掌,众多徒弟中唯有付顺禄得到了唯一真传。60 年代天桥市场被取消,各种文艺演出被禁止。改革开放后,原宣武区文化委员会以弘扬宣南文化为宗旨,开展了挖掘、整理、保护天桥民俗系列文化活动。付顺禄先生之子付文刚成立了"北京付氏天桥宝三民俗文化艺术团",使一批天桥绝活得到传承。而到了今天,耍中幡更是得到了很好的发展,北京至少已经有 14 个团体、起码有 100 人可以表演。有的团体更将中幡传到了国外,在美国、法国、韩国都有常驻团体表演中幡。

作为老北京文化的缩影,北京天桥中幡于 2006 年已被列入首批国家非物质文化遗产名录推荐项目,被世人关注。

摔跤

摔跤一直是北京人喜爱的一项体育运动,早晨和傍晚时在公园里、在小树林里,经常能看到三五成群聚在一起的摔跤爱好者。

传说当年清康熙帝年幼继位,朝中大权落入敖拜之手,其大有"挟天子以令诸侯"之势。少年康熙便召集了一批少年,每日在御花园中摔跤玩乐,明为戏耍,暗为练兵。几年过后,这些跤手长大成人,个个武艺高强。康熙一见时机成熟,宣敖拜进宫商议国事。敖拜走上金殿,这时埋伏在周围的跤手们听到康熙一声令下,一举将敖拜拿下。从此,众跤手也都成了康熙身边的贴身护卫,并被编入"东西两翼善扑营"。每逢重大活动和庆典的时候,"善扑营"的扑户(摔跤手)们都要表演技艺。特别是皇帝宴请蒙古王公的时候,更要同蒙古来的跤手进行较量,获胜者会被皇帝授予"巴图鲁"(满语"英雄")的称号。到了民国,"善扑营"伴随着清朝的覆灭而消亡了。为了摆脱生活上的困境,扑户们(摔跤手)不得不开始卖艺的生涯。由于他们技艺精湛，表演又独具民族特点，因而极受观众的欢迎。

古代比较重视摔跤的技击功能和军事用途。近代以来，摔跤的表演娱乐功能日益彰显。有人曾经把老北京跤艺称作是"武相声"，它不仅具有对抗性，还有表演性和观赏性；不仅包含了各种摔跤的技巧，还聚集了很多民俗特点。

摔跤

谈到摔跤手的体型，讲究可不少。好跤手都得占这几个字：同、天、贯、日。"同"字体就是上下一般粗，身体棒、根基稳。"天"字体就是肩宽、腿长、个子高，不易被对方拿住"大领儿"（跤衣的后面脖领部分）。"贯"字体就是体格健壮，且腿脚灵活。"日"字体就是身体瘦长，且上下匀称。如果身材是"气、甲、由、申"型的，就占不到便宜了。

1985年以来，摔跤这项运动因为不是奥运会和全运会比赛项目而逐渐没落。空手道、跆拳道等"洋"体育的强力竞争，使老北京跤艺的生存空间被逐步压缩，其生存日益艰难。

老北京跤艺传人双德全和双德禄兄弟看到摔跤运动的衰落，心里特别不是滋味。为了心中的摔跤梦，双德全和双德禄自掏腰包买来跤衣和训练器材，在德胜门外的滨河公园办起了免费露天跤场。1995年，在相关部门的扶持下中国式摔跤训练基地正式成立，随后在好心人的帮助下，双德全和他的20多名弟子还第一次在华声天桥民俗文化城里有了一个属于自己的室内跤场。在这里，他们不仅训练和表演，每到寒暑假还免费面向学生开办摔跤培训班。

我们希望更多人知道、记起北京有过耀眼的中国式摔跤，愿"中国式摔跤"这朵体坛奇葩能够长开不谢。

抖空竹

空竹，也叫"地铃"，抖空竹也称"扯铃"。空竹一般为木质或竹质，因中空而得名，是一种用线绳抖动使其高速旋转而发出响声的玩具。

空竹为圆盘状，中有木轴，可具体分为单轮（木轴一端为圆

舞蹈中的抖空竹

盘）和双轮（木轴两端各有一圆盘）。双轮空竹比单轮空竹容易操作。圆盘四周的哨口以一个大哨口为低音孔，若干小哨口为高音孔。玩的人双手各拿一根两尺长的小竹棍，顶端系一根长约五尺的棉线绳，绕木轴一圈或两圈拽拉抖动。一手提一手送，不断抖动，随速度加快各哨同时出声，哨音像冬日里鸽子的叫声清亮悦耳。

空竹大小尺寸有几百种规格，最小的直径才有2厘米，最大的可达100厘米以上，但练习或表演用的空竹一般都为10～13厘米。尺寸小的空竹可练技巧；尺寸大的可练臂力、腰劲和腿劲。

抖空竹

抖空竹的动作，看上去似乎是很简单的上肢运动，其实不然，它是全身的运动，是靠四肢的巧妙配合完成的。一般的空竹约200～300克，也有为了练劲把空竹做得比较大的，从1公斤到几公斤的都有。玩者要在一刹那间控制它，在空中完成各种动作，过早过晚都要失败，需要做到反应快，时间准，动作灵敏、协调。

抖空竹运动量可随意控制，可视自己的体能来确定运动量。不必与人争抢冲撞，不受场地限制，占地小、器具简单投资少，男女老少都可参加。抖空竹寓游戏于运动之中，只要玩得开心，合理掌握运动量，不但能够达到强身之目的，还能享受到其中的乐趣，其锻炼效果不亚于慢跑、游泳、骑车、划船，而且价格低廉，易于学练，所以很受中老年人欢迎。

抖空竹原是一项有趣的民间游戏，中国北方逢年过节，人们都喜欢抖空竹。后来有了竞技性质，并成为传统的杂技项目。抖空竹集娱乐性、游戏性、健身性、竞技性和表演性于一身，是中国独有的民族体育运动之一，于2006年被列入第一批国家级非物质文化遗产名录。

附录
北京的文化演出场所（按音序排列）

·北京德云社（天桥乐茶园）

地址：北京西城区北纬路甲1号（天桥剧场斜对面）

公交线路：乘105电车、106电车、106路、110路、120路、17路天桥站下车。

· 国家大剧院

地址：中国北京市西城区西长安街 2 号

公交线路：

天安门西站：1 路、5 路、10 路、22 路、37 路、52 路、728 路、802 路；

北京供电局站：特 2 路、9 路、646 路；

前门西站：特 2 路、特 4 路、特 7 路、9 路、44 路、67 路、301 路、337 路、673 路、808 路、901 路。

地铁线路：1 号线天安门西站下车。

· 魁德社

地址：北京东城区前门延寿街甲 5 号

公交线路：乘 120 路、126 路、82 路、专 2 路，在前门站下车；乘 9 路，在北京供电局站下车；乘坐 57 路，在虎坊桥路口东站下车。

地铁线路：2 号线和平门站下车。

· 老舍茶馆

地址：前门西大街 5 号楼，正阳门城楼的西侧

公交线路：乘 17 路、22 路、43 路、826 路公交车至前门站下车。

地铁线路：2 号线前门站下车。

· 梅兰芳大剧院

地址：北京市西城区平安里西大街 32 号

公交线路：乘 13 路、19 路、21 路梅兰芳大剧院（平安里站）下车。

地铁线路：2 号线车公庄站下车。

· 三里屯剧场

地址：朝阳区工体东路 4 号（雅秀服装市场对面）

公交线路：乘公交 701 路、758 路、406 路，在工人体育场站下；乘 614 路、115 三里屯站下车。

地铁线路：10 号线团结湖站下车，西南口出。

第三单元
节庆文化

热身任务：

1. 北京人过春节时除了家人亲朋团聚拜年以外，还有什么方式来庆祝？
2. 你们国家的重大节日有没有集会活动？比如说狂欢节、大游行？说说与中国庙会的不同之处。
3. 你喜欢什么花儿？说说北京常见的花儿有哪些。
4. 你们国家的国花、你们城市的市花是什么？有没有大型的花展？
5. 你喜欢什么类型的音乐？在北京参加过音乐节吗？
6. 你对服装、时尚感兴趣吗？说说今年服装的流行元素或者流行色。
7. 说说你喜欢的汽车品牌、型号、颜色。

1. 庙会

庙会源于远古祭祀时的集会，从"庙会"两个字本身也可以看出这点。庙是供奉祖先神灵的建筑，庙会起源于寺庙周围，所以叫"庙"；小商贩看到烧香拜佛者多，在庙外摆起各式小摊赚钱，渐渐地成为定期活动，所以叫"会"。久而久之，"庙会"演变成了如今节日期间，特别是春节至元宵节期间的娱乐活动。当然，也有无庙而会的情况，如北京的龙潭湖、厂甸以及大部分国外唐人街庙会都是如此。

庙会会期固定，最初是在举行各种宗教节日庆典时举办，后来发展为某些固定日期，现代举办时间则多为春节到元宵节期间。

天坛庙会祭天仪式表演　　　　地坛庙会　　　　大观园庙会元妃省亲仪式表演

祭祀集会定期举行，附设一些商业活动。久而久之，庙会成了老百姓的购货市场，宗教活动倒是次要的了。庙会货物种类齐全，新鲜果蔬、日用百货、衣帽鞋袜等应有尽有，家庭主妇们大都愿意到庙会上去买东西，挑选方便，价钱便宜。而庙会的商贩们在一个庙会结束时会把全部家当搬到另一个庙会，虽然地点不同，内容却大同小异。

舞龙表演　　　　　　　　　　　　　　舞狮表演

古老的庙会流传至今，期间增添了不少新内容，现在已经演变为一种传统民俗，内容涵盖了宗教信仰、商业民俗、文艺娱乐、风味小吃等诸多方面。

庙会的展演内容非常丰富，如天坛庙会的祭天仪式，地坛庙会的祭地演出，北京大观园庙会元妃省亲的表演，其他还有武术、杂技、曲艺、舞龙、舞狮、旱船、秧歌演出，传统商业"幌子"展、民间手工艺展，等等。

玩儿的东西就更多了，有带响锤儿的彩色风车、五颜六色的大小沙燕风筝等各式玩具，有吹糖人、塑泥人、捏面人的各种手工技艺表演，还有套圈儿、打气球、钓鱼等各色游艺，卡通角色或者属相造型的毛绒玩具也很走俏。庙会以欢乐的氛围深深吸引着市井百姓。

中国人讲"民以食为天"，看了表演、玩了游艺、买了玩意，怎么能不吃点儿什么呢？此时便该风味小吃登场了：香气四溢的茶汤、五尺长的大糖葫芦、顶着红点的艾窝窝，外焦里嫩的炸灌肠，层层起酥的油酥火烧等宫廷小食、满回风味、民间美食应有尽有。下面我们就来看看北京各大庙会的特色吧。

护国寺庙会

护国寺庙会上玉器买卖很兴盛。很多高超的工匠集中在北京，使北京成为玉器加工集散地，庙会期间人们多爱来这儿淘淘玉器珠宝。扇子铺在庙会上也是个大行业，有便宜的蒲扇、中档的羽毛扇、高档的折扇和团扇。有的折扇和团扇上不仅雕花刻纹，还镶嵌珠宝玉石，扇面上有画师作画、大家题字，往往一把扇子就是一件珍贵的艺术品。

生肖玩偶

风车

吹糖人

隆福寺庙会

隆福寺曾经是北京名刹之一，香火兴旺，是"东西两庙"之东庙。隆福寺庙会的规模也曾居京城庙会之首，庙会上的洋烟画摊前常常是挤满了人。

集洋画片和集邮相似,要与人互通有无,隆福寺就成了交换洋烟画的"自由市场"。声名远扬的还有一样,那就是隆福寺小吃,这里保留着很多传统品种,受到老北京人的欢迎。

20世纪80年代因城市改造,独立经营的摊位和大棚都被拆掉,商户们搬进了设施先进的隆福大厦。现在原隆福寺的建筑已荡然无存,人气也随之减弱了许多。

厂甸庙会

厂甸是北京春节期间最热闹的地方,因看灯活动而闻名。清朝乾隆年间,政府为了皇宫和皇族的安全,把原在东华门、灯市口一带的灯市移到琉璃厂附近。上元节时搭棚悬灯,热闹非凡。宣武门外是各省会馆集中之地,各省考生多在此居住,闲时常到琉璃厂逛逛,对促进书画文玩、印刷装裱的发达起到了一定的作用。今天的厂甸庙会是北京城内唯一的开放式庙会,琉璃厂也成了名副其实的文化街。

白云观庙会

白云观是北京最大的道观,正月开庙的主要活动有山门"摸石猴",窝风桥上"打金钱眼",元辰殿里"寻找命星"等。"摸石猴"是为避免人多拥挤想出的一个主意,据说摸到门框上的石猴就能万事如意。于是人人想摸,就按先来后到排起队来,结果一顺百顺。"窝风桥"下的桥洞里吊着一枚大铜钱,铜钱孔中有一只小铜钟,上有"钟响兆福"四字。若能用手中的硬币投中铜钟,就能心想事成。这两项是庙会上最热闹的活动。

庙会小吃摊

茶汤

糖葫芦

白塔寺庙会

庙会期间，除与其他庙会类似的山货、百货、食品、玩具和农副产品等货摊外，文玩木器是白塔寺庙会的一大特色，卖蛐蛐罐、蝈蝈葫芦、鸟笼子的是这里的特色摊位。这些东西不但有它的实用性，而且由于制作讲究、工艺复杂，很多都已成为价值不菲的精美收藏品。

地坛庙会

1985年恢复举办，是北京恢复最早的庙会。地坛庙会以地道民俗、传统民间特色闻名于京城，每届庙会都要吸引游客百万余人次。

仿清祭地仪式表演是地坛庙会独有的传统节目，由向社会征集的"草根皇帝"带领200余名"文武百官"表演祭地礼仪，还原了皇帝祈求地神保佑、国泰民安、风调雨顺、五谷丰登的景象。北京地坛庙会短短半个月时间就接待百万人次游人，成为和哈尔滨冰灯节、自贡灯会、潍坊风筝节并称的中国四大群众文化活动之一，庙会胜景被誉为现代版的《清明上河图》。

北京石景山洋庙会

石景山游乐园是目前亚洲游艺项目最多的一个游乐园，2001年起创办了"洋庙会"。它采取老百姓喜闻乐见的民俗节庆活动形式，以"异域风情、童话世界、梦幻乐园"为主题，融欧美范儿、趣味性、娱乐性、参与性于一体，邀请北京百姓逛洋景儿、听洋曲儿、品洋味儿、玩洋游艺。它使国人不出国门即可领略异域风光、风情、风味；让外国人在北京过中国节时也能感受到故乡之情。"洋庙会"把中国民俗文化与西洋文化融合在一起，成为京城百姓欢度新春佳节时不可或缺的选择。

附录

北京十二大庙会公园地址及交通信息

· **北京八大处公园**

地址：北京市石景山区八大处路3号

公交线路：乘347路、389路、489路、598路、972路、958路八大处公园站下车。

地铁换乘公交线路：八角游乐园至苹果园站之间均可换乘公交车抵达公园。玉泉路换乘389路，八角游乐园换乘598路、598区间，古城站换乘958路，苹果园站换乘972路均可抵达公园。

· **北京国际雕塑公园**

地址：石景山区石景山路2号（地铁玉泉路A出口西侧）

公交线路：389、452、472、78、79、597、736、958、特10路鲁谷路东口下车，78、79、338、389、436、481、507、564、597、472、473、736、941、运通114路玉泉路口南下车。

地铁换乘公交线路：地铁1号线玉泉路下车，乘坐337、373、452、76、472、473、736、728路玉泉路口西（东）下车。

• 北京欢乐谷

地址：北京市朝阳区东四环小武基北路

公交线路：乘674、680、687至终点站北京华侨城南站，下车后向北步行数分钟即到。740、840、29、743、753、683、801在弘燕桥、紫南家园、北工大东等站下车步行20分钟即到。

• 北京石景山游乐园

地址：石景山路25号

公交线路：乘318、325、327、337、354、472、527、545、597、598、598区、663、941、958、959、977支线等公交车直达。

地铁线路：乘1号线八角游乐园站下车即到。

• 朝阳公园

地址：朝阳区朝阳公园南路1号

公交线路：乘976、406、305、750、988、731、729、758、831、834、815、847、302、705、117、703、710、419、31、973、431、984、754、985路朝阳公园南门站下车。

• 大观园

地址：北京市西城区南菜园街12号

公交线路：乘122、351、395、56、59、744支线、800、819、922、939、423、721、特3路大观园站下车。

• 地坛公园

地址：北京东城区安定门外大街2号

地铁线路：2号线到雍和宫或安定门站，地铁5号线雍和宫或和平里北街站。

公交线路：乘13、116、62、130、684、909、75、特12、特2路汽车到地坛南门，104、108、124路电车或27、104快、119、407、328、特11路、18、113到地坛西门，125、117到地坛东门站下车。

• 东岳庙

地址：朝阳区朝外大街141号

公交线路：乘101、109、110、112、750、846、813路到神路街站下车。

地铁线路：1号线到朝阳门站下车往东600米。

・莲花池

地址：丰台区莲花池路48号

公交线路：乘323、324、300、368、运通103、57、1、4、964、964支、321、309支、339路六里桥北里站下车，向北200米路东莲花池公园西门入；乘特7、309、719、620、704、122、38、927、410、715、390、917、340、6、50路六里桥或莲花池站下车；乘48、937、21、52、47、823、848、320、373、609、特1、387路北京西站下车，通过北京西站通道，北京西站南门出，莲花池公园东门入。

・龙潭湖公园

地址：北京市东城区龙潭路8号

公交线路：北门：乘686、687、35、41、957、750、561路光明楼下车。西北门：乘60、8、116、6、12、352、958路北京游乐园下车。东门：乘122、51、特3路肿瘤医院下车。

・陶然亭公园

地址：北京市西城区太平街19号陶然亭公园内

公交线路：

陶然亭公园南门：乘122、458、53、692、741、800、927、997、特3、运通102路

陶然亭公园北门：乘40路

陶然桥北：乘102、106、14、343、603、613、66、70、特5路

地铁路线：4号线陶然亭站下车。

・圆明园公园

地址：北京市海淀区清华西路28号

公交线路：乘331、365、432路圆明园站下车。

地铁新路：4号线圆明园站下车。

2. 花会

北京是一个四季分明的城市，所以有"春有百花秋有月，夏有凉风冬有雪"之说。春天百花争艳，夏天浓荫蔽日，秋天落英缤纷，冬天松柏长青。北京一年中的气温在35度与零下20摄氏度之间，所以植被花木品种繁多，北京的城市公园、郊区景点一年四季都有"花会"。花会原指汉族在节日举行的各种游艺活动，但此"花会"非彼"花会"，这里的"花会"是指百花的聚会、盛会。在北京即使随便走走，车道中间的隔离带、十字路口的文化广场、居民小区的休闲花园都会有花儿扑面而来，专门赏花的公园、景区、展

览、文化节实在不少,永远不会发愁无处看花。下面我们就来看看什么时候、去哪儿、看什么花吧(见下表)。

品种	花期	花节/花会
梅花	三月初~四月中	明城墙遗址公园梅花节
杏花	三月底~四月中	凤凰岭杏花节
樱花	三月底~四月初	玉渊潭公园樱花文化展
玉兰花	四月初~四月中	大觉寺玉兰文化节
梨花	四月中	大兴梨花节
丁香花	四月中	戒台寺丁香文化节
海棠	四月中~四月底	恭王府海棠雅集
		元大都遗址公园海棠花节
桃花	四月中~五月中	平谷国际桃花节
郁金香	四月中~五月中	中山公园郁金香节
牡丹	四月底~五月初	红螺寺牡丹紫藤花节
		景山公园牡丹节
荷花	六月~八月	北海公园荷花展
		圆明园公园荷花节
菊花	九月~十一月	世界花卉大观园菊花展

梅花

《梅花》

北宋　王安石

墙角数枝梅,

凌寒独自开。

遥知不是雪,

为有暗香来。

梅花

梅花是中国的传统名花,已有3 000多年的栽培史。梅花有紫红、粉红、淡粉、淡黄、纯白等多种颜色,成片栽植的梅林,红如朝霞,白似瑞雪,它独步早春、凌寒留香的品性历来为人们所喜爱,与松、竹合称"岁寒三友",又与菊、竹、兰并称

"四君子"。

推荐赏花地点:

北京明城墙遗址公园每年都举办梅花文化节,"以城为依、以梅为介、以文聚神",注重传承梅花精神,充分展现历史文化资源,突出"生态、文化、和谐"三大元素。

卧佛寺门前两株含苞欲放的蜡梅,颜色嫩黄,光泽似蜡,常引得人们慕名而来驻足观赏。中国人认为"花是将开未开好",所以有"探梅""访梅"之说。

杏花

《苏溪亭》

唐代　戴叔伦

苏溪亭上草漫漫,

谁倚东风十二阑?

燕子不归春事晚,

一汀烟雨杏花寒。

在北方,杏花是最早传达春意的使者。自古以来,杏花都被当作美人的代表,人们常用"杏脸桃腮"来形容美女。杏花有变色的特点,含苞待放时花蕾是艳红色,随着花瓣绽放,花色会由浓变淡,逐渐从红色、粉色慢慢变成凋落时的白色。

杏花

推荐赏花地点:

北京凤凰岭自然风景区 600 亩杏花开得最美的时候,与三五好友树下赏花小憩,岂不快哉?

北京八达岭长城四周山坡上栽有上万亩杏树,清明前后杏花次第开放,形成万花丛中看长城的独特景观。

樱花

玉兰花

樱花

《樱花》

近代 邓尔雅

昨日雪如花，

今日花如雪。

山樱如美人，

红颜易消歇。

樱花的花期极短，从开花到凋谢不过 7 日，而整棵樱花树从开花到全谢也只有两周左右。樱花花瓣在风中飞舞，诗情画意，美不胜收，令无数赏花者不禁感慨樱花短暂而绚烂的一生。

推荐赏花地点：

玉渊潭公园。1972 年日本首相田中角荣携 1 000 株大山樱到中国访问，其中 180 株植于玉渊潭公园。如今，这里是华北地区最大的樱花专类公园。

梨花　　　　　　　　　丁香花　　　　　　　　　海棠花

玉兰花

《题玉兰》

明代 沈周

翠条多力引风长，

点破银花玉雪香。

韵友自知人意好，

隔帘轻解白霓裳。

玉兰花花繁瓣硕，颜色白中带粉、粉中蕴白、粉浓近紫，一杆一花，鲜而不艳，秀而不媚，俊逸高贵。

推荐赏花地点：

长安街新华门两侧是北京有名的免费赏玉兰的地方，白天来此，红墙白花，衬出了一种肃穆的美丽；夜晚经过，华灯映照下的玉兰也别有一番韵味。行人们无不慢下匆匆的脚步，在花下留影。

大觉寺玉兰姿、色、香均为北京之最。据说这儿的玉兰花是随已逝的住持迦陵禅师从四川移植到京师的，至今已有近 300 年历史，堪称玉兰之最。每年花开，银花缀树，如云锦布地；花香袭人，似紫气东来。

潭柘寺的玉兰品种很多，"花魁"是毗卢阁前的两株，人们以三国时期的两位美女"大乔、小乔"相称。据说"二乔玉兰"植于明代，已有 400 多年的树龄，树干直径粗已过尺，高三四丈，每朵花均有 9 枚花瓣，颜色外紫内白，清丽脱俗。

梨花

《东栏梨花》

宋代 苏轼

梨花淡白柳深青，

柳絮飞时花满城。

惆怅东栏一株雪，

人生看得几清明！

梨花的白，通透纯粹；梨花的美，简单宁静。喜爱梨花的人通常都是有些小情调的人，当走进梨花海洋，赏花便是赏自己的心灵。

推荐赏花地点：

大兴万亩梨园保存着百年以上的古树 30 000 多棵，成为全国少有的平原古梨树群落，其中贡梨树的树龄已经有 416 岁了。万亩梨花海，没有门和门票。这些梨树就蔓延在路边，游客可以选一处安静的地方停车走进梨树林间，开始粉淡清幽的赏梨花之旅。

丁香

《丁香》

唐代 陆龟蒙

江上悠悠人不问，

十年云外醉中身。

殷勤解却丁香结，

纵放繁枝散诞春。

丁香花小，一簇一簇的，有白有紫，味道是幽幽的香，特别是晚上，远远飘来浓郁花香，让人如痴如醉。

推荐赏花地点：

丁香是戒台寺最珍贵的花木之一，共有 1 000 多棵，其中 200 年以上树龄的就有 20 棵，相传是乾隆皇帝命人从圆明园的畅春园移植来的。如此古老的丁香，在故宫的御花园内也仅有两棵。花香浓郁处，许多年轻情侣纷纷寻找五瓣丁香。按照民间的说法，五瓣丁香能给人带来永远的幸福。

法源寺的丁香是"法源寺三绝"之一。寺内的前庭后院都种植了丁香，不但数量繁多，而且品种、花色各异。诗人纪晓岚、黄景仁、龚自珍和宣南诗社都在这里留下了诗篇。诗人徐志摩也曾陪同印度诗人泰戈尔来此赏丁香，成为文学史上的一段佳话。

桃花

牡丹

郁金香

海棠

《海棠》

宋代　苏轼

东风袅袅泛崇光，

香雾空蒙月转廊。

只恐夜深花睡去，

故烧高烛照红妆。

海棠花开似锦，雅俗共赏，有花中神仙之称。在皇家园林中常与玉兰、牡丹、桂花相配植，形成"玉棠富贵"的意境。

推荐赏花地点：

元大都遗址土城公园里的"海棠花溪"，每年4月底西府海棠、垂丝海棠、木瓜海棠等十几个品种3 000多株争奇斗艳，美不胜收。这里的海棠花节与香山植物园的桃花节、玉渊潭的樱花节并称北京春天的三大花节之一。

恭王府临水而建的"澄怀撷秀"又名"海棠轩"，每年暮春海棠花开时，许多文人墨客都来赴"海棠雅集"，赏花赋诗、吟词作画。

荷花

菊花

桃花

《题桃树》
清代　袁枚

二月春归风雨天，
碧桃花下感流年。
残红尚有三千树，
不及初开一朵鲜。

桃花美，美得放肆浓艳，是集万千宠爱于一身的大众情人。

推荐赏花地点：

平谷素有"大桃之乡"的美誉，22万亩种植面积堪称世界上最大的桃园。去平谷看桃花可以在万亩桃花海亲近桃花，可以登上小金山远眺桃花，也可以穿越百里桃花走廊观赏桃花。以花为媒的北京平谷国际桃花节已成为春日里一道明媚的风景线。

北京植物园里的碧桃园以桃花品种繁多取胜。桃花节期间，园内寿星桃、菊花桃等近70个品种竞相绽放，色彩艳丽，花姿优美，令游人心醉。

郁金香原产荷兰，是个舶来品。北京的郁金香一般都是在7、8月份从荷兰进口种球，10月底种植在地下，第二年的4月进入花期。

推荐赏花地点：

中山公园是北京赏郁金香最好的地方，公园风格古色古香，郁金香色彩浓艳。中山公园目前已有50多万株、142个品种的郁金香，而且每年都推出若干新品种。每年的郁金香展都有主题设计，2014年"荷兰风情"主题通过郁金香与木鞋、风车、啤酒桶等荷兰元素实物展现荷兰的风土人情，吸引了不少游客赏花、摄影。

牡丹

《赏牡丹》
唐代　刘禹锡

庭前芍药妖无格，
池上芙蓉净少情。
唯有牡丹真国色，
花开时节动京城。

牡丹花朵硕大，雍容华贵，有"天香国色"的雅号，是中国的国花。

推荐赏花地点：

景山公园的牡丹花既有皇家传统的牡丹名品，也有著名的洛阳牡丹、荷泽牡丹，还有珍奇的甘肃牡丹、江浙牡丹，共150多个品种，涵盖了八大色系，九个花型，以"株高、龄长、花大、色艳"名冠京城。

红螺寺的牡丹花紫的浓郁、白的淡雅、粉的清新,最不容错过的要数"三圣殿"前的几株牡丹花了,花龄均在260年以上,与古刹殿宇相互映衬,别有一番韵味。

荷花

《晓出净慈送林子方》

宋代　杨万里

毕竟西湖六月中,

风光不与四时同。

接天莲叶无穷碧,

映日荷花别样红。

荷花,又名莲花。盛夏时节的湖水中,一层层的荷叶上滚动着晶莹的水珠,一枝枝或粉或白的荷花亭亭玉立,散发着淡淡的幽香。一丝丝清凉,一缕缕诗意,令人心旷神怡,流连忘返。

老北京人有"夏赏荷"的习惯,平民百姓到什刹海、莲花池、金鱼池等地赏荷乘凉。北海、颐和园的荷花,故宫御花园的睡莲,则为皇家独享。很多寺庙也以养荷著称,以示"禅房花木深"的意境。北京有"崇效寺的牡丹,天宁寺的荷花"之说。四合院中也多有盆栽的荷花、睡莲。现在京郊乡村也植有大面积的荷花,像通州区的台湖村等。全天中观赏荷花的最佳时段为上午6:00~10:00。如遇上阴天或细雨天,则更添一分雅致。

推荐赏花地点:

莲花池公园属北京市一级古遗址公园,以莲花著称,距今有3 000多年的历史,有"先有莲花池后有北京城"之说。公园里6 000余盆盆栽品种以及莲花湖中20 000平方米的荷花,为游客们提供了一个提升幸福感的好去处。

什刹海的荷花市场得名于当年这里满湖的荷花。据说元明清历代大力提倡养殖荷花,什刹海水面除了船道外几乎全部被荷花覆盖。如今,这里的荷花在酒吧霓虹的映衬之下,更显清幽高雅,出淤泥而不染。

紫竹院公园自1962年栽种荷花以来,已有40多年的历史。公园在湖中间开挖了一条长约800米的航道,游客可乘船从荷花丛中穿过,形成了特有的"莲花渡"风景。

菊花

《菊花》

唐代　元稹

秋丛绕舍似陶家,

遍绕篱边日渐斜。

不是花中偏爱菊,

此花开尽更无花。

菊花一直是秋天的宠儿。北京人爱菊、种菊、赏菊、饮菊花酒的传统由来已久，因此菊花与月季同被选为北京市市花。菊花花期长，色泽艳丽，适合营造花海、花田、花带的大色块景观，常被用作大型场景布置如国庆广场摆花等。

推荐赏花地点：

顺义国际鲜花港30万平方米内近1 000万株的菊花，分为"悠然见南山""九九又重阳""梦归田园""盛世华彩"四大乐章，展示菊花文化的悠久历史和发展传承，为游客献上了一道丰美的菊花盛宴。

丰台区世界花卉大观园2013年的菊展主题为"普天同庆"，菊花爱好者将自己种植的菊花送展，与观赏者互动，由60万盆菊花组成30多个造型的花坛，是北京市最大规模的艺术菊花展。

附录

推荐赏花地点乘车线路（按音序排列）

- 八达岭长城

公交线路：在德胜门坐919路公交车可到达八达岭长城景区，一般5分钟一趟车。天安门旅游集散中心，每天6：30～10：00有专门去八达岭的旅游专线车。

- 北京凤凰岭景区

自驾车线路：走八达岭高速路至北安河出口出来往西，沿北清路至苏家坨路口或北安河路口往北至聂各庄再往西可直达景区。

- 北京国际鲜花港

公交线路：东直门乘坐915、915快、918路到顺义南彩，换乘41路到北京国际鲜花港下车。

自驾车线路：

1. 沿京承高速行驶至高丽营收费站出口，向东沿白马路行驶26公里，于杨镇6公里标牌处左转向北1 000米到达；

2. 沿机场高速到顺平路，向东行驶18公里，过水屯村路口左转向北沿陈马路行驶3公里到达；或沿顺平路向东行驶20公里，左转向北沿木燕路行驶3公里到白马路左转到达。

- 北京植物园

公交线路：乘634、360、331、318、737、733路北京植物园站下车。

- 大觉寺

公交线路：乘346、903路公交车或京郊旅游列车。

自驾车线路：八达岭高速北安河出口（第九出口）出上北清路向西直行到头左转，沿路标至大觉寺。

·大兴梨园

自驾车线路：自驾车从南三环玉泉营上京开高速，20分钟后至梨花桥出口出，向西奔向赵村方向，大约四五公里，路的两旁就是大片大片的梨花海洋。

·法源寺

公交线路：乘109、105、743、57路到牛街南口或到教子胡同站下车。

地铁线路：乘4号线或者7号线菜市口站下车。

·恭王府

公交线路：乘13、107、111、118、701、810、823、850路恭王府站下车。

地铁线路：乘6号线北海北站下车。

·红螺寺

公交线路：东直门乘867路红螺寺专线车直达景区；东直门乘936支路终点站红螺寺站下车；东直门乘坐916路车到怀柔区，在明珠广场/大世界/会展中心站下车。下车后，公交车可以到红螺寺。

自驾车线路：北京—京顺路（101国道）或京承高速—怀柔城区—青春路北行—红螺路—红螺寺景区

·戒台寺

乘车路线：前门、阜成门乘游七路可达戒台寺。坐地铁、921、336、959路至苹果园换乘931路汽车，可直达戒台寺。

自驾车线路：三环航天桥—阜石路—双峪环岛（向南）—葡萄嘴环岛（向南）—石门营环岛—上108国道前行至戒台寺。

·景山公园

乘车路线：乘5路景山西街站下车，乘58、60、111路景山东街站下车，乘111、819路景山站下车，乘101、103、103快、109、812、814路故宫站下车。

·莲花池公园

公交线路：乘1路、4路、300路、309支、730路、830路、845路、937支、特2路、运通201路六里桥北里站下车。

地铁线路：乘9号线或者7号线北京西站下车。

·明城墙遗址公园

公交线路：乘特2、25路、29路、39路、43路、44路、59路、434路、713路、820路至东便门站下车。

地铁线路：2号线建国门站或者北京站下车。

· 什刹海荷花市场

公交线路：乘13、42、107、111、118、701、810、823、850路北海北门站下车。

地铁线路：6号线到北海北站下车。

· 世界花卉大观园

公交线路：乘646路、377路到世界花卉大观园站下车；乘474路、410路、423路、434路、483路、381路、937路、977路、993路、631慢、特3路到马家楼站下车。

· 潭柘寺

公交线路：乘931路潭柘寺站下车。

自驾车线路：阜石路西行，至门头沟区双峪环岛左转，直行5公里至石门营环岛，上108国道行驶十余公里即可到达。

· 天坛

公交线路：乘6、15、17、20、35、39、54、106、120、122、803路到天坛站下车。

地铁线路：乘5号线天坛东门站下车。

· 卧佛寺

公交线路：乘331路、505路、563路、696路、运通112路、563路区间到卧佛寺站下车。

· 新华门

地铁线路：乘1号线到天安门西站，出来以后向西走。

· 玉渊潭公园

公交线路：西门在西三环中路，与中央电视塔隔路相对，乘300、323、374、特8路玉渊潭公园站下车。

· 元大都遗址土城公园

公交线路：景点分布在西土城和北土城。西土城段，乘392、375、902路可达；北土城段，乘22、38、331路可达。

· 中山公园

公交线路：乘1、52、10、22、52、特1路中山公园站下。

地铁线路：乘1号线天安门西站下车。

3. 北京国际音乐节

北京国际音乐节创办于1998年，是经中华人民共和国文化和旅游部和北京市委、市政府批准举办的大型音乐活动。一年一度的北京国际音乐节是国际著名的音乐节之一,于每年秋季举办,10月中旬开幕,历时一个月,11月中旬闭幕。每届约有30场演出,包括交响乐音乐会、独奏音乐会、室内乐音乐会、歌舞剧、演唱会等多种世界水平的艺术演出活动。

第七届北京国际音乐节海报

北京国际音乐节邀请国内外著名的音乐家、音乐团体参加,有些项目已经和国际音乐"现在时"相当接近甚至完全"同步"。音乐节推出的新创作品、首演作品和独立制作的项目等,缩短了中国与世界在艺术创作领域横向交流的差距。随着影响的不断扩大,登上这个舞台的音乐团体和艺术家的水平越来越高,如柏林爱乐乐团、纽约爱乐乐团、圣彼得堡爱乐乐团等世界最高等级的交响乐团,及著名男高音歌唱家何塞·卡雷拉斯(José Carreras)、钢琴家玛尔塔·阿格里奇(Martha Argerich)、小提琴演奏家艾萨克·斯特恩(Isaac Stern)、指挥家瓦莱里·捷吉耶夫(Valery Gergiev)、作曲及指挥家潘德列茨基(Krzysztof Penderecki)等顶级音乐家都曾在北京国际音乐节上亮相。

北京国际音乐节在引进国际一流乐团与艺术家的同时,也努力推动本土音乐创作,强力推介中国音乐家和作品。如第4届音乐节推出了谭盾的作品音乐会《一枝独秀》,第5届则是叶小纲和陈其钢两人的作品音乐会《一炮双响》,都非常成功;广州交响乐团则连续三届为《艺术家的生涯》、《卡门》和《维特》担任伴奏。这些机会对锻炼本土音乐团队,造就本土音乐人才具有重要意义。

为民族传统戏曲做特别安排,是北京国际音乐节的又一特色。首批入选世界非物质文化遗产的昆曲《牡丹亭》《桃花扇》,交响京剧《杨门女将》,地方特色的潮州音乐、洞经音乐等,都在音乐节上举办过专场。音乐节还邀请古琴大师李祥霆演出《唐宋诗词畅想专场音乐会》,为中国古琴艺术入选"人类口述和非物质遗产代表作"做了成功的准备和铺垫。

北京国际音乐节非常重视教育事业和公益活动，延伸教育功能，提升全民音乐素养。它从舞台走向校园、社会，从小众走向大众，邀请大师进校园讲课，为音乐学子提供机会和大师面对面交流；举办免费的儿童音乐会，培养和扩充未来的观众群；把舞台延伸到北京的主要社区，让普通百姓接触到古典音乐，从而拉近了高雅音乐与大众的距离。

朗朗在上大师课

北京国际音乐节的高水准和高度职业化无须多言，绝大部分演出50元至180元的票价更是让演出市场为之一震。北京国际音乐节艺委会主席余隆表示，"北京已经成为全世界演出活动最多的城市之一，所以票价问题应该引起我们的关注，我们要让老百姓消费得起音乐节的每一场演出"。

音乐节十几年来展示的中外音乐艺术成果，已经超过过去50年音乐演出的总和。走上北京舞台的国际顶级大师，引进开发的国内首演作品，从数量到质量，都开创了一个全新的纪录。它向世人展示了世界音乐精品，弘扬了中国文化，形成了最富含金量的独立品牌，成为中国文化和首都形象一张拿得出手的名片。正如中国音乐家协会常务副主席、作曲家徐沛东所说，"北京国际音乐节已成了一棵巨大的梧桐，引来世界各地的美丽凤凰来栖息"。

资料来源

2013第16届北京国际音乐节网站 http：//ent.sina.com.cn/f/y/16BMF/

4. 中国国际时装周

中国国际时装周创办于1997年，每年3月和10月份春夏、秋冬两季在北京举办，截至目前已有来自中国、日本、韩国、新加坡、法国、意大利、美国、俄罗斯、英国、瑞士、德国、荷兰、瑞典、丹麦等十余个国家和地区的350多位中外设计师、380余家中外品牌举办了839场发布会；有2 300余位

时装周海报

模特新秀参加了89场专业大赛。经过20年的发展与完善,时装周现已成为国内顶级的成衣、内衣、婚纱、彩妆、饰品、箱包、化妆造型等新产品、新设计、新技术的专业发布平台,成为中外知名品牌和设计师发布流行趋势、展示创新设计、建立品牌形象的具有国际影响力的舞台。

时装周的内容可归纳为四大板块:专场发布、专项大赛、专题论坛和专业评选,还有新闻发布、招待酒会、颁奖典礼等活动共计60余项,内容丰富、形式多样。

中国国际时装周活动之一——中国时尚大奖颁奖典礼,现已成为时尚界年终盘点和业界精英相互交流的年度盛会,各项大奖花落谁家,吸引着业内外的广泛关注。中国时尚大奖设有年度最佳时装设计师、最佳职业时装模特、最佳化妆造型师、最佳时装评论员、最佳时装摄影师等奖项;同时揭晓的还有年度中国十佳时装设计师、中国十佳职业时装模特、中国国际时装周年度最佳男装设计奖、最佳女装设计奖等以及年度中国时装设计的最高奖——"金顶奖"。

中国服装设计师协会、中国国际时装周组委会联合知名品牌及专业机构还举办了很多特色创意大赛,其中的"院校发布"板块,是专为在校大学生们搭建的"发现灵感,孕育希望"的舞台,体现了时装周服务于产业创新和品牌发展的宗旨、"鼓励和挖掘设计新人、培育和扶持专业人才"的社会责任。

无论从活动板块、内容形式或日程安排、合作伙伴方面,中国国际时装周都力求最具特色、最有亮点、最具革命性、最突出国际化。

首先,时装秀发布场次密度大,部分场次时间出现重叠,客观上真正将参与自主权交予专业观众和媒体,迈出了更加市场化的一步。

其次,时装周针对青年设计师和成熟设计师作品分别设置了展览展示板块,如此设置展现了组委会致力于与国际接轨、完善时装周商业推广平台、推进自主品牌健康发展的有效行动。

设计师马艳丽与模特一起谢幕

再者,时装周发布品牌的作品突出体现了对新材料、新工艺、新技术的探索和研究,以及对于中国传统文化的继承和发扬。未来决定时装设计的不仅仅是简单的款式和色彩,而是文化内涵与高性能、高技术含量的新材料。

从参与时装周的设计师群体来看,新生代时装设计师正在成为重要力量。随着国内纺织服装产业的转型升级、商业终端环境的变化、新消费主力群体的产生,年轻的高学历设计人才正在崭露头角。中国国际时装周从创立开始坚持至今的"原创、首发"也得到了这些充满个性的设计师的认可,中国国际时装周体现出越来越强大的吸引力。

在为各品牌和设计师提供平台的同时,与最新信息传播公司的合作令时装周紧跟时代步伐。参与者可以在微博平台上参与时装周互动,还可以在微信平台上每日接收时装周最新动态与资讯。每个人都可以通过分享图片和评论来表达各自的时尚诉求,这不但拉近了时装周与时尚爱好者的距离,还扩大了时装周的影响力,也为时尚品牌形象注入了更多活力元素。

资料来源

中国国际时装周官网:http://www.chinafashionweek.org/wjhg/

5. 北京国际汽车展

北京国际汽车展览会,简称"北京车展",自1990年创办以来,两年一届,已经连续举办过13届,该展览会每逢双年在北京中国国际展览中心和全国农业展览馆举行,是国际汽车展览会中著名的品牌展会之一,对促进中外汽车界的交流与合作、加快中国汽车工业的发展起到了积极的推动作用。

北京国际汽车展览会已经从最初参会的 17 个国家和地区、不到 400 家展商、十万观众的普通展会，发展到现在 20 个国家和地区、1 500 家厂商、超过 50 万观众的专业展会；从过去单纯的产品展示活动，发展成为企业发展战略发布、全方位形象展示的窗口，全球最前沿技术创新信息交流的平台，以及最高效的品牌推广宣传的舞台。

展会核心价值有：①全球汽车及相关产业集中、全面、高水平展示；②展示国内外汽车行业新技术、新产品、新水平；③全球媒体关注；④组织论坛和技术研讨会，搭建行业交流平台，⑤服务市场、服务广大汽车消费者。

北京国际车展开幕式

参展单位主要有：①乘用车、商用车制造厂、商家；②汽车零部件制造厂、商家；③汽车及相关产品设计机构；④汽车装饰用品、消费品商家；⑤金融服务机构；⑥汽车及相关产品商贸公司；⑦汽车行业及相关媒体。

展品范围主要包括：①各种类型的汽车（包括轿车、商用车及专用车）；②各种类型的概念车；③各种汽车零部件、总成、模块及系统；④各种汽车制造设备、工艺装备；⑤各种检测、测试、实验仪器和设备；⑥计算机开发设计系统及应用技术；⑦汽车工业生产的新工艺、新材料；⑧汽车工业新能源技术与产品；⑨汽车工业环保技术与产品；⑩各种汽车用品、装饰件；⑪各种汽车维修设备。

概念车

从 2001 年 12 月中国加入世界贸易组织到 2011 年，这 10 年间是中国汽车产业高速发展的"黄金十年"。中国一举成为世界最大的汽车生产国和新车销售国，创造了世界汽车发展史上的奇迹。2014 年我国汽车产销量双双突破 2 300 万辆，已连续第 6 年位居全球第一。从区域优势上看，北京有着高端辐射作用。依托中国巨大的汽车消费市场和快速发展的中国汽车工业，北京国际汽车展览会的展览规模、国际化水准、展品质量、品牌地位和行业影响力均逐届提高，受到中外汽车界、新闻界和社会各界的高度关注和积极参与。众多国际知名汽车公司将北京国际汽车展览会列为全球最重要的顶级车展，是全球汽车制造商公认和推崇的世界级汽车行业盛会。中国本土汽车企业也将北京国际汽车展览会作为展示自主知识品牌、推出最新科技成果的首选平台。

作为中国的首都，作为中国最大的汽车市场之一，北京车展一直被誉为中国汽车市场的风向标。地缘区域特有的政治、文化影响和人文色彩，结合极具特质的汽车文化氛围，造就了北京国际车展的独特魅力。北京车展已超越了一个展会的意义，成为具有国际影响力的象征符号。

北京国际车展新车首发式

资料来源

2018（第十五届）北京国际汽车展览会官网 http：//www.autochinashow.org/autochina/

第四单元
宗教建筑文化

热身任务：

1. 宗教在你的生活中扮演什么样的角色？

2. 老北京一般建筑民居、寺庙、包括王府，都不能用红墙黄瓦，因为那是皇家的专属颜色，可是为什么雍和宫的建筑是红墙黄瓦？

3. 世界各地都有敲钟庆祝新年来临的习俗，你们国家的新年钟声要敲几下？为什么北京大钟寺的钟声是108下？

4. 朝阳门东边现代楼群中有座琉璃牌楼，横跨神路街，北面写着"永延帝祚"，南面刻着"秩祀岱宗"，你知道它的历史吗？这座牌楼与路北的东岳庙有什么关系？

5. 北京的穆斯林聚居区有几个？在哪儿？

6. 你觉得西方教堂罗马式、哥特式建筑与北京红墙黄瓦的皇家建筑、白墙灰瓦的民居建筑共同立在街头，看起来是否和谐？

琉璃牌楼

1. 佛教寺庙

潭柘寺

潭柘寺位于太行山余脉宝珠峰南麓，因龙潭和柘树而得名"潭柘寺"。潭柘寺背靠宝珠峰，周围有九座高大的山峰呈马蹄状环护，"前有照，后有靠，左右有抱"描述的就是它的地理环境。九座山峰宛如一座巨大屏风挡住了西北方的寒流，形成了一个温暖湿润的小气候。寺内古木参天，流水淙淙，僧塔如林，修竹成荫，自然环境极为优美。

潭柘寺始建于307年（西晋永嘉元年），距今已有1 700多年的历史，是北京地区最早的佛教寺庙，民间有"先有潭柘寺，后有幽州城（北京）"的谚语。

潭柘寺规模宏大，寺内占地2.5公顷，寺外占地11.2公顷，再加上周围由潭柘寺所管辖的森林和山场，总面积达121公顷以上。现有房舍943间，其中古建殿堂638间，古建面积达1.6万平方米，是北京地区一处大型古建筑群。相传故宫有房9 999间半，潭柘寺在鼎盛时期有房999间半，就像故宫的缩影。据说明朝初修紫禁城，就是仿照潭柘寺而建的。

潭柘寺依山而建，寺庙殿堂错落有致，逐级向上，仍然保持着明清时期的历史风貌。寺内有殿、堂、阁、斋、轩、亭、楼、坛等多种形式的古建筑，寺外有上下塔院、东西观音洞、龙潭等众多的景致，组成了一个方圆数里、景色多样的名胜，千百年来无数游人被潭柘寺的美景所陶醉。

潭柘寺秋色

潭柘寺有二宝：宝锅和石鱼。宝锅指的是天王殿前僧侣们的炒菜铜锅和东跨院内舍粥用的大锅。由于锅大底厚，所以熬粥又黏又香。石鱼说的是龙王殿前廊上的一条长1.7米、重150公斤的石头鱼，看着像铜，其实为石，敲击能发出清脆乐音。古人说它是一块宝石，实际上是一块含铜量较高的陨石。

寺前塔院内有各式灵塔70余座，样式繁多，材质各异，辽、金、元、明、清各代建筑均有，可谓"北京第一塔林"。这些僧塔为研究佛教建筑艺术提供了实物资料。

潭柘寺塔林

寺内遍布古树、名花、贵竹，最著名的有千年银杏、千年柏、"二乔"玉兰和柘树等。寺名中的柘树是一种罕见的树种，据说可以治疗多种疾病，因此远近的人们不断来此剥皮挖根，使柘树险些绝种，目前已看不到史书记载的潭柘寺"柘树千章"的情景了。1949年后北京市政府采取了保护措施，使这一宝贵的树种得以保存下来，供人们研究和观赏。

潭柘寺春夏秋冬各有美景，晨昏午夜情趣各异，犹如一座世外桃源。闲来无事逛逛古老的寺院，听听宁静的钟声，讲讲过去的故事，理理繁乱的心绪，品品超凡的佛界，实在是赏心乐事。

红螺寺

红螺寺位于怀柔城区北部的红螺山，初建于348年（东晋永和四年），距今已有1 600多年历史。红螺寺的历届住持多由皇家任命，高僧频出，因此有"南有普陀，北有红螺"之说。它是北方佛教发祥地之一，在佛教界中具有极高的地位，千年以来一直是僧人学习进修的寺院。寺庙附近的甘涧峪沟内"二十四庙七十二庵"寺庙群，都是红螺寺管辖的下院。

历史上，红螺寺开创了"福田制"和"三善事"以救世度人。清朝时，主持际醒大师（1741—1810）勤俭持家，购置大量土地为寺产，并把这些田地以低廉的租金交给农民耕种，租金大都用于为百姓做善事，这就是"福田制"。僧人设粥场赈济孤贫；每年腊月二十五为穷苦百姓送包饺子的白面；开设药房炮制观音普济丹，舍药救人。"舍粥、送面、施药"三件善事形成制度，长期保留下来。红螺寺"福田制"和"三善事"等善举的实施，维护了一方平安，造福了一方百姓。

红螺寺在山水环绕之间，北靠雄伟的红螺山，南照秀美的红螺湖。红螺山一山双峰，西峰海拔813米，东峰海拔812米，形成了红螺寺的一道天然屏障，使得这里冬暖夏凉、空气湿润。寺周围各种树木有600多种百万余株，林木覆盖率90%以上。百年以上的古树就逾万株，是北京市重要的古树群之一。其中的"红螺三绝景"——御竹林、雌雄银杏、紫藤寄松远近闻名。

山门前的竹林四季常青,长势茂盛,大约有百万株,为元代云山禅师栽植,距今已有 600 多年的历史。清康熙皇帝 1694 年到此游玩,看到竹林非常喜欢,叮嘱僧人对竹林善加保护。后来人们就称这片竹林为"御竹林"。

第二绝的雌雄银杏位于大雄宝殿前。东边的雌树清秀矮小,西边的雄树高大粗壮。每年春天雄树开满淡黄色的小花,秋天却不见果实;而雌树每年春天不见花开,秋天却果实累累,所以人们称其为夫妻树。俗话说"独木难成林",红螺寺中的雄银杏树却有"成林"之势。相传每逢朝代更替,这棵雄银杏树就长出一个新的支干,现在已是 1 根主干和 10 根支干。

红螺寺银杏

"紫藤寄松"在三圣殿前的院落西侧,一棵平顶松高约 6 米,枝分九杈,平行地伸向四面八方;两棵碗口粗的藤萝爬满了整个枝头。松藤并茂,形成了一把天然的巨伞,遮荫面积近 300 平方米。每年 5 月初,满架的藤萝花就像一串串的紫玛瑙缀满整个枝头,远望如同一片紫色的祥云浮在殿宇之间,浓郁的花香飘满整个寺院。俗话说:"藤缠松,松难生",而红螺寺的松藤却和睦相处了 800 多年,藤不离松,松不辞藤,相依相偎。

红螺寺紫藤寄松

戒台寺

戒台寺始建于 622 年(唐武德五年),至今已有 1 400 多年的历史,位于北京西郊门头沟区马鞍山麓。寺内建有全国最大的佛教戒坛,因而又称戒坛寺。寺院建筑坐西朝东,保持着辽代风格,中轴线直指距离 70 公里的北京城。

戒台寺海拔 300 多米,占地面积 4.4 公顷。殿堂随山势高低而建,错落有致。整座寺院既有北方寺庙巍峨宏大的气势,又有江南园林清幽秀雅的情趣；既有浓重的宗教文化色彩，又有神奇秀美的自然景观。它不仅是中国佛教一座著名的寺院，同时也是一处久负盛名的旅游胜地。

清代道光皇帝的六子恭亲王奕䜣出资修建了北宫院，他在此隐居10年，种植了大量丁香和牡丹，黑牡丹等稀有品种为"牡丹园"锦上添花。每逢花期，牡丹园也成了戒台寺最美的地方。牡丹园的建筑风格是北京传统的四合院与江南园林艺术的结合，别具特色，常有文人雅客相聚此地，京剧大师梅兰芳也曾是这里的座上客。

戒台寺还以"戒坛、奇松、古洞"而著称于世。

戒坛建于1069年（辽代咸雍五年），与福建泉州开元寺、浙江杭州昭庆寺的戒坛并称为"中国三大戒坛"。而北京戒台寺的戒坛规模又居三坛之首，故有"天下第一坛"之称，是中国佛教史上最高等级的受戒之所，虽历尽沧桑，仍保存完好。戒坛高3.5米，下有三层正方形的汉白玉台座；外围雕有113尊1尺多高的泥塑金身的戒神，有的威武雄壮，有的面目狰狞，有的仙风道骨，一个个生动传神，是北京地区绝

戒台寺戒坛

无仅有的一组戒神塑像。出家人在戒坛受持清规戒律，即取得正式僧尼资格。

戒台寺还以古松闻名，有诗云："潭柘以泉胜，戒台以松名。一树具一态，巧与造物争"。这些古松经过了千百年风霜雪雨，形成了各种奇特的造型，具有很高的欣赏价值。自在松、九龙松、抱塔松、卧龙松和活动松，合称戒台五松。活动松远在200多年前就已闻名，你随意拉动哪个松枝，整棵树的枝叶便跟着摇动，好像一阵狂风袭来。为此清朝乾隆皇帝还留下了一首《题活动松诗》。寺中古松柏多为辽、金代所植，其中国家保护级古树就达88棵。每当微风徐来，松涛阵阵，形成了戒台寺特有的"戒台松涛"景观。

戒台寺古松

戒台寺的后山有许多山洞，亿万年来在雨水的侵蚀下形成了许多天然溶洞，洞中的石钟乳和石笋构成美不胜收的造型，"有龙跃、有鱼游、有狮坐，石乳所

凝也",给人们留下了美丽的遐想。其中最著名的有黄连洞、观音洞、朝阳洞、罗汉洞,洞中还留有碑刻、摩崖刻字、摩崖造像等遗迹。

法源寺

法源寺始建于 7 世纪的唐朝,已有 1 300 多年历史,初名"悯忠寺",是为了哀悼和纪念阵亡将士而建的。1734 年(清雍正十二年)被定为律宗寺庙,并更名"法源寺"。

唐代国家统一强盛,佛教内部也需要统一的戒律以加强组织,律宗就是在此背景下创立的。明代开国皇帝朱元璋出身僧侣,利用宗教起义,也以律宗整顿佛教。清朝继承了明代佛教政策,在法源寺设戒坛宣扬"诸恶莫作""众善奉行"的律宗教义,"治心"于民。1778 年(清乾隆四十三年)法源寺整修后,乾隆皇帝留下了"最古燕京寺,由来称悯忠"的诗句,御书"法海真源"匾额至今仍悬挂在大雄宝殿上。

法源寺悯忠阁

法源寺在历史上久负盛名。900 多年前,宋钦宗被金兵俘虏曾囚禁在这里;600 多年前,明代永乐皇帝照此修建御花园;100 多年前,清代戊戌变法的六君子在此停灵;2000 年台湾作家李敖的小说《北京法源寺》还获得了诺贝尔文学奖提名……所以说"一座法源寺,半部中国史"。

记载法源寺修缮历史的碑刻

到了明清两代,法源寺因"丁香诗会"而闻名京城。康乾以后的诗人,如林则徐、纪晓岚、龚自珍等都在此留下过诗篇。1924 年诗人徐志摩还曾陪同印度诗人泰戈尔(Rabindranath Tagore)来此赏花,法源寺的丁香便由此蜚声海内外。

1956 年中国佛学院成立于此,培养了许多具有佛学造诣、文史哲知识的佛教学术研究管理人才,他们大都在各地寺庙中担任住持和寺庙管理工作并从事佛学研究。1980年法源寺又创办了"中国佛教图书文物馆",使之成为佛教文化和佛学研究的中心之一。

法源寺历经数代经营,佛教艺术品收藏惊人。天王殿中的布袋和尚铜像是明代铜造像中的经典之作;大雄宝殿中供奉的木胎贴金罩漆的"华严三圣"——毗卢遮那佛、文殊菩萨、普贤菩萨均为明代木质造像。在如今的北京古寺中,木质佛像保存如此完好的少之又少。藏经阁内还供有一尊北京最大的卧佛像,全长7.4米,比香山卧佛寺的还长2米多;还有东汉时代的陶佛坐像、北魏石造像、唐石佛像、五代铁铸像等,都是国宝级珍贵文物。

雍和宫

雍和宫初建于1694年(清康熙三十三年),是北京地区规模最大、保存最完好的喇嘛教黄教寺院。雍和宫是清雍正皇帝继位前的府邸,1725年(清雍正三年)时,赐名"雍和"。1744年(清乾隆九年)改为藏传佛教寺庙,成为清政府管理全国喇嘛教事务的中心。

雍和宫八角亭

雍和宫是由三座精致的牌坊、天王殿、大殿、永佑殿、法轮殿、万福阁等五进大殿、东西配殿和"四学殿"(药师殿、数学殿、密宗殿、讲经殿)以及三个文物陈列室构成的。建筑布局前半部疏朗开阔,后半部密集起伏。前半部影壁、牌楼、甬道、松翠点缀其间,给人以深远之感。从昭泰门以后殿堂错落,飞檐交叉纵横,与前半部形成鲜明对比。

整个院落从南向北渐次缩小,而殿堂则依次升高,是一个融汉、满、蒙、藏建筑特色于一体的喇嘛教寺院。

雍和宫拥有众多极具特色的佛教文物,其中最著名的就是木雕三绝。第一绝是法轮殿内由紫檀木雕成的五百罗汉山,五百个金、银、铜、铁、锡铸制的罗汉置身其间。第二绝是万佛阁供奉的木雕巨佛"迈达拉佛",这尊巨佛是用一棵白檀树的主干雕成的,共有26米高,全重约100吨,是中国最大的独木雕像,已于1990年被载入吉尼斯世界纪录大全。照佛楼里楠木雕刻的佛龛则是第三绝。雍和宫还保存着铜铸须弥山、竖三世佛和六道轮回图等大量珍贵文物。

除了众多珍藏以外，雍和宫里的佛事活动也很出名，比如大愿祈祷法会、腊月初八舍粥活动等，其中以"喜迎新年大法会"为最盛。农历正月初一，众僧凌晨即起身，披袈裟手持经书，聚集在大经堂法轮殿齐诵经文，祈愿世界和平、国泰民安、风调雨顺。下殿后，僧人们纷纷到住持、经师处敬献哈达，住持为众人摸顶祝福，"扎西德勒"（藏语"吉祥如意"）、"新吉林赛"（蒙古语"新年好"）、"洛萨尔桑"（藏语"新年好"）的问候声不绝于耳。这一天来烧香礼佛的信众特别多。人们穿戴一新，来到这里迎接新年、祈愿祝福。其间商界人士尤多，大都求生意兴隆，财源广进。很多人许愿后都心想

雍和宫独木雕巨佛

事成，雍和宫的灵验可谓名声在外。作为北京香火最旺的寺庙之一，雍和宫在春节期间常常人满为患，进香的队伍要排到几公里以外。

卧佛寺

卧佛寺与香山紧邻，始建于 7 世纪 30 年代的唐朝贞观年间，距今已有 1 300 余年历史，是北京著名的古刹之一。初建寺时，供有檀木雕制的卧佛像，元朝重建时又铸一尊释迦牟尼涅槃像，用铜 25 万公斤。

卧佛寺卧佛

铜佛身长5米，头向西面向南，侧身躺在榻上，左手自然平放在腿上，右手弯曲托头。卧佛后面围坐着12圆觉菩萨，他们面部表情沉重，重现了一幅释迦牟尼涅槃前向12位弟子嘱咐后事的景象。卧佛殿的墙上挂着一块乾隆御笔"得大自在"的横匾，意思是得到人生真义也就是得到最大自由。

卧佛寺以卧佛著名，也以园林取胜。东面是古色古香的寺庙，西面是风景优美的庭园，方池绿水，睡莲翠竹，松林亭台，别具情趣。近年来这里拜佛的人越来越多，其中不少是正在求学的年轻人。这是为什么呢？

原来"卧佛寺"与"office"的发音相近，"卧佛"又与"offer"发音相近，许多希望事业有成、申请出国留学或毕业求职的年轻学子都来此烧香请愿，以讨个吉利。卧佛寺与留学生和年轻学子的关联由来已久，且早有请愿"成功"的案例。唐代去西方取经的玄奘法师算是中国古代最有名的"留学生"了，而卧佛寺的前身"兜率寺"就是玄奘归国后大兴庙宇时所建。这应该算是卧佛寺与"留学"的渊源了。而1736年（清乾隆元年），著名文人郑板桥来京赶考，曾拜访过卧佛寺的住持青崖和尚，之后便高中进士开启了仕途生涯。到现在寺里还有他的题词："西山肯结万山绿，吹破浓云作冷烟。匹马径寻黄叶寺，雨晴稻熟早秋天。"诗中的黄叶寺就是卧佛寺。

白塔寺

白塔寺

白塔寺又叫妙应寺，在阜成门内大街路北。寺内有一座高大雄伟的藏式喇嘛佛塔，因塔身通体皆白，人们都习惯称它为"白塔"，将寺庙称为"白塔寺"。

白塔寺中的白塔，形制源于古印度，是尼泊尔工艺家阿尼哥设计修建的，距今已有700余年历史。白塔下的台阶可直登塔基，顶端华盖四周悬挂着36副铜质透雕的流苏和风铃，微风吹动，铃声悦耳。妙应寺白塔是元大都保存至今的重要遗迹，是中国现存最早最大的一座藏式佛塔。

广济寺

广济寺创建于金代，已有800多年的历史，也是北京的佛教名刹之一。15

世纪中叶明代天顺年间,赐名"弘慈广济寺"。古寺建筑至今保存完好,寺内花木秀丽,院落幽静。寺中雕像除了四大天王外,便属明代铜铸的头戴天冠的弥勒像和手捧金杵的韦驮像最为珍贵。寺中石碑上刻乾隆帝的《铁树歌》,堪称佳作。广济寺现为中国佛教协会所在地,是全国佛教事务活动的中心。

大钟寺

大钟寺又称中国古钟博物馆,因寺内的一口大铜钟而得名。大钟寺古钟博物馆目前收藏钟铃类文物 439 件套,其中永乐大钟铸于明代,距今已 500 多年,造型精美,钟声绵长,清晨可传到 10 余里以外。永乐大钟以悠久的历史、高超的书法艺术、精美的铸造工艺驰名,有中外钟王之誉。除这口大钟以外,大钟寺内还陈列着元、明、清三代铸造形式、

大钟寺的钟

花纹不一的铜钟近百余口。每逢农历新年零时,北京大钟寺都会敲响 108 下钟声,人们在钟声中互相祝福,祈求新年吉祥如意。

资料来源

北京寺庙大全:http://travel.sohu.com/s2008/bjtemple/

2. 道教寺庙

白云观

白云观是北京第一大道观,有"全真第一丛林"之称,是道教全真三大祖庭之一。唐玄宗为供奉老子建此观,命名天长观,观内至今还保存着一座汉白玉石雕的老子坐像。元世祖成吉思汗敬仰长春子丘处机而更其名为"长春宫"。1127 年丘处机逝世后,他的弟子在宫东建立道院,取名白云观。

现存白云观殿堂为明清时重修,进入山门,分中、东、西三路及后院,主要殿堂均在南北中轴线上。从中轴线南起有琉璃影壁、七彩牌坊、山门等。影壁上的"万古长青",是元代书法家赵孟頫所书。山门上有一个汉白玉石浮雕小石猴,来参观的人大都要摸摸以求去病消灾。山门后有一座单孔石桥叫窝风桥,桥洞口悬有直径一米的金漆大"铜钱",钱孔中挂一铜铃,游人喜欢

用硬币击打铜铃，以求心想事成、财运亨通。

丘祖殿是观内的主要建筑，供奉着全真龙门派始祖丘处机塑像，塑像下埋葬着他的遗骨。三清阁和四御殿是与丘祖殿组成院落的正房，上层奉三清天尊，下层奉四御神像。造像神态安详，色彩鲜艳如初，都是明清两代的塑像珍品。

白云观雪景

东西两路中的东路殿堂多不存在，已改为居住生活区。西路各殿主要供奉民间传说中的各路神仙。云集园即后院，又名小蓬莱，在中轴线北端，以戒台和云集山房为中心，假山错落，绿树成荫，清新幽静，使人流连忘返。

古老的白云观已成为人们了解中国道教文化与传统习俗的重要窗口。新中国成立后，中国道教协会、中国道教学院和中国道教文化研究所等全国性道教组织、院校和研究机构先后设在这里。1989年这里还举行了新中国成立以来首次全真派传戒仪典，盛况空前。如今，白云观以其独特的魅力吸引着海内外香客游人，每年这里的春节庙会都游人如织、热闹非凡。

东岳庙

东岳庙有将近700年的历史，是道教正一派的道观，始建于1319年（元延祐六年），主殿供奉泰山神东岳大帝。东岳大帝统领下的幽冥地府有七十六司，殿堂前都挂有白底黑字的楹联，内容是对各司职能的解释。

除东岳大帝和七十六司神像外，东岳庙内还供奉有其他神灵仙人，号称神像最全。据1928年北平社会局对神像的统计，东岳庙有包括主管姻缘的月老、建筑业祖师爷鲁班等在内的各种神像1 316尊。

东岳庙

东岳庙的另一大特色是碑刻数量众多，为京城各庙之冠。由于碑刻散落在各处，且排列不甚规整，故历次统计数目都有所差异，民间甚至流传"东岳庙的碑数也数不清"的说法。目前，中路正院共有石碑 89 通。镇庙之宝是元代著名书法家赵孟頫撰写的《大元敕赐开府仪同三司上卿玄教大宗师张公碑》。

东岳庙庙会在北京历史上时间最早、规模最大，以三月二十八日东岳大帝诞辰之日为最盛，朝廷也要派遣官员来上香。因为东岳大帝掌管世人的生死祸福，所以信徒很多。东岳大帝出巡庆典，所经之处观者如潮。这一风俗延续了数百年之久，现在已改到每年的春节举行。

东岳庙碑刻

从祭奠东岳大帝仪式中可以看出，东岳庙已成为北京人社会生活的重要载体，是一个具有丰厚底蕴的民俗文化活动中心，因此 1997 年修复后被辟为北京唯一一家国办民俗博物馆。馆内常年举办老北京民俗风物系列展，每逢春节、端午、中秋、重阳等传统节日都会举办丰富多彩的特色活动。老北京的顺口溜"机灵鬼儿，透亮碑儿，小金豆子，不吃亏儿"就是流传甚广的东岳庙的四个民俗掌故传说。

有意思的是，东岳庙附属的牌楼和主体建筑现在已是隔街相望，这座古香古色的琉璃牌楼立在现代化楼群之中，建筑风格与其周边不相融合，但却令人有现代楼群中的明珠之感。

资料来源

道教全真三大祖庭之一北京白云观。http://www.daoisms.org/article/sort022/info-445_2.html

3. 伊斯兰教寺庙

北京是个多民族的城市，回族朋友有几个聚居区，西城区的牛街就是其中之一。

牛街清真寺

牛街清真寺是北京规模最大、历史最久的一座清真寺，也是世界上著名的清真寺之一。牛街在辽代叫作柳河村，是一片很大的石榴园，据说牛街即"榴街"的谐音。牛街清真寺创建于 966 年（辽圣宗十三年、北宋至道二年），为辽代阿拉伯学者纳苏鲁丁所创建。

牛街清真寺礼拜堂

牛街清真寺占地 6 000 多平方米,其建筑和布局是典型的中国古代宫殿和阿拉伯建筑相结合的产物。整座礼拜寺的框架采用中国建筑的木结构,但在细部装饰上,却带有浓厚的伊斯兰风格,形成了中国式伊斯兰教建筑的独特形式。历经千百年的建筑——礼拜大殿、望月楼、宣礼楼、讲堂、碑亭等保存完好,随处可见《古兰经》经文和繁复优美的阿拉伯风格装饰图案。

牛街清真寺最著名的要数寺门前影壁上的"四无图"浮雕了。这部作品出自明代前期,图上绘有钟、如意、棋盘和香炉等,虽然面积不大,却寓意深长。图中的"钟"通"忠",如意的"意"通"义","棋"通"齐",香炉的"香"通"襄",这四个字合起来就是"忠义齐襄",即忠义双全的意思。大多数人认为钟、如意、棋盘、香炉四件东西与伊斯兰教没有关系,这也是"四无图"得名的原因。设计者的动机让人琢磨不透,但是这幅浮雕古朴简练,意境深远,不仅是牛街清真寺的一件珍贵文物,也是北京浮雕中的一件瑰宝。

除寺内建筑物外,牛街清真寺的重要文物还有清朝康熙三十三年"圣旨"牌匾、明代古瓷香炉、重修礼拜寺的纪事石碑和已保存 300 多年的《古兰经》阿波文对照手抄本等。

这座古老的清真寺形成至今总共经历了 10 次修缮扩建。1980 年政府拨巨款和大量黄金对礼拜寺进行了全面修复,从此,这里成了与国际穆斯林友人友好往来的重要场所,牛街清真寺渐渐开始在国际上享有盛名。

砖雕"四无图"

东四清真寺

东四清真寺又名法明寺,坐西朝东,具有典型的明代建筑特点。主要组成为供礼拜用的大殿、南北讲堂、水房和图书馆,三座拱门刻有《古兰经》经文,现在是北京市伊斯兰教协会驻地,也是北京穆斯林做礼拜的场所之一。

长辛店清真寺

这座清真寺为清朝时所建,1900年(光绪二十六年)重修。礼拜殿小巧精致,还有一座两层六角的邦克亭,四周有回廊包围,是寺内颇有特色的建筑。目前,该寺古建整修一新,重现了旧日风采。

4. 天主教和基督教教堂

基督教为信奉耶稣基督为救世主的各教派的统称。基督教(Christianism)包括天主教(Catholicism,亦称"公教""罗马公教""旧教")、东正教(the Orthodox Eastern Church,亦称"正教")、新教(Protestantism,亦称"耶稣教""更正教")和其他一些较小教派。在中国,"基督教"常单指新教。

西方文化向中国的传播,最初以传教士为主要媒介。随着传教士的到来,西方雄伟辉煌、精美绝伦的教堂建筑艺术也落户北京,丰富了北京的建筑形式。现在北京的教堂都是进入20世纪后重建或重修的,迄今也有百年历史了。它们不仅是神职人员和广大信众进行宗教活动的场所,也是中西文化交流的场所,见证了中国的宗教信仰自由。

天主教教堂

北京最著名的天主教堂有4座,根据地理位置简称为南堂、东堂、北堂、西堂。四堂的设立时间以南、东、北、西为顺序,最长的已超过350年,最短的也有280多年了。

南堂——宣武门堂

南堂是北京城内历史最悠久最古老的教堂,始建于1600年(明万历三十三年),原名叫"圣母无染原罪堂",现在是北京教区主教座堂。由意大利传教士利玛窦申请,明万历皇帝批准把首善书院改建为教堂,但规模很小。明末清初,北京东堂、北堂相继落成,此教堂才改称南堂。

1650年,清政府为表彰德国传教士汤若望,赐金赐地,在宣武门原天主堂一侧建造大堂,这就是重建南堂的由来。汤若望立石碑记述了受赐建造这座天主教堂的经过,现在还嵌于大堂前两侧墙壁上。大堂西墙竖立的铁十字架,是南堂最早的文物之一。1652年开堂时,顺治皇帝御笔题赠了"钦崇天道"匾额。

因地震、火灾、战乱,南堂几经毁坏,教堂几经修复。现存罗马式建筑

南堂

东堂

修建于1904年（清朝光绪三十年），教堂堂顶为拱形，正面有精致砖雕，柱顶有木刻浮雕镏金花纹，彩色玻璃镶嵌门窗，堂内有描绘耶稣受难的巨幅油画和圣母像，富丽堂皇，颇为壮观。1978年，南堂恢复为正常的宗教活动场所，现在是主教府、教区、市天主教爱国会和教务委员会所在地。

东堂——王府井圣若瑟堂

1655年（清顺治十二年）清朝顺治皇帝赐给利类思、安文思神父一处宅地，二人修建一堂，被称为北京城内第二教堂。后来由于火灾、战乱多次被毁，1904年法国和爱尔兰两国用"庚子赔款"重建了东堂，建成后一直保存至今。

由于地理位置的关系，东堂坐东朝西，为罗马式建筑，一高两低的穹隆形圆顶，奠定了它浑厚的风格。东堂面阔25米，坐落在青石基上，堂顶立十字架3座，中间大，两旁小。堂内有18根圆形砖柱支撑，每根直径65厘米，堂内两侧挂着耶稣受难等多幅油画。

2000年为了配合王府井大街扩建工程，市政府拨巨款对东堂进行全面整修，拆除院墙，扩建堂前广场，还加装喷泉地灯等设备。改建后的王府井教堂成为一处新景观，也是北京情侣们婚纱摄影的首选外景。

北堂——西什库救世主堂

清初，法国传教士张诚、白晋等人来到中国传教，1693年（清康熙三十二年），康熙帝赐给二人中南海西侧一片宅地建堂。1703年2月9日举行开堂礼，命名"救世主堂"，康熙帝还赐匾额"万有真原"和对联。后来为扩展宫廷，该堂迁址西什库，成为如今北京最大的天主教堂。

北堂属哥特式建筑，四个高高的尖塔，三个尖拱券入口及主跨正中圆形的玫瑰花窗，塑造出端庄大气的立面。大堂平面呈十字架形状，建筑面积约 2 200 平方米。堂前有月台，镌刻着耶稣善牧圣像；三面有汉白玉石栏杆；大堂内还有主祭台、苦难堂和唱经楼。

北堂的金色拱顶

大堂正门两旁，有中国式建筑碑亭两座，亭内有乾隆亲笔题写的石碑和 1889 年（清光绪十四年）天主教堂迁建谕旨碑，一西一中、一高一矮，中西搭配，十分有特色。堂内 300 根巨柱、金色拱顶和 80 扇镶彩玻璃的花窗，也令人叫绝。

北京市政府于 1985 年拨款修缮北堂，重修了大堂正前方的耶稣主祭台、东西两侧的圣母玛利亚和圣父若瑟祭台，大堂楼顶三座铁圣像及堂前六座圣使石雕像也都是重新制作的。修复后北堂成为北京最光彩夺目的教堂。

西堂——西直门圣母圣衣堂

西堂距今有 200 年历史，是天主教北京教区四大堂中建成最晚、规模最小的一座教堂。

西直门堂始建于 1723 年（清雍正元年），由德理格神父主持修建。这位神父在朝内教授皇子西学，学生中就有后来成为雍正皇帝的胤禛。同其他几堂一样，西堂也饱经磨难，至今留存的是 1912 年重建后的样子。

西堂奉圣母圣衣为主保，是一座典型的哥特式教堂。西堂屋顶有尖形钟楼，四角也有四座尖形建筑。因为它旁边的同仁堂制药厂未迁出，所以在大街上几乎看不到它的模样。这座教堂特别值得欣赏的，是留存下来的精美的科林斯柱子和哥特式建筑风格的玻璃彩窗。

基督教教堂
崇文门基督教堂

北京基督教会崇文门堂始建于 1870 年，是美国卫理公会（The Methodist Episcopal Church）在北京地区所建的第一所礼拜堂。为纪念公会第一位传教士 Asbury 主教，定名为亚斯立堂。

西堂的玻璃彩窗

崇文门堂

随着教会各项工作的开展,卫理公会在礼拜堂周围相继建成同仁医院、妇婴医院、汇文幼儿园、汇文小学、汇文中学、慕贞女中、护士学校,以及汇文大学(后合并于燕京大学)、汇文神学院(后改名北京神学院)等。1949年后,这些医院、学校皆由政府接管改为公立。1982年春,经大规模整修,亚斯立堂正式更名为北京基督教会崇文门堂,并于当年圣诞节重新恢复聚会活动。

崇文门教堂是北京现存最大的一座基督教新教教堂。整座教堂占地面积为8 246平方米,堂内分正、副两堂,正堂设有400多个座位,副堂设有300多个座位,整体为扇形,建筑风格极为新颖别致。

崇文门堂在国内外享有一定声誉,曾经接待过美国前总统老布什(George Herbert Walker Bush)、克林顿(Bill Clinton),著名布道家葛培理牧师(William Franklin Graham)也曾经多次来访。每个主日都有外国驻华大使馆的官员、国外信徒来此做礼拜,国际教会间的交流活动也常于此开展。

缸瓦市基督教堂

缸瓦市基督教堂原是英国伦敦会(London Missionary Society)于1863年所建的礼拜堂。英国伦敦会是近代最早到中国,也是最早到北京传教的西方教会。1861年,传教士威廉·洛克哈德(William Lockhart)在北京东城设立协和医院并同时传教。1863年,英国伦敦会设立西城的福音事工地点,这就是缸瓦市教堂的前身,也是北京最早的基督教教堂。

缸瓦市堂

1922年教堂改建并加入"中华基督教会",在南院开办仁济医院,在北院开办小学,形成教堂、医院和学校一体的格局。1958年后,北京基督教各宗派都被集中于缸瓦市教堂举行礼拜,此处便被称为北京基督教西堂。

珠市口基督教堂

北京基督教会珠市口堂始建于1904年，是美国卫理公会开设的八座教堂中的一座，特别之处是建堂伊始就由中国牧师主持。珠市口基督教堂是南城唯一一座哥特式风格的教堂，现为三层建筑，可容上千人做礼拜。

这座教堂的外观和内部装饰非常简朴，毫不起眼。但在2000年拓宽修建两广路时，专门在其南北修建了辅路，使珠市口教堂原地不动屹立在前门大街与广安门大街交叉口，自此，它就显得颇为醒目和独特了。

交叉路口的珠市口堂

资料来源

北京的四大天主教堂 http：//hi.huitu.com/448/blog/105/

附录

1. 佛教寺庙地址、电话、乘车线路

· 潭柘寺

地址：北京市门头沟区东南部潭柘山麓

电话：60862244　60862505

乘车线路：苹果园地铁站乘931路公交车至潭柘寺站下车。

自驾线路：从市区出发，在五孔桥沿阜石路西行走108国道可直达潭柘寺；从野三坡景区出来上108国道，经马各庄、霞云岭、佛子庄直达潭柘寺。

· 红螺寺

地址：怀柔区红螺东路2号

电话：60681639　60681175

乘车线路：宣武门乘游6、游16路直达，或东直门长途汽车站乘936路红螺寺专线车。

自驾线路：可从三元桥下京顺路，沿迎宾馆北路行5公里即到。

· 戒台寺

地址：北京市门头沟区东南部马鞍山麓

电话：69802232　69805941

乘车线路：苹果园地铁站乘931路公交车至戒台寺站下车即到。

自驾线路：市区出发，可从五孔桥洞阜石路到门头沟区石门营，有路标。

· 法源寺

地址：北京市西城区法源寺前街7号

电话：63533966

乘车线路：10路车到回民医院，109路教子胡同下车，地铁4号线菜市口西南出口。

· 雍和宫

地址：北京市东城区雍和宫大街12号

电话：64049027

乘车线路：乘13、116、117、807、44路公交车至雍和宫站下车即到；或乘地铁至雍和宫站下车即到。

· 卧佛寺

地址：海淀区香山寿安山南麓北京植物园内

电话：62591209

乘车线路：苹果园站乘318，或颐和园站乘330、360、904路车到卧佛寺站下车。

· 白塔寺

地址：北京市阜成门内大街171号

电话：66133317　66512625

乘车线路：乘13、101、102、812、814、823、695、604、42路在白塔寺站下车。

· 广济寺

地址：西城区阜成门内西市路口

电话：66160907

乘车线路：乘13、101、102、105、823、812、814路车到西四站下车。

· 大钟寺

地址：北京市海淀区北三环西路甲31号

电话：62641384

乘车线路：302、367、361等多路车大钟寺站下车。

· 孔庙

地址：东城区国子监北街3号

电话：64073593　84011977

乘车线路：乘13、406、807路车国子监下车或乘地铁、116、特2路雍和宫下车。

道教寺庙地址、电话、乘车线路

· **白云观**

地址：广安门外滨河路

电话：63463531

乘车线路：乘19、320支414路车到白云观站下车，或乘114、308、937路到白云路下车向南。

东岳庙

地址：朝阳门外大街141号

电话：65510151

乘车线路：乘110、112、109路车到神路街站下车，或乘地铁2号线到朝阳门站下车向东。

2. 伊斯兰教寺庙地址、电话、乘车线路

牛街清真寺

地址：北京市西城区南横西街春风胡同11-15牛街礼拜寺东南300米

电话：63532564

乘车线路：乘坐5、6、38、10、57、109、381、626、715、822、特5路公共汽车牛街站下车。

· **东四清真寺**

地址：北京市东城区四南大街13号

电话：65251194

乘车线路：乘106电车、106路、110路、116路、204外环、684路、685路东四路口南下。

· **长辛店清真寺**

地址：北京市丰台区长辛店镇大寺口胡同

电话：63886456

乘车线路：乘329路、339路、459路、662路、830路、896路、952路、978路长辛店南口下。

3. 天主教和基督教教堂地址、电话、乘车线路

· **宣武门天主教教堂**

地址：北京市西城区前门西大街

电话：66037139

乘车线路：地铁2号线，宣武门站下，东北口出站即到。

· **王府井天主教教堂**

地址：王府井大街74号

电话：65240634

乘车线路：地铁 1 号线，王府井站下车后，向北 1200 米。

- **西什库天主教教堂**

地址：西城区西什库大街 33 号

电话：66175198

乘车线路：乘 14、55、68、850 路北京三十九中学站或后库站下车；乘 109、124 路西四丁字街站下车。

- **西直门天主教教堂**

地址：西城区西直门内大街 130 号

电话：（010）66537629

乘车线路：坐地铁 2 号线西直门站下；乘 105、111、7、808 路新开胡同站下车。

- **崇文门基督教教堂**

地址：崇文门内后沟胡同丁 2 号

电话：65133549

乘车线路：地铁 2 号线崇文门站 B 口出，步行约 100 米。乘 41、60、103、104、723、729、特 2 路等公交车崇文门西站下车；乘 25、106、108、110、111、116、684、685 路等公交车崇文门内站下车；乘 12、39、43、610 路等公交车崇文门东站下车。

- **缸瓦市基督教教堂**

地址：北京市西城区西四南大街 57 号

电话：66176181

乘车线路：地铁 4 号线西四站 D 口下车，步行约 200 米。乘 109、124 路等公交车西四丁字街站下车；乘 22、38、47、102、105、603、604、626、726 路等公交车缸瓦市站下车；乘 14、101、103、685、814、846 路等公交车西安门站下车；808 路等公交车西四路口南站下车。

- **珠市口基督教教堂**

地址：北京市西城区前门大街 129 号

电话：63016678 84039432

乘车线路：乘 17、20、59、692、729、826 路等公交车珠市口南站下车；乘 5、23、48、57、105、715 路等公交车珠市口西站下车。